长安乱

中晚唐的帝国硝烟

李旭东 —— 著

团结出版社 UNITY PRESS

图书在版编目（CIP）数据

长安乱：中晚唐的帝国硝烟 / 李旭东著 . -- 北京：
团结出版社 , 2024.1
　ISBN 978-7-5234-0235-1

　Ⅰ . ①长… Ⅱ . ①李… Ⅲ . ①中国历史 – 唐代 – 通俗
读物 Ⅳ . ① K242.09

中国国家版本馆 CIP 数据核字（2023）第 113785 号

出　版：团结出版社
　　　　（北京市东城区东皇城根南街 84 号　邮编：100006）
电　话：（010）65228880　65244790（出版社）
　　　　（010）65238766　85113874　65133603（发行部）
　　　　（010）65133603（邮购）
网　址：http://www.tjpress.com
E-mail：zb65244790@vip.163.com
　　　　tjcbsfxb@163.com（发行部邮购）
经　销：全国新华书店
印　装：三河市东方印刷有限公司

开　本：163mm×240mm　16 开
印　张：17.25
字　数：367 千字
版　次：2024 年 1 月　第 1 版
印　次：2024 年 1 月　第 1 次印刷

书　号：978-7-5234-0235-1
定　价：48.00 元

前 言

　　乾元二年（公元759年）三月，邺城城下，芳草正芊芊，伤春梦雨天；一朝春尽催人老，花落人亡两不知；泪眼问花花不语，无可奈何终落去。

　　面对眼前的这座城池，六十万唐军居然久攻不下，粮秣不继，军心不稳，在邺城不远处等待战机的史思明悄然露出了狰狞的面目。在城内外叛军的夹击之下，唐军刹那间便土崩瓦解，从此一蹶不振，朝廷以武力统一天下的梦想也就此彻底破碎。

　　广德元年（公元763年）正月，冬的严寒凝结了生机，雪的弥漫掩盖了绿色，风的凛冽吞噬了活力。萧索中透着苍凉，肃杀中含着悲怆。干枯的树枝在寒风中无助地摇摆，低垂的太阳在阴霾里吃力地照耀，白色的原野在寂静中无言地蔓延，厚重的冰凌在寒冷中顽强地存续。

　　身后的追兵距离叛军首领史朝义越来越近了。他知道自己这次恐怕在劫难逃了，索性勒住了马，飞身下马，将一条长长的白绫挂在树上，最后看了一眼这个残酷的世界，痛苦地闭上了双眼。

　　正月三十日，史朝义的首级被送往京师，代宗皇帝李豫见到史朝义的首级后不禁百感交集。历时八年之久的安史之乱终于画上了句号，他的祖父玄宗皇帝李隆基、父亲肃宗皇帝李亨都曾想平定这场叛乱，但最终都无能为力，成为他们心中永远的恨。虽然这个句号是他画上的，但这个句号并不圆满。

　　奔腾的黄河成为李豫难以逾越的鸿沟，虽然河北地区名义上又回到了大唐的怀抱，可是他这个大唐皇帝却只能在地图上凝望那片陌生的土地。

旷日持久的安史之乱几乎要将曾经繁华一世的大唐彻底拖垮，因此李豫不得不向现实低头，急于扑灭叛乱的烽火。经过一番政治妥协，田承嗣、李怀仙、李宝臣、薛嵩、令狐彰等昔日安史叛将们摇身一变成为大唐的节度使。对于他们而言，无所谓忠诚或背叛，因为他们早已泯灭了政治信仰，唯有顺从或者对抗！

随着岁月的流逝，那些曾经驰骋疆场的悍将们渐渐老去，多了几分迟暮，也多了几分沧桑。新一轮的权力更迭和政治洗牌也悄然拉开了帷幕，这也将深深地影响大唐此后长达一个半世纪的政治走向。

李豫虽没有力挽狂澜的魄力，也没有定鼎乾坤的能力，却是一位称职的守成之君，但他的儿子德宗皇帝李适却因意气用事而不慎打开了"潘多拉魔盒"，一时间群魔乱舞，日月黯淡。既有暗中角力，又有正面对抗；既有硝烟弥漫的战争，又有杀人不见血的争斗！

刚刚从安史之乱中挣脱出来的大唐再次被推到了生与死的边缘，几度命悬一线，又几度化险为夷；几度胜利在望，又几度功败垂成。那些为大唐而战的人，也曾喜笑颜开过，却只是暂时的；也曾心满意足过，却只是一时的；也曾绝望过，却依旧在坚守；也曾心碎过，却依旧在抗争。

李适做梦都未曾料到局势竟会恶化到如此不可收拾的地步，两度落荒而逃，几度死里逃生。他所面对的是一个比安史之乱更为错综复杂的乱局，那是一段犹如凤凰涅槃般的艰难历程。安史之乱时，敌人虽然强大，却始终站在你的对面；而在这场变乱之中，李适竟然一时间分不清谁是敌、谁是友，只因敌人随时会变成战友，而战友也随时会变成敌人。

目　录

第一章

顺从与对抗间的抉择

自古流氓出少年

朱滔的人生可以说是一部不择手段追逐个人利益的血腥发家史，在他的眼里，没有永恒的朋友，也没有永恒的敌人，只有永恒的利益。

大历三年（公元768年）六月二十日，夜色吞噬了大唐北部边陲重镇幽州①。十三年前，安禄山从这里踏上了南下逐鹿中原的路程，但一去便再也没有回来，也就是从那时起，幽州彻底脱离了大唐的管辖。

此时，夜色掩映下的幽州已经没有了弥漫的硝烟，也告别了白日的喧嚣，显得宁静而又祥和。

不过，这里的宁静很快便会被两个青年军官所打破，一个是二十七岁的朱泚，一个是二十三岁的朱滔。他们的脚步声显得格外沉重，如同他们急促的心跳。他们要在这个晚上干一件足以彻底改变他们命运，甚至将会彻底改变历史进程的大事。

那晚的行动犹如一场风险巨大的政治赌博，此时地位低下的他们还不具备单独进行这场政治博弈的本钱，必须要邀请一位重量级人物。这个人就是他们的同乡和同族，此时正担任幽州兵马使的朱希彩。

只要有了本钱，这场赌博才会给他们带来一本万利的收益，但这场赌博的"本钱"朱希彩却迟迟没有露面。

缺少了本钱，这场政治豪赌也就会输得血本无归！

空气仿佛都凝固了，惶恐与焦虑笼罩着他们年轻的脸庞，因为事态的发展超出了他们的心理承受极限。

"咱们跑吧！"哥哥朱泚低声说道。

"不成功则成仁！事到如今，我们已经无路可退了！"弟弟朱滔坚定地说。

朱滔早已下定决心，不管朱希彩今晚来不来，他们都不能半途而废。在

---

① 今北京市市区。

他的眼里，他们此时就如同过河的卒子，从踏出第一步起便再也没有了回头路。

姗姗来迟的朱希彩终于出现在他们的视野之中，他们的心头顿时闪现出一丝希望的曙光。三人挥舞着屠刀悄然溜进了幽州节度使府衙。

正在睡梦之中的幽州节度使李怀仙及其全家老小都在这个漆黑的夜晚惨遭杀戮。戎马一生的李怀仙做梦都想不到自己没有死在敌人手里，而是死在部下的手里，但这也不过是中晚唐时期血腥政治生态的冰山一角。

对于这场赤裸裸的兵变，大唐皇帝李豫既不愿意姑息养奸，也不愿意大动干戈，只是诏令成德军节度使李宝臣出兵讨伐。老谋深算的李宝臣想的不是如何坚决贯彻朝廷的旨意，而是趁机争夺地盘。

见虎视眈眈的幽州军并没有给他留下什么可乘之机，李宝臣便索性选择作壁上观，讨伐之事不了了之，死去的李怀仙又只不过是个投诚的安史叛将，犯不上为了他大动干戈。

朱希彩就这样成为幽州节度留后，而新任节度使却是宰相王缙，但王缙也不过是挂名而已，并未到幽州实际主持工作。"留后"就是代理节度使。节度使离开自己的防区，往往会指定一名亲信担任留后。节度使去世或者去职后，朝廷有时也会暂时任命一名德高望重的将领担任留后，在新任节度使上任前代行职权。

七月初四，幽州城内酷暑难耐，但城内的将士们却不敢有丝毫的懈怠，全都精神抖擞地准备迎接一个重要人物的到来，这个人就是从未谋面的幽州节度使王缙。朱希彩对于王缙的到来高度重视，"盛情"迎接这位名义上的顶头上司。

一个个体格健壮的士兵盔明甲亮，手握刀枪，威风凛凛，如临大敌。

这哪里是迎接我的，分明是向我示威啊！在官场中摸爬滚打几十年的王缙自然对此心知肚明，不过却一点都没有显露出来。他面不改色心不跳，悠然自得地向前走去，胜似闲庭信步。

朱希彩知道在这场心理对抗中，自己已然败下阵来，急忙毕恭毕敬地跑过去迎接。王缙笑了，朱希彩也笑了。一个是得意的笑，一个是附和的笑。不同的笑声混合在一起，营造出貌似和谐的假象。

王缙在幽州一连住了十几天。出门前呼后拥，卫兵开道；住豪华馆舍，服务周到；吃山珍海味，全都报销；走时金银珠宝，大包小包。

朱希彩也会时不时地在无意间透露，我才是这里的主人，你只不过是个客人。我之所以会如此尽心尽力地款待你，是因为你是个识趣的客人，你要是想反客为主，后果就会很严重。

王缙终于走了，带走了朱希彩的嘱托和期盼。

朱希彩的公关工作很快就收到了成效，王缙主动向皇帝请求辞去幽州节度使的职务，因为他知道朱希彩绝不是一个甘于屈居人后的人。朱希彩如愿以偿地成为新任幽州节度使，其实他知道这不过是个名分而已，但名正才能言顺。

吃水不忘挖井人。朱希彩自然不会忘记拥戴自己的朱泚、朱滔兄弟。朱泚升任节度副使，朱滔负责统领节度使直属警卫部队牙内兵。

藩镇军队分为由镇将统领的镇兵和由刺史、县令统领的团练兵。镇兵相当于今天的正规军，团练兵相当于今天的武警部队或者预备役部队。镇兵又分为牙内兵和牙外兵，一般情况下，牙内兵驻扎在节度使驻地的牙城内，牙外兵驻扎在外地属州和战略要地。不过也有例外，如实力雄厚的魏博牙兵军既驻扎在治所州，也驻扎在外州。

朱希彩上台后逐渐展露出残暴与血腥的一面——肆意虐待和迫害手下将士。幽州城内一时间群情激奋，民怨沸腾。大历七年（公元772年）秋天，秋风萧瑟，寒意阵阵，朱希彩为期四年的节度使生涯也匆匆地画上句号。

在大唐历次兵变中，几乎都是中下级武将主导的，但这一次却是由担任孔目官的文官李怀瑗策动的，其实这并不是一场蓄谋已久的政变，而是李怀瑗一时心血来潮的过激之举。他呆呆地望着倒在血泊之中的朱希彩，竟然一时间不知道自己该何去何从！

机遇总是偏爱有准备之人，李怀瑗对眼前发生的这一切并没有准备好，对于朱希彩死后究竟由谁来填补权力空白也没有进行缜密的谋划。这就是他与朱泚、朱滔兄弟的差距。这也注定了李怀瑗不过是划过夜空的一颗流星，很快便沉寂在历史的深处。

由于事发突然，当时担任经略副使的朱泚并不在城内，而是驻扎在幽州城北。在这个决定权力归属的关键时刻，朱滔授意手下一百多名牙内兵大声喊道："节度使非朱泚副使不可！"

关键时刻振臂一呼的作用是不容小觑的，朱泚就这样成为幽州城的新主人。大唐皇帝李豫此时已经学会了向现实低头，先行任命朱泚为幽州节度留后，很快便正式任命他为幽州节度使，还赐爵怀宁郡王。

通过军事政变上台的朱泚寸功未立居然获得了郡王的爵位，这可是臣子可以获得的最高爵位。其实李豫是故意做给那些桀骜不驯的节度使们看的，谁听我的话，谁就可以得到高官厚禄，可让李豫始料未及的却是这个他此时还认为很听话的朱泚居然在十一年后险些要了他儿子李适的命！

此时的朱泚之所以还显得很温顺是因为他深知自己资历尚浅，要想站稳脚跟必须获得朝廷的支持，或许那时的他还是对朝廷心存感激的，因为幸福来得太突然了。他三十一岁就成为坐镇北部边陲重镇幽州的节度使，三十三岁检校户部尚书，成为大唐正部级官员。刚过而立之年的他获得的功名，是很多人经过一辈子的努力都无法获得的，甚至有些人连想都不敢想！

节度使在唐朝既有实权，又有威望，可节度使这个职务本身并没有品级，不过节度使必然会兼任治所州的刺史，能够成为某一道治所的州往往都是上州，上州刺史的品级为从三品，可一个道管辖的上州又不止一个，因此朝廷还需要授予节度使一个更高的职务。

一般的节度使往往会检校六部尚书（正三品）。如李纳担任淄青平卢节度使时检校工部尚书。地位较高的节度使检校尚书左、右仆射（正二品），如裴度担任河东节度使时检校尚书左仆射兼门下侍郎。地位更为尊崇的节度使则会检校正一品的三公（太尉、司徒、司空），如李正己担任淄青平卢节度使时检校司空、朱滔担任幽州卢龙节度使时检校司徒、王武俊担任成德节度使时检校太尉兼中书令。在唐朝晚期，甚至有节度使检校职事官中级别最高的三师（太师、太傅、太保）。此外，受到皇帝特殊恩宠的节度使还会加授"同中书门下平章事"成为荣誉宰相即"使相"。

检校官在中晚唐时期逐渐演变为仅仅代表级别，却并没有实际职责的阶官。正员官都有编制限制，比如正一品的职事官只有六个，即太师、太傅、太保、太尉、司徒和司空，而且每个职务都只能由一个人担任。如果在和平时期，可以根据官员们的资历和能力按照特定次序迁转，可要在动荡时期，皇帝却往往需要用高官厚禄来拉拢人，区区六个职数显然满足不了皇帝的需求。检校官的大量涌现便可以解决职数严重不足的困扰，检校官并不像正员官那样受编制束缚，皇帝可以随心所欲地授予。

需要特别说明的是中书令、中书侍郎、侍中、门下侍郎、御史大夫和御史中丞这几个职务往往并不用"检校"，而是用"兼"。这个"兼"并不是如今兼任的意思，而是与检校官一样，表明他所担任的这个职务只是个并不实际履行职责的阶官，并不会占用现有职数。

志得意满的朱泚觉得自己如此轻而易举便得到了如今的一切，应该为朝廷做些什么！

每逢硕果累累的金秋时节，吐蕃铁骑就会出现在大唐西部边陲，目的就是践踏大唐百姓的庄稼。那些辛辛苦苦耕作了一年之久的老百姓们不得不眼睁睁地看着自己的劳动果实在顷刻间便化为乌有。这一直是令大唐皇帝很头疼的问题，因此每到这个时候，李豫总会征召各道军队前往西部边陲要地"防秋"，可响应的节度使却寥寥无几，尤其是河北地区那些桀骜不驯的节度使们一直都按兵不动。

此时，朱泚却派遣自己的弟弟朱滔带领五千精锐幽州骑兵踏上了西去"防秋"之旅。其实此次西征的政治意义远远大于军事意义。自从安禄山谋反后，幽州兵一直都站在朝廷的对立面，如今却再次回归大唐保卫者的本来角色。

喜笑颜开的李豫以高规格接待了远道而来的朱滔。后世给朱滔贴上的标签是性情多变，让人捉摸不透。其实这都是欲望惹的祸，或许正是这次会见燃起了朱滔心中的欲望之火，而且从那时开始，愈演愈烈，直至欲火焚身。

"爱卿与朱泚的才华谁更胜一筹呢？"李豫笑着问道。

朱滔颇为巧妙地回答："统御士众，操控大局，微臣不及家兄；微臣年仅二十八便可面见天子，家兄比臣年长，却至今都未能有幸面见天颜，这点家兄并不如微臣！"

李豫赞许地点了点头，为朱泚两兄弟的忠诚而感到欣慰，更为远在千里之外的幽州城内发生的可喜变化而兴奋。不过历史的玄妙之处就在于很多人会突然间以一种让人意想不到的姿态出现在世人面前。

李豫下诏特批朱滔带兵横穿长安城，而且还在开远门设酒宴为朱滔送行，同时给予即将出征的幽州将士丰厚的赏赐。在天子的赞许和百姓的期待中，朱滔率军进驻西部重镇泾州。

警报解除之后，朱滔怀着复杂的心情率军返回驻地幽州。此时他的心中正酝酿着一个可怕的阴谋。

"这次出征有何感想啊？"朱泚关切地问。

"这次面见天子感慨颇多，有句话不知该说不该说？"

"咱们兄弟之间但说无妨！"

"如今那些手握重兵的节度使们对于天子征召全都置若罔闻。如若哥哥能率先入朝，肯定会令陛下刮目相看，不仅您自己会加官晋爵，就连您的子孙也会从中受益！"

朱滔的话让朱泚有些心动了，但他也陷入巨大的彷徨之中，因为朱泚并不愿意轻易放弃手中来之不易的权力。经过一番内心的挣扎，朱泚最终还是决定入朝，让自己的弟弟朱滔坐镇幽州，此时的他还天真地认为与自己同甘共苦的弟弟绝对不会背叛自己。

大历九年（公元774年）六月，朱滔再次来到长安，带来了哥哥朱泚进呈天子的一份奏章，上面赫然写着：朱泚请求率领五千精锐将士入朝防御吐蕃。

欣喜若狂的代宗皇帝李豫随即在京师长安为朱泚修建了一座气势恢宏的宅邸，兴奋地等待着他的到来。

朱泚率领五千精兵踏上了西去长安的路，这一去便再也没有回到生他养他的幽州。他的人生也从离开幽州的那一刻起悄然发生了改变。

朱泚途经蔚州①时身染重病，卧床不起。手下将领们纷纷劝道："咱们还是暂且先行返回幽州，等您痊愈之后再做打算吧！"

"我就是死了，你们也要抬着我的尸体前往长安！"朱泚虚弱的语气中透着坚定与决绝。

---

① 治所位于今河北省张家口市蔚县。

那些将领们自然再也不敢提回师之事。此时的朱泚还是一个心系朝廷的忠臣，可在漫长的人生旅程中却有许许多多难以预料的因素。此时的他恐怕想不到自己日后居然会走上另一条人生路。

九月初四，朱泚有生以来第一次目睹了长安的繁华。他驻足观望着帝国都城内富丽堂皇的景象，而他也成为京城百姓眼中的一道风景。前来一睹朱泚尊容的老百姓人山人海，朱泚俨然一位人气出众的政治明星，此时他在百姓心中还是一位为报效朝廷不远千里而来的忠臣。

当时朝廷有个不成文的规定，皇帝只在单日才会上朝处理政务，可朱泚来的那日却恰恰是双日，李豫毅然决然地打破常规，立即在内殿接待远道而来的朱泚。

哥哥前脚刚走，朱滔便开始夺权了。朱泚手下二十余位亲信将领全都被朱滔残忍杀害。在树立个人威望的同时，朱滔也将哥哥的势力彻底清除殆尽！

李豫只得任命朱滔为幽州节度留后，而且至死也没有免去朱泚担任的幽州节度使职务，但朱泚也意识到自己恐怕再也回不去了，请求皇帝能够赐给他和他率领的这支部队一块容身之地。李豫便将他们安置在奉天县①，这也成为幽州兵长期屯驻关中的开始。

谁也没有料到九年之后，朱泚会在自己曾经驻屯过的奉天与大唐皇帝展开一场血腥的厮杀。那一刻，整个大唐的目光都聚焦在奉天这座小城，这场惨烈的血战不仅决定了朱泚自己的命运，也决定了帝国的命运，更影响了历史的走向。

为了安抚朱泚那颗失落的心，李豫毫不吝惜地给他高官厚禄。朱泚三十五岁时加授同中书门下平章事，成为人人艳羡的"使相"，也就是并不实际秉政的荣誉宰相；他三十六岁时检校司空，位列三公；四十岁时升任太尉，居三公之首。

大唐的两位中兴名将郭子仪、李光弼几度以性命相搏才将大唐从毁灭的边缘拯救过来，也不过才博得太尉之位。郭子仪出任太尉时已经六十八岁高

_____

① 治所位于今陕西省咸阳市乾县。

龄，李光弼出任太尉时也已五十三岁，距他去世还剩四年时间。如若九泉之下的郭子仪和李光弼地下有知，不知他们会做何感想。

尽管如此，这依旧难以抚慰朱泚那颗遭到重创的心。兄弟反目，大权旁落，有家难回，那种苦涩是旁人无法真正体会的。

凤翔、陇右节度使李抱玉病逝后，朱泚接任凤翔、陇右节度使，凤翔[①]也成为朱泚率领的那群无家可归的幽州兵暂时的归宿。

忠臣到叛臣的蜕变

董秦的前半生可谓荡气回肠，可歌可泣。他曾是一位骁勇善战的猛将，也是一位义薄云天的壮士，更是一位披肝沥胆的忠臣，从平卢一直转战到淮西，经历过无数战阵，体尝过无数艰辛。

安史之乱爆发后，跟随长官还是忠于朝廷成为每一位平卢将士难以决断，但又必须决断的重大人生抉择。绝大多数人选择了前者，因为他们早已将自己的前途命运与长官安禄山紧密地联系在一起，跟随安禄山踏上了前途未卜的反叛之路。

董秦却并未南下，而是奉命留守平卢，平卢镇管辖平卢军[②]、卢龙军[③]、渝关守捉、安东都护府等军事单位。

此时董秦饱受心灵的煎熬，内心深处根深蒂固的忠君爱国思想使得他一时间接受不了自己从大唐保卫者到毁灭者的蜕变。正在这时，平卢镇两个重量级将领刘正臣和王玄志挺身而出，振臂一呼："以维护统一为荣，以分裂

---

① 治所位于今陕西省宝鸡市凤翔县。
② 驻扎在营州，今辽宁省朝阳市。
③ 驻扎在平州，今河北省秦皇岛市卢龙县。

帝国为耻；以顺应人民为荣，以背离人民为耻。"

平卢镇重新回到了大唐的怀抱，可就在此时，潼关失守，皇帝逃跑，战争形势发生了重大逆转。孤军奋战的平卢将士与朝廷的联系几近中断，但他们却仍旧顽强地抗争着。

不过一个凶狠异常的对手却向平卢镇投来阴森的目光，他就是史思明！平卢不仅是史思明出生的地方，更是他长期战斗的地方。刘正臣手下的很多将领都曾是史思明的部下，因此他的到来对刘正臣而言将是致命的。

一场惨烈的战斗在一个漆黑的夜晚打响了，但早在打响之前，胜利的天平便已偏向史思明。刘正臣扔下自己的老婆孩子仓皇逃往北平郡①，但那里却是王玄志的地盘。

望着战友失魂落魄的样子，王玄志心中蛰伏已久的权力欲望急速膨胀。刘正臣没有死在敌人手里，最终却死在战友手里。最可怕的敌人不是在自己的对面，而是在自己的身旁。

无所不用其极的王玄志最终如愿以偿地成为新任平卢节度使，可他的心头却总有一种挥之不去的莫名的不安与恐慌。董秦、田神功等刘正臣昔日部属的一举一动都牵动着王玄志敏感的神经。

王玄志决意将这些随时可能会对自己构成威胁的将领们打发走！为此，他还给出了一个冠冕堂皇的理由：开辟第二战场。

董秦他们也知道这里其实早已没有了自己的容身之处，因为王玄志真正倚重和信赖的是以侯希逸和李怀玉为首的高句丽武装集团，从未真正信任过他们这些刘正臣的旧将。

可是南下的陆路通道如今都已被叛军封锁了，怎样才能成功南下呢？

至德二年（公元757年）正月，董秦、田神功等平卢镇将领率三千步卒从雍奴②乘苇筏渡海，毅然决然地走向了茫茫大海，投入了朝廷的怀抱。

邺城之战的失利使得唐军被迫转入防守，卷土重来的史思明颇有几分气吞万里势如虎的架势。以许叔冀为首的唐军高级将领纷纷投降，董秦也被裹

---

① 即平州，治所位于今河北省秦皇岛市卢龙县。
② 治所位于今天津市武清区东北地区。

挟到投降的队伍之中。董秦与曾经的老领导史思明又见面了，史思明亲切地抚摸着董秦的后背，说："从今以后，你就是我的左右手！"

可董秦却不想再走上反叛之路。在茫茫的夜色掩映下，他带着五百部属突破了重重阻隔，重新回归到李光弼的麾下。董秦的英雄事迹很快便传到唐肃宗皇帝李亨的耳中。李亨对董秦的忠义之举赞赏不已，随即将他召到京城，而且还赐给他一个响当当的名字"李忠臣"，可是颇具讽刺意味的是这个李忠臣最终居然会被列入《新唐书·叛臣列传》。

战功卓著的李忠臣与田神功最终都成为威震一方的封疆大吏。田神功当上了淄青节度使，李忠臣则当上了淮西节度使，淮西是淮南道西部的简称。李忠臣手下那帮跟着他南征北战的兄弟们终于拥有了一块可以栖身的地方。安史之乱后，李忠臣彻底过上了安逸的生活，却仍旧时刻感念着朝廷的恩典。

永泰元年（公元765年）九月，回纥、吐蕃、党项、吐谷浑、奴剌联军号称三十万大军入侵大唐，大有一举灭唐的气势。

正当李忠臣与手下那帮将领们打球的时候，朝廷的诏书突然到了。玩兴正浓的李忠臣急忙跪下接旨。当得知皇帝征召自己时，他毫不犹豫地下令部队即刻开拔。

监军和将领们急忙劝道："出师要先择日！"其实择日不过是个托词。安史之乱后，很多拥兵自重的节度使对于朝廷的征召总是推三阻四，阳奉阴违，无非是想保存实力！

勃然大怒的李忠臣怒吼道："父母遇到危难，难道还要选择好日子再去救吗？"

众人顿时羞愧得无言以对。

李忠臣曾担任淮西节度使达十六年之久，虽然有着辉煌的过去，但安逸的日子过久了，渐渐褪去了身上的英雄气概，渐渐消磨了身上的战斗意志，逐渐沉沦了，逐渐堕落了。他觉得打了这么多年仗，终于可以自由自在地享受一下生活了，日渐飘飘然的他并不懂得"生于忧患，死于安乐"的道理。

高丽人的"南漂"生活

　　李忠臣和田神功冒险渡海南征之后，王玄志仍旧率领大部队继续坚守着，可是他们的处境却越来越糟。残酷的战争环境使得王玄志病倒了，于乾元元年（公元758年）病逝于营州。

　　谁来接任平卢节度使呢？正当朝廷对节度使人选进行组织考察的时候，一场始料未及的叛乱却突然爆发了！

　　高丽人李怀玉突然杀死朝廷重点考察对象，也就是王玄志的儿子。在李怀玉等人的竭力拥戴下，侯希逸成为新任平卢节度使，不过他们艰难的处境却并没有得到根本改观。四面楚歌的境地使得他们时刻感受到巨大的生存压力。他们不仅与安禄山任命的范阳节度使李怀仙陷入长期攻伐之中，还愈加强烈地感受到来自奚族人的威胁，更为重要的是经过分裂重组，这支以高丽将士为主体的平卢军的实力已经大不如前。

　　平卢节度使侯希逸久久地凝视着即将离开的大本营营州，生存困境最终迫使侯希逸下定决心离开这里，尽管他对这里有着太多的不舍，尽管他不知道什么时候才能再回来。

　　虽然侯希逸已经下定决心离开，可是这支队伍实在太过庞大，加上家属多达十万人之多。他们要想南迁首先需要突破幽州这道封锁线，而且只许成功不许失败，因为他们倾巢而出也就意味着自绝后路！

　　"狭路相逢勇者胜"，破釜沉舟的平卢军迸发出巨大的战斗力。这个熟悉的对手如今却变得异常陌生，此时李怀仙才真正理解什么是"置之死地而后生"。

　　正当李怀仙惊愕的时候，平卢军却急速南下了。哦，原来是路过啊！李怀仙并没有卖力地追击，因为这场长达八年的战争很快便会结束，保存实力才是上佳选择。

　　宝应元年（公元762年）正月二十八日，平卢节度使侯希逸率领大部队在青州北面渡过黄河。此时居无定所的侯希逸还不会想到眼前这片广阔而又富饶的土地即将成为他们新的家园。

正在淮南地区征战的田神功有些无奈地将自己担任的淄青节度使之位让给远道而来的老战友侯希逸。虽然两支部队都出自平卢，却积怨颇深。朝廷之所以让田神功主动让位，是担心两支矛盾重重的军队相遇可能会擦出火花。况且侯希逸的实力要明显强于田神功，如果要是硬拼，田神功并无多大胜算。

从此，淄青镇拥有了"平卢"军号。远道而来的侯希逸就此拥有了淄州①、青州②、齐州③、沂州④、密州⑤、海州⑥六州之地，涵盖今山东东部和江苏北部。唐代并没有"山东"这个概念，今山东省黄河以南和以北地区分别属于河南道和河北道。

随着侯希逸的南下，平卢军所在地营州彻底失陷，直到唐代灭亡也没有能够再次回到大唐的怀抱。原属平卢镇的卢龙军驻扎平州⑦也被李怀仙占领，曾任命手下大将朱希彩担任平州刺史。幽州自此拥有了"卢龙"军号，幽州节度使也被称为"卢龙节度使"。

"生于忧患，死于安乐。"安逸的生活使得侯希逸沉迷其中并难以自拔。酷爱打猎的他最终却成为别人的猎物，笃信佛教最终却没能赢得佛祖的眷顾。

一股反对侯希逸的暗流早就在军中暗流涌动，起到推波助澜作用的竟是将他一手推上节度使宝座的表兄弟李怀玉。

对此有所察觉的侯希逸想要免去李怀玉淄青平卢兵马使的职务，却遭到手下诸将的强烈反对。侯希逸只得暂时搁置此事，不过事态的发展却渐渐超出了他的预期，没有想到危险居然来得如此之快。

侯希逸与巫师像往常那样一同出城郊游，居然还留宿城外。那个自称神通广大的巫师却没有预感到他即将大祸临头了！

回城时，侯希逸惊奇地发现城门居然紧闭不开。就在他离开的那段时

---

① 治所位于今山东省淄博市区。
② 治所位于今山东省青州市。
③ 治所位于今山东省济南市区。
④ 治所位于今山东省临沂市。
⑤ 治所位于今山东省诸城市。
⑥ 治所位于今江苏省连云港市。
⑦ 治所位于今河北省秦皇岛市卢龙县。

间，城头早已在悄然间变换了大王旗。

将领不害怕战争，却恐惧兵变，因为在战场上他能准确地知道谁是敌人，谁是战友，可是在变乱中所有的战友都可能是敌人，致命的那一刀往往来自背后。

惊恐不已的侯希逸最后看了一眼巍峨的城楼和雄伟的城墙，带着无限的失落逃走了！

侯希逸无疑是幸运的，不知有多少节度使在兵变中命丧黄泉，李怀玉还算念及兄弟之情并没有伤及侯希逸的性命。

逃到长安的侯希逸虽然出任检校尚书右仆射、司空这样的显赫官职，却难掩他内心的失落，那些纵横驰骋的日子，那些大权在握的岁月，只能永远地封存在他的记忆深处。

在偌大的长安城里，侯希逸感到很孤单，也很落寞，但他却必须默默承受这一切，因为他已经出局了。历史就如同一个大舞台，台下的总想着要上去，可台上的却并不想下来，但总有一天会下来，不管是自愿的，还是被迫的。

侯希逸很快便郁郁而终，新任淄青平卢节度使李怀玉却干得风生水起。朝廷特意赐给他一个新名字"李正己"。

在李正己数次恬不知耻的请求之下，大唐皇帝李豫最终准许将李正己列入李唐皇室族谱之中。一个高句丽人居然跻身大唐皇族的行列；一个出身卑微的将领居然与身份高贵的大唐皇帝攀上了亲戚，简直太不可思议了！

老头也疯狂

大历八年（公元773年）正月，春节的喜庆气氛还未彻底散去，昭义节度使薛嵩却突然病逝了，他的死即将引发一场血腥的争夺。

薛嵩可谓将门虎子，爷爷薛仁贵三箭定天山，名扬华夏，名垂千古；父亲薛楚玉曾任范阳节度使，镇守边陲，威震一方。薛嵩继承了家族勇猛善战的基因，却又紧紧跟随上司安禄山，从大唐的捍卫者沦为了毁灭者。

在安史之乱的烽火行将熄灭之际，薛嵩却审时度势地向朝廷投降，被任命为昭义节度使。昭义镇管辖相州、卫州、贝州、洺州、邢州、磁州六州之地，涵盖今河北西南部和河南北部。

薛嵩的突然去世使得昭义镇顿时陷入权力真空之中。昭义镇的那帮将领们胁迫薛嵩年仅十二岁的儿子薛平继任节度使，却并不是因为感念薛嵩的恩情，而是希望拥立一个便于控制的政治傀儡而已。

年纪轻轻的薛平对于自己的处境看得很清楚，趁着茫茫的夜色，护送着父亲的灵柩返回了故乡，彻底远离了权力的争斗，也远离了是非的旋涡。深明大义而又才智过人的薛平并没有因此而彻底沉寂下去，后来出任右卫将军，主管宫廷宿卫长达三十年之久！

薛嵩的弟弟薛崿被推举为昭义留后，一个苍老而又阴森的目光却始终注视着昭义镇内发生的一切，这个目光来自古稀之年的魏博节度使田承嗣。

田承嗣出生于传统的军官家庭，祖上一直在卢龙军①中效力。田承嗣在卢龙军中素以行侠仗义闻名。平卢节度使安禄山突击检查各营寨，走进田承嗣部军营时，却惊奇地发现军营之中竟然寂静无声，命人查点士卒，却又一人不少，足见田承嗣治军之严整。从此，安禄山愈加器重田承嗣。

安史之乱时，田承嗣一直充当安禄山的前锋，总是冲杀在战斗第一线；安史之乱结束后，他成为史朝义最后的依靠，几乎与大唐战斗到最后一刻，但最终却通过出卖自己的主子史朝义而获得了继续生存下去的机会。

当时田承嗣追随着史朝义从河南一路溃逃到莫州②，却被唐军团团围住。田承嗣眼见大势已去，慷慨激昂地对史朝义说："小小的莫州城恐怕守不了多长时间，您速速前往幽州征调军队，然后再回救莫州。这或许是我们唯一

---

① 驻扎在平州，今河北省卢龙县。
② 治所位于今河北省任丘市。

的生路！"

"那你怎么办？"史朝义关切地问。

"末将甘愿留守莫州，等待着陛下的到来！"

此时史朝义的心中充满了感激，却不知这不过是田承嗣精心策划的一个阴谋。

史朝义挑选五千精锐骑兵从北门杀出唐军的重重包围，向着北方疾驰而去。史朝义前脚刚走，田承嗣后脚就举城投降，还将史朝义的母亲、妻子、儿子统统当作见面礼一起送给了唐军。

唐军统帅仆固玚其实并不想如此轻易地放过老对手田承嗣，而是希望乘胜一举将其彻底歼灭，但老谋深算的田承嗣自然不会坐以待毙，于是拿出手中的金银财宝大肆犒赏仆固玚手下的士卒。

如果拒绝了，仆固玚势必会招致部下的怨恨，如若答应了，仆固玚会招致部下的非议，你看看人家田承嗣多大方！

进退维谷的仆固玚无奈之下只得同意了田承嗣的投降要求，却依旧想要在田承嗣出城投降时趁机将他杀死。

老谋深算的田承嗣自然洞穿仆固玚险恶的用心，称病没有出城，而是邀请仆固玚入城。

虽然仆固玚始终心怀杀机，却根本无从下手，警觉的田承嗣并没有留给他一丝机会。田承嗣手下那支虎狼之师也让仆固玚不敢小觑！

田承嗣拿出自己压箱底的财宝献给仆固玚，乞求道："还望您能高抬贵手，您还有更重要的事情要去做！"田承嗣的话直抵仆固玚的心底深处。在物质诱惑和政治劝说之下，仆固玚最终还是妥协了。

如果执意强行除掉田承嗣，成功了没有多大功劳，但若是失败了势必会引起不必要的动荡。

仆固玚循着史朝义北逃之路追了过去。诛杀史朝义可是一件举世瞩目的大功，况且除掉如今已经沦为孤家寡人的伪皇帝要比干掉拥兵自重并且时刻保持警惕的田承嗣容易得多！

田承嗣侥幸逃脱一劫，却并未痛定思痛，依旧想着继续与朝廷一较高下。即使到了耄耋之年，他也并没有像同龄人那样安享天伦之乐，抱抱孙子，睡睡午觉，练练拳法，依旧不甘于平淡，苍老的身体里始终藏着一颗年轻而又奔放的心。

看到昭义镇的乱局，他一直沉思着进与退，也盘算着得与失，这个艰难的抉择也将会极大地影响他所剩无几的人生路。

大历十年（公元775年）正月初三，昭义兵马使裴志清公开起兵反抗昭义留后薛崿，率众归附田承嗣。昭义节度使管辖的相州、卫州、贝州、洺州全都被田承嗣占领了。

田承嗣的所作所为显然触碰到了朝廷的底线，如果朝廷继续姑息纵容他的所作所为，也就意味着藩镇间将彻底陷入弱肉强食的丛林法则，那么朝廷最后一丝威严也将会被那些桀骜不驯的节度使们无情地践踏。

尽管如此，李豫却并没有足够的底气与兵力强盛的田承嗣进行正面对抗，但成德节度使李宝臣、淄青节度使李正己与田承嗣之间尖锐的矛盾却让李豫那颗虚弱的内心顿时变得强大了许多。

早在安史之乱爆发时，田承嗣就跻身叛军一流将领的行列，尽管那时的他还并不抢眼，而李正己和朱滔在军中还是个并不入流的小角色。田承嗣绝对想不到这些人日后居然会和自己平起平坐，他从心底里是瞧不起这些人的。

成德军节度使李宝臣曾经与田承嗣是并肩战斗的战友。在安禄山率领那支虎狼之师疯狂南侵的时候，李宝臣和田承嗣往往冲在队伍最前列，但在田承嗣的眼里，李宝臣勇猛有余，却智谋不足。

为了联手对抗朝廷，李宝臣和田承嗣一度走得很近，还通过联姻来巩固彼此的关系。李宝臣的弟弟李宝正娶了田承嗣的女儿。谁也没有想到正是这场政治婚姻成为两人交恶的导火索。

马球在唐代颇为流行，因为它很刺激，很过瘾，不过也是一项高风险的运动项目。

有一次，李宝正在魏州与田承嗣的儿子田维打马球。李宝正的马却突然受惊了，误将田维踢死了。白发人送黑发人的惨剧使得田承嗣彻底丧失了理智。

肇事者李宝正当即被抓了起来，弟弟的不幸遭遇自然牵动着哥哥的心。

焦急万分的李宝臣随即派出使者向田承嗣表达歉意，说自己对弟弟管教不严才酿成这场悲剧，还特地让使者带去了一根棍子。潜台词就是这不过是一场谁也不愿意看到的意外，打两下就完了，毕竟大家都是姻亲。

谁知田承嗣居然用李宝臣送去的那根棍子将李宝正活活打死了。这未免欺人太甚了！丧子固然令人心痛，可那毕竟只是事出有因的意外；丧弟却更为令人悲愤，因为这一切原本是可以避免的。这件事使得这对老战友彻底反目成仇。

在田承嗣一意孤行挑战朝廷权威的时候，李宝臣和李正己主动上表请求准许他们讨伐公然犯上作乱的田承嗣。这让李豫看到了希望，也增强了信心。

虽然李豫征调了九镇兵马围剿田承嗣，但真正能够对田承嗣产生威胁的却只有北面的幽州节度使朱滔、西面的成德节度使李宝臣、南面的淄青节度使李正己和淮西节度使李忠臣。

在大军压境的时刻，田承嗣集团内部却发生了分裂。田承嗣的部将霍荣国向朝廷献出了磁州投降，而另一个部将吴希光则献出了瀛洲。

就在田承嗣内部分化瓦解之际，朝廷的征讨大军势如破竹。淄青节度使李正己的部队攻占了德州。

在瑟瑟秋风中，屡屡碰壁的田承嗣派遣使者入朝请罪，承诺改过自新，承诺重新做人。屡屡受战乱困扰的河北地区因此闪现了一丝和平的曙光，可田承嗣却绝对不是个轻易低头的人。

李宝臣和李正己两支部队在枣强县会师，对贝州①展开合围。唐军的战略合围使得田承嗣惊恐不已，可是幸运之神却再次站到了田承嗣一边。就在大战在即之时，唐军内部突然出现了不和谐的音符。

大战在即，李宝臣和李正己分别犒赏手下的士兵，原本是振奋人心的事，却使得军心动摇。李宝臣是个很慷慨的人，给成德将士的犒赏很丰厚，李正己则是一个很吝啬的人，给淄青军的犒赏少得可怜。淄青军顿时怨声四起，李正己再也没有心思打仗了，担心自己的部队会临阵哗变。

---

① 治所位于今河北省清河县。

李正己的突然南撤给淮西节度使李忠臣带来了极大的恐慌，淮西节度使李忠臣也只得南渡黄河，驻军观望。

看到对手自乱阵脚，刚刚还主动示弱的田承嗣又坚定了继续抵抗下去的决心，派遣侄子田悦企图从朝廷手中夺回得而复失的磁州，最终收获的却是一场惨败。

惊恐不已的田承嗣并没有因为恐惧而方寸大乱，因为他是在金戈铁马的战场上成长起来的，因此他对战场走势有着极强的把握能力。在不利境地之下，他能够巧妙地利用各支围剿部队将领之间错综复杂的关系，分化瓦解，各个击破。

田承嗣突然想起了被自己囚禁在魏州的李正己派来的使者。他急忙将使者请出来，将辖境内户口、军队、粮食、布帛的数量全部登记好交给那个使者。这些数据恐怕连朝廷都未必掌握，如今田承嗣却突然交到李正己使者的手中。

"您这是什么意思？"摸不着头脑的使者不解地问。

"老朽如今都这把年纪了，还能活得了几天？儿子们都不孝，田悦也软弱无能。老朽的一切最终都是李公的，而老朽不过暂且替李公看守一下而已，李公何必如此兴师动众来取呢？"

田承嗣让李正己的使者立在庭中，自己面向南方，拜了几拜，然后将自己的亲笔书信交给使者。他又让人画了一幅李正己的画像，每日焚香供奉。

心满意足的李正己从此按兵不动，南线部队见李正己逗留不前自然也就不敢贸然进军。

南线的后顾之忧解除后，田承嗣可以专心致志地应对来自北面和西面的威胁，但李宝臣却并不像李正己那样好对付，况且杀弟之恨成为李宝臣心中永远无法抹去的阴影。

由于李宝臣屡立战功，李豫特意派遣中使马承倩携带诏书前去慰劳，但他却没有想到这次慰劳却触怒了一直打仗很卖力的李宝臣。

李宝臣好酒好菜招待马承倩，他知道只有影响了皇帝身边的人才会影响皇帝，宦官们也乐于接受这样的使命，因为这可是一次敛财的绝佳机会。可马承倩回京复命的时候，李宝臣却仅仅送给他一百匹丝织品。

"这么点儿破东西就想打发我了！"马承倩臭骂了李宝臣一顿，恶狠狠地将东西扔到路上，李宝臣看了看身边的部属，顿时感到羞愧难当。

李宝臣手下的兵马使王武俊对他说："如今您在军中新立战功，宫中小人尚且如此待你，更何况荡平田承嗣之后呢？如果那一天真的到来了，或许朝廷一纸诏书就会将您召回京城，到那时您可就什么都没有了。不如暂且停止攻击，作为咱们跟朝廷讨价还价的资本。"

在接下来的战争中，李宝臣再也不像之前那么卖力了，因为他强烈地感受到唇亡齿寒的危机。

身处险境的田承嗣正谋划着一个险恶的阴谋。他堪称一位善于利用对手心理弱点的高手，借此他才会一次又一次地化险为夷。

李宝臣一直有个未了的心结，那就是自己的家乡幽州一直都控制在别人的手中。如今占据幽州的朱滔在他的眼里不过是个乳臭未干的小孩子。

有欲望就有弱点，因为"无欲则刚"，而"有欲则弱"。

一个风水先生找到李宝臣，指着远处，神秘兮兮地说："那里有帝王之气，必然有非凡之物！"

半信半疑的李宝臣命人顺着风水先生所指的方向挖了挖。不一会儿，一块刻有文字的石头就出现在众人的面前，上书："二帝同功势万全，将田为侣入幽燕。"

"二帝"似乎是指他李宝臣和李正己。"田"自然是指田承嗣。莫非上天示意我要与田承嗣一同进攻幽州？

其实这一切不过是田承嗣导演的一出好戏，对此还全然不知的李宝臣正一步步踏入田承嗣精心设置的圈套之中。

正当李宝臣为此而心神不定的时候，田承嗣的说客适时地来了。

"如今您与朱滔共同攻取沧州，即使攻克了，沧州也不会归您；攻克不了，您白白地损兵折将。如果咱们冰释前嫌，田公自然会将沧州无偿让给您。如果您愿意趁机攻取您的老家幽州，田公还愿意效犬马之劳。您率领精锐骑兵先行，田公自当率领步兵随后赶到。两军联合定然会攻无不克，战无不胜！"

如此诱人的条件让李宝臣不能不心动。内心深处的呼声和来自上天的暗示都在告诉他，只有与田承嗣携手才能完成多年来的夙愿。霎时间，两人从对手又变为盟友，而此时还略显稚嫩的朱滔对于李宝臣的异动仍旧全然不知。

"听说朱公的容貌仪态如同神仙一般，我家主公希望看看您的画像。"李宝臣的使者将主子的心愿告诉了朱滔。朱滔对于李宝臣这个有些反常的举动居然没有一丝警觉，很爽快地就将自己的画像交给了最不该给的人。

李宝臣将朱滔的画像展示给手下的诸位将领们看，不过却不是为了观赏，而是为了暗杀。

当时朱滔率军驻扎在瓦桥，他不会想到一场杀身之祸会突然从天而降，李宝臣精心挑选了两千精锐骑兵，通宵疾驰三百里，来到朱滔军营门前。

李宝臣高声命令道："杀掉那个与画像上一模一样的人！"

幽州军对于成德军的突袭没有丝毫的心理准备，仓促应战的幽州军一败涂地。他们始终弄不明白刚才还并肩战斗的友军为什么会突然间向自己举起闪着寒光的屠刀。

然而那张画像并没能帮助李宝臣完成他处心积虑筹划的斩首计划，因为那天天实在太黑了，根本就看不清人的容貌，他手下的将士们自然就寻找与画像上衣着相似的那个人。恰巧朱滔那晚并没有穿那身经常穿的衣服，这才侥幸逃过这一劫。

心有余悸的朱滔不禁感慨，原来生与死就是那么短短的一瞬间！

李宝臣本想乘胜攻取幽州，可是朱滔手下大将刘怦却小心翼翼地守卫着朱滔的老巢，没有给李宝臣留下一丝可乘之机。

李宝臣期待自己的盟友田承嗣能够如约率军北上。二打一或许还有取胜的把握，可是他那个不切实际的幻想最终还是破灭了，因为这自始至终就是田承嗣精心策划的一场骗局。

听说幽州军与成德军打起来了，田承嗣的脸上露出了得意的笑容。他不仅没有如约北上，反而率军南下了。他走之前还特意给李宝臣送去了一封信："由于遇到紧急情况，无暇跟随您攻取幽州。石头上的文字不足为信，这不过是个玩笑而已！"

羞愧难当的李宝臣知道自己上当了，恨不得把田承嗣那个老狐狸碎尸万段，可是如今一切都晚了。

为了防范朱滔报复自己，他让手下悍将张孝忠率领七千精锐骑兵戍守易州，对朱滔保持足够的武力威慑。

大历十一年（公元776年）二月，李豫派遣谏议大夫杜亚持节赶赴魏州，代表朝廷接受田承嗣的投降，准许其全家去京师。田承嗣知道自己一旦离开赖以生存的军队，便犹如随波逐流的浮萍，随时都可能会被风浪所吞噬。

在这个关键时刻，李正己多次上表恳求朝廷能够给予田承嗣悔过自新的机会。利令智昏的李正己此时还惦记着田承嗣当初的许诺，垂涎着魏博这片土地。他担心一旦田承嗣入朝，朝廷会派来新的节度使，到那时魏博镇可就成了别人家的地盘。在虚无缥缈的幻景驱使之下，他心甘情愿地沦为田承嗣的代言人，可到头来却终究是一场空！

皇帝李豫其实拿逗留不进的田承嗣还真没什么办法。骑虎难下的李豫无奈地颁布赦免田承嗣的诏书。田承嗣成功地度过了这次性命攸关的政治危机，利用自己的智慧将李正己和李宝臣这两个政治对手玩弄于股掌之上。

尽管如此，田承嗣仍旧有些得不偿失。他为了向南扩张不惜沦为众矢之的，不惜失掉忠诚道义。虽然他得到原本属于昭义镇的相州、卫州、洺州、贝州四州，可是却失去了瀛洲、沧州、德州三州。朝廷将瀛洲划归幽州节度使，将沧州划归成德节度使，将德州划归淄青节度使。此时田承嗣手中仍旧掌握着魏州、博州、相州、卫州、洺州、贝州、澶州①七州之地，拥兵七万之众。仅仅三个月后，心有不甘的田承嗣便使得中原地区刀兵四起，硝烟弥漫。

---

① 澶州是田承嗣于大历七年上奏朝廷将原属魏州的顿丘、临黄两县合并而设置的新州。

硝烟弥漫的中原

汴宋节度使（又称河南节度使）田神功拖着苍老的身躯入朝，留给历史的是一个苍老而又悲凉的身影，这也将是他最后一次面见天子。

大历八年（公元773年）正月初三，春节的喜庆气氛还未散去，戎马一生的田神功便在京师长安溘然长逝。

根据《全唐书》的记载，德宗时期名相陆贽曾充满感慨地追述田神功的功绩："田神功镇河南……兵食兼足，职贡备修，左肃青齐，右弭滑魏，南控淮浙，北辅荥瀍，殷如长城，不震不竦。"陆贽将田神功喻为大唐的钢铁长城，他的死也意味着长城轰然倒塌。

田神功的弟弟田神玉成为节度留后，却于大历十一年（公元776年）五月也撒手人寰，他留下的是一个管辖着汴州、宋州、泗州、徐州、兖州、郓州、曹州和濮州八州的大藩镇，位于中原腹地，居于南北要冲，可谓是大唐的生命线。

在汴宋镇群龙无首之际，在田承嗣的竭力撺掇之下，汴宋都虞侯李灵曜内心的欲望急剧膨胀，最终踏上了一条血腥夺权的不归路。

李灵曜擅自起兵杀死汴宋兵马使、濮州刺史孟鉴，企图趁乱夺取汴宋等八州的军政大权，这显然是代宗皇帝李豫难以接受的，江淮地区的赋税大多经河南运抵两京，一旦河南失守，大唐的经济命脉也将被硬生生掐断。

五月初七，代宗李豫任命永平节度使李勉兼汴宋等八州留后。李勉出身于宗室，为高祖皇帝李渊第十三子郑王李元懿的曾孙。

当年安史之乱爆发，帝国蒙难，长安沦陷，玄宗南逃，肃宗李亨在灵武仓促称帝，当时百废待兴，人员匮乏，"文武官不满三十人，披草莱，立朝廷，制度草创，武人骄慢"[1]。

将领们的傲慢竟然到了肆无忌惮的地步。大将管崇嗣竟然在朝堂之上背

---

[1]（北宋）司马光主编：《资治通鉴·第二百一十八卷》，改革出版社1995年版，第4633页。

对李亨旁若无人地坐着，如同在家中那样谈笑自如。对于武将们的放肆，李亨选择了忍气吞声，担心意气用事会给自己招致杀身大祸。

虽然李亨忍了，但那时还只是监察御史的李勉却看不下去了。他上奏章弹劾管崇嗣目无君主，恳请将他依法惩办。李亨接到李勉的奏章后立即召集满朝文武商讨此事。李亨其实是在敲山震虎，因为藐视他这个新皇帝的绝非管崇嗣一人。

虽然李亨最终赦免了管崇嗣，但警示目的已然达到。散朝后，李亨叹息道："有了李勉，朝廷才赢得了尊严！"李亨树立皇帝权威还需要借助一个小小的正八品上阶的监察官员，足见李亨当时处境之艰难。

那时的李勉正值不惑之年，却有几分初生牛犊不怕虎的架势，此后受到李亨重用，历任清要之职。

永平节度使令狐彰原本也是安史叛将，但他投诚后却一直还算恭顺。当时很多节度使公然截留朝廷赋税，可令狐彰却总是及时足额上交国库。他临终之际并没有将节度使之位传给自己的儿子，而是推荐了素以忠贞著称的李勉。李勉担任永平节度使十二年之久，素有德望，不威而治，关东诸藩镇对他都颇为敬重。

虽然李豫寄希望于德高望重的李勉来稳定河南局势，但他也没有放弃争取李灵曜的努力。唐代宗李豫任命李灵曜为濮州刺史，但李灵曜却拒不接受诏令，急切地渴望得到汴宋等八州，而不仅仅是一个小小的濮州。李豫最终还是妥协了，于六月初二无奈地任命李灵曜为汴宋留后，还派遣使者前去安抚李灵曜。

李灵曜成为留后后不仅不思感恩，反而变得更加骄横傲慢，管内八州刺史和县令全都换成他的党羽，想要效仿河北三镇，成为脱离朝廷控制的独立王国。

忍无可忍的李豫诏令淮西节度使李忠臣、永平节度使李勉、河阳三城使马燧前去讨伐。淮南节度使陈少游和淄青节度使李正己见有机可乘也纷纷主动进兵。

汴宋兵马使、摄节度副使李僧惠是李灵曜的智囊。宋州牙门将刘昌派遣和尚神表偷偷前去劝说李僧惠悬崖勒马，否则终将粉身碎骨。李僧惠也觉得如今大兵压境，继续跟随李灵曜恐怕前途未卜。摇摆不定的李僧惠决意与刘昌暗中见一面，这次会面也将彻底改变他的人生。

刘昌痛哭流涕地陈述着对抗朝廷的弊和顺从朝廷的利。这一刻，李僧惠决心反正，从他下定决心的那一刻起，李灵曜灭亡的丧钟便敲响了。

李僧惠与汴宋牙将高凭、石隐金经过一番谋划，派遣和尚神表携带归顺的奏表前往京师，请求征讨李灵曜。欣喜若狂的李豫随即任命李僧惠为宋州刺史，高凭为曹州刺史，石隐金为郓州刺史。

从此之后，李灵曜不仅四面楚歌，而且腹背受敌，不过困兽犹斗的李灵曜仍旧在自己认定的这条不归路上坚定地走着，直到无路可走。

九月十一日，李忠臣和马燧率领部队抵达郑州，李灵曜趁其立足未稳悍然发动攻击。李忠臣和马燧都没有料到敌人会来得如此之快，于是在慌乱之中退守荥泽。淮西军早就过惯了安逸的生活，见到如此情形，一多半人居然不战而逃。郑州百姓见状无不惊恐万分，纷纷逃入东都。

曾经经历九死一生的李忠臣居然也开始胆怯了，想要撤军回淮西。马燧却言辞恳切地阻止道："用正义来讨伐叛逆，何愁不能战胜敌人呢？您为什么要如此轻易地放弃到手的功名呢？"李忠臣听闻此言渐渐驱散了心头的恐慌。

马燧坚守不出，叛军一时间也无可奈何。李忠臣也趁机逐渐收集散兵，仅仅几天时间，军队的声势又重新壮大起来。

李正己却打得格外卖力，其实他想的并不是如何平叛，而是如何趁机抢占地盘。

十月，在初冬的寒风之中，李忠臣和马燧的部队直抵汴州城下，两人一南一北，前后夹击。此时，陈少游率领的淮南军也赶来助战。官军与叛军在汴州城西展开鏖战，叛军最终惨败而归。从此之后，李灵曜再也无力与官军交战，只得龟缩在坚固的汴州城内，苦苦等待援军的到来。

魏博节度使田承嗣终于坐不住了，其实他真正关心的并不是李灵曜的生死，而是汴宋八州的归属。

带着叔父田承嗣的殷切嘱托，田悦率领魏博军踏上了南征之路。

田悦原本是个很不幸的孩子，父亲在他很小的时候就去世了。迫于生活的压力，母亲改嫁给一个平卢士兵。平卢军南下的时候，他们母子也被迫背井离乡，在淄州、青州一带漂泊。李正己绝对想不到这个在自己的地盘上艰难度日的孩子日后居然会在史书上留下浓墨重彩的一笔。

经过一番辗转，十三岁的田悦终于找到了自己的叔父田承嗣。叔父此时已经成为威震一方的魏博节度使。田承嗣渐渐发觉这个侄儿很懂事，也很努力。田悦作战勇敢、彪悍，尤其是将金钱看得很轻，总是慷慨地分赏给手下士卒，因此在军中拥有崇高的声誉。

这些年来，田悦一直跟随叔叔南征北战。在田承嗣的眼中，战火中成长起来的田悦自然要比他那些没有经历过什么战阵的儿子们更能驾驭复杂多变的局势，可田悦虽然继承了田家骁勇善战的基因，但他所缺少的却是政治智慧和军事谋略。

田悦在匡城击败永平、淄青两镇的军队，乘胜进军汴州，在汴州城北几里的地方安营。

十月二十二日夜，四周一片漆黑、寂静无声，李忠臣派遣副将李重倩率领数百名轻装骑兵乘着夜色突入田悦的营地，奔驰无阻，斩杀数十人后安然回营。这自然给魏博将士带来了极大的恐慌，不知道官军是如何攻进来的，更不知道攻进来的官军究竟有多少人，只知道危险日益临近，死神就在身旁，一颗颗恐惧的种子在他们的心头迅速生根发芽。

恰在此时，远方传来阵阵击鼓呐喊之声，李忠臣、马燧率领大部队冲杀过来，魏博军顿时就溃不成军，不战而逃。眼见大势已去，田悦只得仓皇向北逃走，一路上尽是手下将士的尸体，其实并没有多少人真的死于官军的刀剑之下，更多的是死于战友间的相互践踏。

听说田悦兵败逃走了，一向自负的李灵曜顿时就崩溃了。这根最后的救命稻草最终并没有救得了自己，此时的他唯一能做的就是祈求上天的垂怜。

李灵曜悄悄打开了汴州城那扇厚重的城门。仅仅几个月前，他还满心欢喜地成为这里的主人，如今天下之大却再也没有了他的容身之处。在漆黑的夜色中，他策马狂奔，奔向未知的前方，不管前方等待他的究竟是什么。

十月二十三日，逃到韦城的李灵曜被永平军将领杜如江抓获。永平节度使李勉随即将其押往京师治罪。李灵曜被李豫送上了断头台，为自己的政治野心付出了生命的代价。

马燧深知李忠臣粗暴强横的为人，如今共同的敌人消失了，他刻意摆出一副谦逊之态，严令手下士卒不得进入汴州城，将自己的功劳拱手让给李忠臣。

志得意满的李忠臣大摇大摆地率军进入繁华的汴州城，有些恬不知耻地将所有功劳都据为己有，但并不是所有人都像马燧那样深谙中庸之道。宋州刺史李僧惠自认为与国立有大功，见傲慢跋扈的李忠臣随意抹杀他人的功劳，自然心有不甘，面露不悦。恼羞成怒的李忠臣乘会面之机将他残忍地杀害。他甚至对刘昌也动了杀机，幸亏刘昌跑得快，才没有步李僧惠的后尘。

曾经拥有八州之地的汴宋镇至此不复存在。虽然李忠臣大放异彩，大出风头，但也仅仅夺取了战略要地汴州①，淄青节度使李正己却成为最大的赢家，一举夺取原属于汴宋节度使的曹州、濮州、徐州、兖州、郓州五州，加上此前取得的德州、登州、莱州、棣州四州。淄青节度使辖区从最初的六州迅速扩充到十五州，包括今山东、江苏北部。

永平节度使李勉也将泗州和宋州收入囊中，至此管辖宋州、滑州、亳州、陈州、颍州、泗州六州之地。随着强盛一时的汴宋镇灰飞烟灭，永平镇便成为朝廷对抗河北三镇、遏制淮西、抵御淄青的重要战略支点。

大历十一年（公元776年）十二月十五日，病入膏肓的昭义节度使李承昭主动上表恳请退休。名义上仍旧管辖六州之地的昭义镇此时实际控制的却只有磁州、邢州两州。李豫随即命泽潞行军司马李抱真兼任磁、邢两州留后。

李抱真是一代名将李抱玉的堂弟。其实他们原本都是粟特人，与安禄山同姓，安禄山的父亲就是粟特人。安禄山叛变后，他们却耻于姓"安"，朝廷感念兄弟二人的忠义赐国姓"李"。李抱玉曾一度兼任泽潞②、凤翔陇右③、山南西道④三镇节度使，长期驻守凤翔府。随着年龄的增长，李抱玉的身体

---

① 治所位于今河南省开封市区。
② 治所位于潞州（今山西省长治市）。
③ 治所位于凤翔府（今陕西省宝鸡市凤翔县）。
④ 治所位于梁州（今陕西省汉中市区）。

也每况愈下，况且凤翔与泽潞又相距甚远，索性将泽潞军政事务全权交给堂弟李抱真处置。李抱真精选士卒，精心训练，以至于泽潞步兵名扬天下。李抱玉病逝后，泽潞与昭义两镇合并成为新的昭义镇，李抱真出任节度使。

由于昭义镇的治所相州一直都控制在田承嗣的手中，因此李抱真将昭义镇的治所迁往潞州，管辖泽州、潞州、磁州、邢州四州，还一度兼管怀州以及河阳三城，昭义镇在此后很长一段时间内始终是朝廷对抗河北藩镇割据势力的桥头堡。

大历十四年（公元779年）二月十二日，与大唐对抗了一辈子的魏博节度使田承嗣终于走到了人生的尽头，生命也永远地定格在了七十五岁。

安史之乱时，田承嗣与大唐明着对抗；安史之乱后，田承嗣与大唐暗中角力。即使在弥留之际，他仍旧想着如何将这种对抗延续下去。

虽然他有十一个儿子，可他却在行将就木之际将节度使之位传给了自己的侄子田悦，还特意叮嘱儿子们要悉心辅佐田悦。

田悦虽是一个骁勇善战的"将"，却并不是一个运筹帷幄的"帅"。作为一位割据一方的节度使，他应当审时度势，顺应潮流，可他却迷信武力，穷兵黩武。

正是田承嗣这个自认为英明的决定却在不久的将来将田氏家族推到了灭亡的边缘，而且还引发了一场血腥的家族杀戮！

成德节度使李宝臣、淄青节度使李正己和山南东道节度使梁崇义纷纷上书恳请代宗皇帝李豫准予田悦继承叔父的职位。尤其是与田承嗣明争暗斗了一辈子的李宝臣这次居然表现得格外积极，三番五次地上书李豫。其实他不过是在为自己儿子的顺利接班铺平道路，因为田承嗣的突然离去让他感到上天留给自己的时间已然不多了。

就在老对手田承嗣去世一个月后，李忠臣也遭遇了人生之中最大的一次挫折。

在战场上几度死里逃生的李忠臣晚年骄奢淫逸，"将吏妻女美者，多逼淫之"[①]。他与马家军阀马步芳颇有几分相似，"生我、我生者外无不奸"。

---

① （北宋）司马光主编：《资治通鉴·第二百二十五卷》，改革出版社1995年版，第4791页。

沉溺酒色的李忠臣将淮西军政事务全权委托给自己的妹夫，节度副使张惠光。张惠光是一个极其残暴的家伙，搞得民不聊生，苦不堪言。俗话说"老子残暴儿混蛋"，张惠光的儿子残暴跋扈的程度比他的父亲有过之而无不及！

当怒火在淮西将领们心中熊熊燃烧的时候，左厢都虞侯李希烈苦苦期盼的机会也就终于来了。

李希烈是李忠臣的远房侄子，后来被李忠臣收为养子。李忠臣万万没有想到就是自己的这个养子日后居然会露出如此狰狞的面目。

大历十四年（公元779年）三月，一直默默等待机会的李希烈突然举兵杀死了一贯在淮西作威作福的张惠光父子，随着两人人头落地，李忠臣在淮西长达十六年的统治也随之戛然而止。

李忠臣孤零零一个人逃往长安，他的心情也失落到了极点，因为他知道寄人篱下的生活是什么滋味！

他的部队没了，他的地盘没了，他的田产没了，他的财宝没了，唯一剩下的就是对朝廷残存的一丝希望。他觉得朝廷肯定会为自己主持公道，因为他曾经是赫赫有名的战斗英雄，曾经是勤勤恳恳的道德模范，曾经是兢兢业业的忠诚卫士。

在李忠臣最失魂落魄的时候，代宗皇帝李豫向他敞开了温暖的怀抱，却终究难以完全融化他心底的坚冰。

李忠臣检校司空、同中书门下平章事。遭遇人生之中最大挫折的李忠臣位列三公，而且还顶着"使相"的耀眼光环。尽管如此，依旧难以平息他心中的愤懑。

"这是赤裸裸的叛乱！朝廷应该立刻发兵讨伐！"李忠臣愤愤不平地说，可他最终却失望了，因为李豫不会为了他而发动一场无谓的战争。无数次碰壁的经历使李豫学会了妥协，学会了忍让，也学会了向现实低头，况且此时的李豫已然时日不多了。

为了安慰失落的李忠臣，李豫至死都没有授予李希烈节度使旌节，只是命其为淮西留后。尽管如此，朝廷也算是默认了李希烈在淮西的地位。

从那一刻起，李忠臣返回淮西的梦就彻底破碎了。他不得不重新思考人生，思考未来！

此时身染重病的李豫再也没有精力与那些桀骜不驯的节度使们对抗了，因为他在这个世上的时间也只剩下两个月了。

李豫任命田悦为魏博节度留后，等于默许了节度使开始由终身制演变为世袭制的不良开端；李豫任命李希烈为淮西节度留后，等于默认了弱肉强食的丛林法则。

第二章

得到与失去间的博弈

大历十四年（公元779年）五月二十一日，奄奄一息的代宗皇帝李豫下诏让皇太子李适代行处理国政。当天夜里，五十三岁的李豫就离开了这个让他心力交瘁的大唐。他没有力挽狂澜的魄力，也没有定鼎乾坤的能力，但他却是一位称职的守成之君。

父亲留下了一个藩镇势力日益滋长的帝国。即位的德宗皇帝李适已经三十八岁了，对此看得很清楚，于是他急于铲除那些割据势力，但他显然低估了自己的那些对手！

神秘消失的皇后

李适的母亲沈氏，出生于吴兴①，有着江南女子特有的温婉与柔媚，开元末年被选入东宫。那时还是太子的李亨将沈氏赐给自己的儿子，也就是当时还是广平王的李豫。两人如胶似漆，颇为恩爱，很快就有了爱情的结晶，也就是李适。

天宝十四年（公元755年）十月初九清晨，范阳②城外校军场内旗帜招展，鼓声如雷，战马嘶鸣，军士凛然。在安禄山的带领之下，整装待发的十五万大军给予和平日久的大唐致命的一击。

次年六月十三日凌晨，长安还没有完全从沉睡中苏醒过来。蒙蒙的细雨犹如颗颗泪珠，滚落在即将遭受前所未有浩劫的都城。

潼关失守，长安再也无险可守，玄宗皇帝李隆基带着杨贵妃姐妹、皇子、皇妃、公主、皇孙、亲信官员及贴身宦官和宫女悄悄地出延秋门踏上了漫漫的逃亡之路。因为事发仓促，沈氏没能跟随丈夫李豫一同出逃。

---

① 治所位于今浙江省湖州市吴兴区。
② 治所位于今北京市区。

叛军占领长安后，大将孙孝哲成为长安的主宰。他的血腥与冷酷甚至让很多叛军将领都心存畏惧。他秉承安禄山的意志竭力大肆搜罗皇室、官员、宦者、宫女。每当捕获数百人，他便派遣手下士卒将其送往安禄山所在的洛阳。一百余位皇妃、公主以及宗室子弟死于叛军的屠刀之下。不愿投降的唐朝官员及其家属也大多惨遭杀戮，甚至是襁褓中的孩子也未能幸免于难！

沈氏就这样被押解到了东都洛阳，虽说侥幸活了下来，却经受了百般凌辱。

至德二年（公元757年）十月十八日，东都洛阳再次回到了大唐的怀抱之中，身为元帅的李豫统帅大军迫不及待地进入城中。经过一番艰难的寻找，他终于找到了面目全非的沈氏。虽然两人仅仅分别一年零四个月，可是却感觉恍如隔世，纵使相逢亦不识，尘已满面，鬓竟染霜，相顾无言，唯有泪千行。

立下大功的李豫被父亲李亨册立为皇太子，但沈氏却没能得到任何名分。虽然丈夫很爱她，但迫于各方压力，并没有将其迎回长安，因为她有着一段不堪的过往，要想让皇室重新接纳她还需要时间，可上天留给李豫的时间何其有限！

沈氏不得不在洛阳宫中过着落寞的生活。她早已不再描眉，不再画眼，不再梳洗，只剩下似乎永远都流不完的泪水，在满是沧桑的脸上肆意地流淌。

乾元二年（公元759年）三月，邺城之战的失利使得唐军元气大伤，史思明率领叛军疯狂南侵。九月二十七日，东都洛阳再次失陷，而沈氏也从此不见了踪影。这也成为李豫心中永远的痛，虽然世间女子千千万，但他却永远地失去了最心爱的女人。

广德二年（公元764年），已经登基称帝的李豫册立长子李适为皇太子，同时下诏寻找失踪多年的沈氏。虽然他派人四处寻访，可找了十余年，直到他去世，仍旧一无所获。其间也有人声称自己是沈氏，有的是尼姑，有的是村妇，但全都是冒名顶替之人。真正的沈氏却依旧不知所终。

李豫在位十七年，从未册封过皇后，虽然独孤贵妃凭借倾国倾城的容貌颇为得宠，也只是在死后才被追谥为"贞懿皇后"。或许在李豫的心中，皇后之位一直都在为沈氏留着，哪怕会永远置下去。

李适登基称帝后依旧没有忘记下落不明的母亲，追封母亲为皇太后。册封大典那日，他对着册书一拜再拜，痛哭不止，群臣见状也不禁潸然泪下。

母亲的娘家人之中，已经故去的全都被追赠显官，而且都是三师和三司这样的正一品；如今健在的，不遗余力地被加官晋爵。仅仅一日，沈家被封赠拜爵之人就多达一百二十七人。李适外祖父的弟弟沈易良之妻崔氏被他迎入宫中。他特地换上一身便服，还特地召来两位嫔妃一同向崔氏行拜礼，而且还不让崔氏答拜，以此来寄托对母亲的无限哀思。

李适一刻也没有停止过寻找生母的下落。他任命睦王李述为奉迎使，派人分行天下，四处寻访，多方查找，期待着母子重逢的那一天。

建中二年（公元781年），终于在洛阳找到了沈太后。长安城顿时就沸腾了，李适的喜悦之情更是溢于言表。与母亲在长安分别那年，他只有十五岁，如今已过去了二十五个春秋，李适对母亲的音容笑貌，虽说已经日渐模糊了，但母亲在他心中留下的印记却从未被抹去。

二月初二，德宗李适破例双日登殿，群臣全都入朝庆贺。喜笑颜开的李适诏令有关部门草拟仪典，准备奉迎太后，可就在李适为找到母亲而欣喜若狂之际，大宦官高力士的养子高承悦却揭穿了这位假太后的身份。

其实此女乃是高力士的养女，一直在洛阳寡居，自幼就对宫中秘闻耳濡目染，因此对于许多不为外人所知的皇家轶事，她都能娓娓道来。女官李真一猜想此人很可能就是流落在民间的沈太后，况且她的左手指头又留有一道伤疤。李真一知道沈太后当初为李适削果子时曾不小心伤了自己的左指。

于是，李真一向寻访太后的使者陈述高氏的样貌和谈吐。沈家老一辈人如今都已去世，家族之中再也没人认识太后。李适只得派遣曾经见过太后的宦官和宫人前往洛阳察看。高氏的年龄样貌的确与太后颇为相似，况且那些宦官和宫人也只是与太后有过一面或者几面之缘，并没有什么深度接触，加之又过去许多年，记忆自然也就渐渐模糊了，于是便草草认定高氏便是失踪多年的太后。

起初高氏还推辞说自己并非什么太后，可她越是推辞，那些人便越发觉得此人必是太后，并强行将高氏迎进洛阳上阳宫。

李适特地从长安派来一百余名宫女，带着车驾衣服等御用之物前去上阳宫服侍高氏。对于这突如其来的一切，高氏自然是缺乏心理准备，起初也曾为此而惴惴不安，但在那些宫女的劝诱之下，高氏也渐渐动了心，对于这从天而降的大富贵也不再抗拒，而是坚称自己就是太后。

高氏的弟弟高承悦住在长安，得知此事后一直惶恐不已，担心如若知情不报，一旦高氏的身份败露，恐怕将祸及整个家族，于是将真相禀明李适。李适听完之后，怅然若失，于是让高力士的养孙樊景超前往上阳宫再行查验。虽说李适也觉得这个太后很可能是冒充的，但他事到如今仍旧抱有一丝不切实际的幻想。

樊景超见到了几天前还艰难度日的姑姑高氏，如今却心安理得地住在皇宫内殿之中，并且以太后的身份自居，身边的宫女一大帮，宦官一大帮，侍卫一大帮，颇有几分众星捧月的架势。

樊景超对高氏说："姑姑为何要将自己置身于刀俎之地呢？"

高氏身边的侍从见他竟然如此出言不逊，高声呵斥樊景超赶紧退下。

樊景超却高声说："我身上带有圣上的诏书，这个太后是假的，尔等休得无礼！"

高氏身边的侍从闻听此言全都面面相觑，目光齐刷刷地投向服侍多日的主子高氏。

高氏见真相大白，只得说："我实乃被人所迫，身不由己，并非出于本心！"

樊景超用牛车从上阳宫接走高氏。高氏从富丽堂皇的皇宫又回到了颇为寒酸的家中。虽然她又回到了原来的生活轨迹，但她却再也无法安心度日了，而是惶惶不可终日，不知道皇帝将会怎样惩治自己。

假冒太后可是大逆不道之罪，是要掉脑袋的。李适身边的人对于这个胆大妄为的高氏全都气愤不已，请求将其严惩不贷，但思母心切的李适却并未怪罪这位敢于冒充自己母亲的妇人，对那些力主严惩的臣子们说："只要能找到母亲，朕宁肯受一百次骗也无妨！"

从此之后，自称沈太后之人一时间络绎不绝，但全都被一一戳穿。李适终其一生也未能找到魂牵梦绕的母亲。

沈太后的悲惨命运折射出的是一个时代的悲哀，更是一个帝国的悲哀，尊贵的皇太后尚且遭此磨难，何况普通百姓呢？

为了不让母亲的悲剧再次上演，李适决意引领着曾经强盛无比如今却满目疮痍的大唐走向中兴，可让他始料未及的却是中兴之路居然会如此坎坷，如此崎岖！

来去匆匆的能臣

刚刚即位的德宗皇帝李适任用崔祐甫为相，安然度过了内忧外患的政治过渡期。

为了试探新皇帝，淄青节度使李正己上表向朝廷进献三十万贯钱。名为进献钱财，实则趁机试探新朝廷。犹豫不决的李适顿时就陷入两难的境地，三十万贯钱对于财政捉襟见肘的朝廷而言无疑充满了诱惑。如果朝廷接受了，李正己拒不缴纳则会使朝廷颜面尽失；如果朝廷予以拒绝，李适又心有不甘，那样李正己会白白博得为朝廷分忧的美名。

李适就此询问宰相崔祐甫，老练的崔祐甫想出一个万全之策。他上奏道："李正己确实如陛下所担忧的那样阴险狡诈。微臣请求前往淄青镇宣尉将士，您下诏将李正己所献钱财全都赏赐给该镇将士。如果李正己奉诏进献三十万贯钱，则该镇将士会感念圣恩；如果李正己拒不奉诏，势必会引起手下将士们的不满，很有可能会激起兵变，而朝廷也可通过此举昭示诸藩镇，朝廷并不看重钱财。"

李适不禁龙颜大悦，崔祐甫的妙计使得狡猾多端的李正己不得不乖乖就范。在这场博弈中，朝廷全面胜出，李正己的心中对新朝廷充满了畏服。

李适和崔祐甫这对君臣配合得越来越默契，越来越顺畅，可踌躇满志的崔祐甫却突然病倒了，残酷的病魔打碎了他的理想。"身体是革命的本钱"，一旦本钱丧失殆尽，其他的也就无从谈起。李适特批崔祐甫可以乘坐肩舆进入中书省处理政事，李适每遇到大事总会派遣中使到他的府邸征求他的意见。

病重的崔祐甫其实一直都在为自己的身后事盘算着。他思虑良久向李适推荐了道州①司马杨炎为相，杨炎也很快赢得了皇帝的信任。

才华横溢的杨炎创制了两税法，因税款在秋天和夏天两次征收而得名。两税法彻底理顺了中央、道、州之间的财政分配关系，由"量入制出"改为"量入为出"，由杂乱无章到简单可行，由户籍地征收改为居住地征收，由主要按人头征收改为主要按财产征收，由实物标准改为货币标准，逐渐解决了安史之乱后朝廷财政无序的状态。随着财政改革的初见成效，李适可以更有底气地用兵了，而他剑锋所指的地方就是剑南西川②。

剑南西川节度使崔宁的发迹史就是一部血腥暴力史，他如今的一切并不是朝廷赐予的，而是通过暴力夺来的。其实"宁"这个名字是李豫赐给他的，告诫他宁静才能致远，克己才能复礼，从而保一方安宁，可是却事与愿违。他在剑南西川担任节度使长达十二年之久，仗着地势险要和兵力强盛为所欲为，飞扬跋扈，而且还凭借天府之国的富饶，蓄意结交元载等朝中权臣。恣意妄为的崔宁一直是朝廷的一块心病，但朝廷却对他鞭长莫及。

在宰相杨炎的劝说之下，李适趁崔宁入朝觐见天子之机将他强行留了下来。崔宁升官了，出任司空、同中书门下平章事、山陵使。司空和"使相"不过是个虚职，唯一有点职权的官就是山陵使，说白了就是主管皇陵等基础设施建造。虽然他担任的剑南西川节度使的职务并未被免去，但李适却并不想让他再回去了，然而天不遂人愿。

大历十四年（公元779年）十月初一，吐蕃联合南诏出动十万大军进犯大唐西南边陲，一路势如破竹，攻城略地。忧心忡忡的李适一时之间无计可施，准备让崔宁返回成都，但杨炎却站出来反对，一旦放虎归山必将更加难以控制。他建议派出一支由禁军和地方部队组成的联合作战部队迎击吐蕃。

---

① 治所位于今湖南省永州市道县。
② 治所位于成都府（今四川省成都市区）。

一个日后名垂千古的将领也因此赢得了崭露头角的机会，这个人就是右神策军都将李晟。李晟绝对堪称通过自己努力实现政治理想的励志典范。他的祖上都是地位卑微的下级军官，而且他的父亲很早就去世了，所以他每向成功迈出一步都需要付出艰辛的努力。

自幼在军中磨砺的李晟养成了坚毅和坚韧的性格。他十八岁就跟随名将王忠嗣抗击吐蕃入侵。在一次战斗中，一个彪悍的吐蕃将领率先冲上城墙，前去迎战的唐军一批接一批地倒下，惨叫声、哀号声和号叫声交织在一起。

"谁人射杀此贼？"王忠嗣话语中带着愤怒和焦躁。

李晟瞄准对手，拉动弓弦，那支承载着对敌人仇恨和对成功渴望的箭带着呼啸的风射向那个锐不可当的吐蕃将领。那个吐蕃将领应声倒下，唐军之中爆发出震天动地的呼喊声，为了他们心中的神射手。

王忠嗣十分赞赏地拍了拍他的后背，说道："真是万人敌啊！"

一战成名的李晟也得以迅速成长起来，而且他一直奋战在战事频仍的西北边陲，可是他顺畅的仕途却随着调任泾原兵马使而彻底地改变了。

在监仓①之战中，泾原节度使马璘率领的大部队在吐蕃人犀利的攻势之下溃不成军。在这千钧一发的危急时刻，李晟率领的机动部队杀到了，将身陷重围的马璘救了出来。因此，李晟被赐予合川郡王的爵位，可马璘却对救命恩人李晟格外冷淡，也格外疏远。

虽说马璘曾在安史之乱中屡建功勋，但他其实是一个典型的内战内行、外战外行的将领，在抗击吐蕃入侵的战争中越来越感到力不从心。正是因为他作战不利，代宗皇帝李豫免去了他的邠宁节度使职务，改任泾原节度使，并且将邠州、宁州、庆州三州划归老将郭子仪管辖。

面临着随时被撤换的风险，马璘自然感到前所未有的压力和挑战。这种逆境使得他的内心变得愈加扭曲，对于任何潜在的威胁都有一种近乎神经质般的猜忌和恐慌。他容不下威望日隆的李晟，所以李晟必须走！

李晟离开了熟悉的茫茫戈壁，来到了繁华的京城，而他也在不经意间登上了更广阔的舞台。

---

① 治所位于今甘肃省平凉市泾川县王村镇。

　　李晟率领四千禁军踏上了西征西川之路，但这点儿兵力还是略显不足。朝廷还征调了凤翔节度使兼陇右节度使朱泚手下的部队，其中有他带到关中来的幽州兵，也有一直跟随曲环在陇州抗击吐蕃的陇右兵，共计五千余人，由金吾大将军曲环统领前去参战。这五千多兵马跟随曲环一路南征北战，东挡西杀。

　　在当时的将领之中，曲环是为数不多的几个曾经全程参与平定安史之乱的将领。他曾经跟随哥舒翰参与过石堡城之战，跟随鲁炅参与过邓州保卫战，跟随李光弼参与过河阳保卫战，跟随仆固怀恩参与过河北歼灭战。不过那时的他还不过是一个湮没在名将光环之下的默默无闻的小将领，可是他却一直都在等待着施展自己才华的机会，而他此前积累的丰富的战争经验使得他具有精准捕捉战机的本领。

　　曲环并没有浪费这次宝贵的机会，连战连捷，攻城略地，收复七盘城、威武军以及维、茂两州，第一次让对手和同僚们深深地记住了"曲环"这个名字。

　　大渡河边，屡战屡胜的李晟军玩儿了命地追，兵败如山倒的吐蕃和南诏联军玩儿了命地跑，可崎岖的山路却并不适合逃亡。最终，吐蕃和南诏联军中因饥饿寒冷和坠落荒崖野谷而丧生的将士居然多达八九万人。

　　吐蕃人又后悔，又恼怒，因为这次出兵成了一笔赔本的买卖，索性杀害了诱导他们前来入侵的人。

　　崔宁的剑南西川节度使的职务很快就被免去，李适让颇为听话的张延赏接任节度使，可张延赏却没能通过有效的制度安排来根除这片土地上分裂割据的土壤。剑南西川独特的地理环境和富庶的经济贸易极容易催生分裂割据势力。三国时期，刘备就凭借西川之地呈三足鼎立之势。崔宁之后，韦皋、刘辟又先后割据此地，使得朝廷不得不再动刀兵。

　　尽管如此，这次小试牛刀的胜利却使得李适下定决心依赖这支愈加强大的神策军来实现自己的中兴之梦，以至于"时议者韪其谠谋，谓可复贞观、开元之治"[1]，"天下以为太平之治，庶几可望焉"[2]。

① （北宋）宋祁、欧阳修等纂：《新唐书·卷一百四十二·崔祐甫传》，汉语大词典出版社2004年全译本，第3284页。
② （北宋）司马光主编：《资治通鉴·第二百二十五卷》，改革出版社1995年版，第4797页。

正当天下人认为凭借崔祐甫和杨炎的智谋，类似贞观、开元的太平之治指日可待之际，崔祐甫却犹如一颗流星，闪过历史的天空，虽然曾经光芒万丈，却迅速消失在天际。

建中元年（公元780年）六月初一，六十岁的崔祐甫带着壮志未酬的遗憾走了。李适对于崔祐甫的突然离去悲痛不已，他废朝三日，以示哀悼。李适认为崔祐甫"謇謇有大臣节"，于是破格追授他为太傅（正一品）。崔祐甫生前担任门下侍郎（正三品）、同中书门下平章事，而贵为正一品的三师（太师、太傅、太保）可谓是群臣之首，此前还没有门下侍郎追赠三师的先例。

崔祐甫犹如一座为李适指引方向的灯塔，而他的过早离去也使得李适迅速迷失在政治乱局之中，给力图中兴的大唐蒙上了一层深深的阴影。

李豫对藩镇割据势力奉行恬退隐忍的政策。这其中固然有他自身的性格因素，但更有对现实的无奈。李适却一改父亲的行事风格，他多了几分冒进，少了几分隐忍；多了几分急躁，少了几分冷静。在纷繁复杂的政治风云中，在政治上略显稚嫩的李适对政局的发展渐渐失去了控制。在崔祐甫死后不到一年的时间，大唐便烽烟四起，危机重重。

睚眦必报的宰相

虽然杨炎才能卓著，但驾驭局势的能力与崔祐甫相去甚远，品德修养与崔祐甫更是相去甚远。他是一个睚眦必报的人，理财名臣刘晏就因此而遭殃，而这也为大唐日后的大变乱植下了祸根。

《三字经》中写道："唐刘晏，方七岁，举神童，作正字，彼虽幼，身已仕。尔幼学，勉而致，有为者，亦若是。"

刘晏天资颖悟，才华横溢，名噪一时，七岁就参加科举童子科考试且一举中第。八岁时，玄宗皇帝李隆基在泰山封禅，他因献上《颂》而受到李隆基的赞赏，当即授秘书省太子正字。

刘晏十岁那年，李隆基驾临勤政楼，鼓乐喧天，歌舞升平。歌舞教坊里有位王大娘，擅长头顶着百尺长竿，竿顶上放着一座用木头雕成的假山，状如海上蓬莱。她让自己的小儿子拿着神仙的仪仗在木山之间穿行，观赏者一时间叹为观止。

李隆基将年幼的刘晏召到楼上珠帘之内。杨贵妃也颇为喜欢这个聪明伶俐的小孩儿，让他坐在自己的腿上，给他化妆，为他梳头。李隆基笑着问刘晏："如今你已是秘书省正字，不知校正了多少字？"刘晏灵机一动说："天下的字都已校正过了，只有造字'朋'（即朋）字还没校正。"小小的刘晏其实是一语双关，表面上是巧妙地道出了"朋"字的结构特点，实际上却是在讽谏朋党勾结的时弊。朋党之争在中晚唐愈演愈烈，以至于近一个世纪后，文宗皇帝曾无奈地发出"去河北贼易，去朝中朋党难"的感叹。

杨贵妃见刘晏如此机敏，随即让他为身怀绝技的王大娘咏诗一首。刘晏马上吟道："楼前百戏竞争新，唯有长竿妙入神；谁谓绮罗翻有力，犹自嫌轻更著人。"

龙颜大悦的李隆基当即赏赐刘晏一根象牙笏板和一领黄纹袍，而神童刘晏也一时间名噪京师。

少年成名的刘晏却并未骄傲，而是勤奋苦读，博览群书，四处求教。满腹才学的他为解决大唐在安史之乱后出现的严重的财政危机作出了不可磨灭的贡献。他精力充沛，勤于政事，机智过人，灵活多变，用人得当，办事得力，改革财政，心系百姓。他一生经历了玄宗、肃宗、代宗、德宗四朝，长期身居要职，曾经两度为相，掌管帝国赋税达二十余年，朝廷的财政收入由其任职初期的每年不足四百万缗猛增到每年一千余万缗，"广军国之用，未尝有搜求苛敛于民"。

刘晏担任吏部尚书时与吏部侍郎杨炎因政见分歧而矛盾重重。权臣元载败落后，刘晏负责审理此案。曾经依附于元载的杨炎因此受到牵连而被贬官，从吏部侍郎直接被贬为道州司马，杨炎曾经一片大好的仕途陡然间变得一片黯淡。

杨炎在偏远的道州度过了人生之中最为苦闷的一段时光，临近岭南的道州因地处偏远，交通不便，环境恶劣，而成为很多官员谈之色变的地方。元峰萧瑟诉不尽无限凄凉，宜峦苍茫道不完无尽沧桑。窊樽独酌愈思乡，莲池晓月泪成行。一个孤独的身影踯躅于那片偏僻荒凉的土地，政治的失意使他郁郁寡欢，生活的挫折使他心灰意冷。如若不是新帝登基，如若不是崔祐甫竭力推荐，他或许将会被朝廷彻底地遗忘，在那里孤独终老。虽然他在道州只待了两年时间，却恍如隔世，深深的恨意早已埋藏在他的心底深处。

如今大权在握的杨炎早已今非昔比，他一定要报当年之仇，而且要将刘晏曾经给予自己的苦楚变本加厉地还给他。

代宗李豫生前宠信独孤氏，刚刚继位没多久就将其封为贵妃，自然对独孤妃所生的韩王李迥格外宠爱。宦官刘清潭借祥瑞之事劝说李豫改立韩王为太子。当时身为太子的李适为此恐慌不已，可随着独孤妃得病去世，此事也就此搁置下来。

杨炎听闻刘晏也曾参与其中，于是秘密拜见李适，一边叩首一边流泪说："皇上当年承蒙神灵庇佑，才得以免遭谗言构陷。当年那些图谋不轨的内侍们意欲改立太子，而刘晏就是他们的主谋。如今皇上虽已顺利登基，而刘晏却仍旧堂而皇之地位居朝堂之上，怎不让人痛心疾首？"

这件往事虽已过去多年，但李适每每忆起此事仍旧心惊胆战，如今杨炎却又重提旧事，李适不禁怒火中烧，随即诏令有司即刻逮捕刘晏。好在宰相崔祐甫还健在，从旁劝解道："这件陈年旧事随着时光的流逝，很多细节都已不为人知。既然如今陛下因襟怀广阔而大赦天下，就不应该再追究既往。"朱泚等人也积极地上书营救，但李适却始终不能释怀，最终将刘晏贬为忠州刺史。

就像杨炎当年那样，刘晏也被贬出京，但杨炎仍旧不依不饶，特地提拔自己的死党庾准为荆南节度使，而忠州恰恰归其管辖。他秘密叮嘱庾准上任后想方设法除掉刘晏。

很快，心领神会的庾准就向李适报告，说刘晏时常流露出对朝廷和皇上的不满，还附上刘晏写给朱泚的书信作为证据。杨炎煽风点火地说："请圣上严明法纪，严肃查处。"此时崔祐甫已经去世，朝中再也无人相救，李适竟然不问虚实就决意对这位四朝功臣痛下杀手。

建中元年（公元780年）七月，李适秘密派人到忠州将刘晏活活勒死，然后才下诏赐他自尽，他的家人全部流放到岭南地区，还株连好几十人。

刘晏掌管国家赋税二十余年，可他的家被抄时却仅仅有两车书，数石米麦而已。当时朝廷内外，中原上下，无不为刘晏喊冤。

此时只有杨炎一人心满意足，不留余恨了，可正是他的一意孤行给原本就暗流涌动的大唐带来了无尽的祸害，而且很快，就有人对他以其人之道还治其人之身，就像他如今构陷刘晏那样来构陷他，也想将其置之死地！

刘晏的死让远在千里之外的淄青节度使李正己感到了阵阵恐慌。他无奈地叹息道："我辈的罪恶难道能比刘晏还少吗？"对此而感到的不安绝不仅仅只有李正己一人，那些割据一方的节度使们无不人人自危，时时警觉。

汴州城内颇为狭窄，朝廷下令拓宽城垣，这个原本再平常不过的举动，却被那些风声鹤唳的节度使们曲解为朝廷准备向东面开疆拓土的信号。

朝廷准备打咱们，咱们应该早做准备啊！

李正己、田悦、梁崇义纷纷征调部队，修葺城池，准备物资，操练兵马。黄河两岸的气氛骤然间变得异常紧张，大战一触即发。

得不偿失的皇帝

安史之乱爆发后，左赞善大夫来瑱临危受命出任颍川郡①太守。来瑱是将门之后，其父来曜曾任安西节度使、右领军大将军。面对安史叛军的疯狂进攻，来瑱率部顽强抵抗。来瑱是闻名一时的神箭手，每当弓弦响动，敌军便会应声倒下。神勇的来瑱被称为"来嚼铁"。

来瑱因功升任山南东道节度使，干得风生水起，声望日隆。这让肃宗皇

---

① 即后来的许州，治所位于今河南省许昌市区。

帝李亨感到有些不安，于是想让他换换地方。来瑱自然不愿离开经营多年的老巢，况且京官的待遇远远不如节度使这个肥缺，但来瑱也不敢直接抗拒朝廷的诏命，于是暗中策动部将和属官上表请求朝廷让他继续留下来。这招对此前很多节度使都屡试不爽。虽然来瑱成功地留了下来，可这个举动却无形中加深了李亨对他的猜忌，对他的不满在心中不断地堆积着。

上元三年（公元676年）三月十四，弥留之际的李亨让来瑱升任淮西、河南十六州节度使。虽然原隶属山南东道节度使的各州县名义上仍旧归属来瑱统领，可是来瑱手下的裴茙却被任命为襄、邓等七州都防御使。来瑱名义上是升官了，可他却不得不离开自己盘踞多年的大本营——襄州①。李亨实际上是想借机将其彻底架空。来瑱顿时就意识到事态的严重性，可让他始料未及的却是李亨居然还给了裴茙一道密旨：讨伐来瑱。

正当双方剑拔弩张的关键时刻，李亨却突然驾崩了。来瑱与裴茙最终还是兵戎相见，经受过无数战火侵袭的来瑱挫败了裴茙的攻势，还将其俘获，却没有直接处决裴茙，而是将他押送京都。他知道裴茙这次起兵肯定得到了朝廷的某种纵容和暗示，索性将这个难题抛给了大唐新皇帝李豫。李豫将擅自挑起战端的裴茙流放，而且在途中将他赐死。裴茙的死无疑暂时缓解了来瑱对朝廷的猜忌和不满，来瑱决定利用这个机会来修复一下自己与朝廷之间的裂痕。

究竟该何去何从呢？来瑱陷入艰难的抉择之中，思虑良久决定主动入朝谢罪，可是他却没有想到这是一条凶险莫测的不归路。其实无论是李亨还是李豫的内心始终无法摆脱那种莫名而又痛苦的纠结，要用他们，更要提防他们；希望他们建功立业，但又担心他们会功高震主。这种内心的痛苦纠结是外人根本无法体会的！

长达八年之久的安史之乱的硝烟终于熄灭了，来瑱的死期也就到了，但李豫很快就尝到了自酿的苦果。

吐蕃大举入侵，"不血刃而入京师，劫宫闱，焚陵寝，谋臣无一人奋言，

---

① 治所位于今湖北省襄阳市襄州区。

武士无一人力战者"①。李豫再度仓皇出逃，可前来勤王的节度使却寥寥无几，就连李光弼这位素以忠贞而闻名于世的名将都不敢应征入朝。

来瑱的死留下了巨大的权力真空。他生前将所属兵马分散到各州县，所以他的死讯犹如长跑比赛的发令枪。虽然大家起跑线不同，但是目的地却只有一个——山南东道的治所襄州。

虽然行军司马庞充率先返回襄州，可是收获的却是闭门羹。你不让我进城，我偏要进城！可庞充的野心和实力明显不成正比，他被骁勇善战的左兵马使李昭狠狠地揍了一顿，乖乖地溜走了。

戍守邓州②的右兵马使梁崇义也率兵回来了。左兵马使李昭知道自己拦也拦不住，索性请进了城，因为梁崇义可不是一般人！"（梁）崇义有勇力，能卷铁舒钩；沈毅寡言，得众心。"③他能弯卷铁器，舒展铁钩，可谓是名副其实的大力士！

谁来继任节度使无疑成为一个亟待解决的，但又悬而未决的问题。节度副使薛南阳、右兵马使梁崇义和左兵马使李昭都具有问鼎节度使宝座的实力，但谁都没有绝对的把握和明显的优势。

三人相互推让，可实际上三人谁都不想真让，但又都想赢得对方的支持。这是实力的博弈，也是智慧的较量，更得人心的比拼。

经过一番明争暗斗，在将士们中间呼声更高的梁崇义如愿以偿地成为新任山南东道节度使，薛南阳和李昭自然沦为梁崇义走上权力祭台的祭品，因为"卧榻之侧岂容他人酣睡"。

梁崇义与来瑱的感情很深。正是来瑱将他带到了襄州，而他每一步的成长都离不开来瑱的提携和勉励。梁崇义为无辜惨死的来瑱设立祠堂，供人祭拜，从而告慰老上司的在天之灵。

来瑱血淋淋的教训使梁崇义一直与朝廷同床异梦，并且最终走上了与朝廷对抗的道路。

---

① （北宋）司马光主编：《资治通鉴·第二百二十三卷》，改革出版社1995年版，第4734页。
② 治所位于今河南省南阳邓州市。
③ （北宋）司马迁主编：《资治通鉴·第二百二十二卷》，改革出版社1995年版，第4726页。

梁崇义割据襄州、邓州、均州、房州、复州、郢州六州，一直与淮西节度使李正己等人暗中勾结，意欲将节度使之位传给儿孙。

虽然梁崇义心怀不轨，但他对朝廷表面上却一直都很恭顺，并不是因为他更忠诚，而是因为他相对弱小。没有实力自然也就没有话语权。与李正己等人相比，他的地方最偏，多是山地，人烟稀少，税赋不足；兵力最少，只有区区两万人，而淄青拥兵十万，成德拥兵五万，魏博也有五万兵马，并且很快就扩充到七万。

梁崇义的恭顺并没能给他带来安宁，因为朝廷专拣软柿子捏。河北三镇和淄青镇连成一片。虽然他们之间也互相算计、互相猜忌，可他们在与朝廷抗衡时却都有着心照不宣的默契，因为他们都懂得"唇亡齿寒"的道理。这也是河北问题久拖不决的根本原因。

建中二年（公元781年）四月初二，李适加授梁崇义为同中书门下平章事，而且对他的妻子儿女全都予以封赏，还特地赐给他铁券。升官往往和入朝联系在一起，而入朝又恰恰是梁崇义心中永远挥之不去的阴影，因为一旦入朝便意味着失去目前所拥有的一切，甚至是自己的性命。他的恩公前任山南东道节度使来瑱就是因为入朝才惹来杀身大祸。

梁崇义充满悲伤地说："来公在平定安史之乱中立下大功，尚且不能避免族诛之祸，我多年来与朝廷积怨甚深，入朝肯定是死路一条！"他毅然决然地留了下来，走上了一条与朝廷分庭抗礼的不归路。

就在梁崇义与朝廷渐行渐远之际，李希烈主动上表请求讨伐不听话的梁崇义。

李适继位后颇为宠信李希烈，不仅正式任命其为淮西节度使，而且为了表示恩宠，还特地赐给淮西镇一个军号"淮宁"。李适的原意是希望李希烈的存在能够使得淮南西道永葆安宁，可是他后来才知道这不过是自己的一种奢望。

淮西镇的辖区一直处于变动之中，李忠臣在位后期淮西镇管辖九州之地，而李希烈接管淮西前后，朝廷却硬生生将汴州和汝州从淮西镇划出，汴州转隶永平节度使，汝州转隶东都畿观察使，而淮西的治所也被迫从繁华的汴州迁往蔡州，而这也成为李希烈心中永远的痛。

尽管如此，淮西节度使仍旧管辖着位于山南东道的唐州、隋州，河南道的许州、蔡州，淮南道的申州、光州、安州，共计七州之地。为了安慰和拉拢李希烈，李适下诏废除鄂岳沔观察使，将其所属的黄州、蕲州、沔州三州转隶淮西。

不安分的李希烈随即向朝廷上奏，废除沔州，朝廷原本可以借助沔州窥探淮西镇南都的军事部署和部队调动，而将沔州并入黄州则会彻底斩断朝廷伸向江北的触角。这无疑暴露了他企图划江而治的政治野心。

他同时恳请朝廷准许将原隶属蔡州的郾城县、原隶属许州的临颍县、原隶属陈州的溵水县设立溵州，溵州在不久的将来成了李希烈北上逐鹿中原的重要跳板。

李希烈掌控下的淮西镇成为横跨河南道、淮南道、山南东道三大区域，管辖十一州之地的强大藩镇，可他却依旧不满足，强烈渴求着扩张的机遇，而他苦苦等待的机会终于来了！

虎视眈眈的李希烈使得梁崇义陷入无限的惊恐之中。怎么办？整治军备！这是弱者自保的常用策略，但却容易授人以柄，而且还的确授人以柄了。

一个流放到襄州的犯人郭昔为了立功，告发梁崇义企图叛乱。这背后是否还隐藏着复杂的政治动因，因缺乏有力的史料而不得而知，但梁崇义肯定要因此而倒霉了！

感到大祸临头的梁崇义当即向朝廷请罪，避免与朝廷关系的继续恶化。李适却并没有深究此事。此时河北、河南地区的局势正日趋恶化，他不想在这个敏感的时刻再增加一个敌人。李适杖责郭昔，并将他流放到更加遥远的地方。

这件事到此为止原本可以画上一个圆满的句号，可是李适却办了一件画蛇添足的事情，派出金部员外郎李舟前往襄州安抚梁崇义。李适没有想到事情最终竟然朝着自己的预期相反的方向发展，因为他派去的李舟是一个极易触动节度使们敏感神经的人。

当年泾原将领刘文喜发动叛乱时，李舟便奉命出使泾原。他被刘文喜囚禁起来，但很快泾原将领就联手斩杀了敢于公然犯上作乱的刘文喜，归降朝廷。节度使们纷纷传说李舟有倾覆城池、斩杀大将的本领。

对于李舟的到来，梁崇义表现得相当不友好。他竟然将李舟拒之门外，不肯接待，并上奏道："军中对于李舟此行都充满了疑虑恐惧，请朝廷改派别的使者。"

这无异于热脸贴冷屁股，使得李适很下不来台，因为这件事不仅是李舟个人的荣辱问题，更是关乎朝廷的尊严。李适终于忍无可忍，决定接受李希烈的建议：打，狠狠地打！

宰相杨炎却公然站出来反对。李希烈的养父李忠臣对他恩重如山，可他最终却把养父赶下了台。一个对养父都尚且如此不孝的人怎么会对朝廷忠贞不贰呢？李希烈原本就飞扬跋扈，一旦他借讨伐梁崇义之机立功后将会变得更加难以控制。

在杨炎的心中，李希烈无疑是一个比梁崇义更难对付的人，而留着梁崇义则可以制衡咄咄逼人的李希烈。

其实杨炎并不是唯一一个发觉李希烈有狼子野心的人。曾经与李希烈近距离接触过的黜陟使李承回京复命后也道出了同样的担忧：只要李希烈立功，肯定会变得更加骄横，那时恐怕需要朝廷再动刀兵了。

可是李适却是一个骨子里极度自负的人，杨炎三番五次地跟他唱反调，让他很是恼火。这无疑让另一位宰相卢杞看到了打压杨炎进而成为首相的好机会。

虽然杨炎因残酷迫害刘晏而饱受诟病，虽然他的身上存在这样那样的性格缺陷，但不可否认的却是，杨炎的确是一个才华过人的人，是一个为理想而坚持的人，也是一个为梦想而奋斗的人。这是他与卢杞最大的区别。

卢杞相貌丑陋，又无真才实学，却极擅于揣测李适的内心，说话总能说到李适的心坎上，办事总能办到李适的心里。出身政治世家的卢杞从小就受到政治的耳濡目染，他祖父卢怀慎曾在玄宗朝位至宰相，父亲卢奕官至御史中丞，而他也是依靠门荫才得以入仕。当年，他的祖父与姚崇一同为相，却在其位不谋其政，遇事能躲就躲、能推就推，被人戏称为"伴食宰相"。卢杞像祖父那样很会讨皇帝欢心，却不甘于像祖父那样沦为别人的附庸。

虽然同为宰相，杨炎却很看不起卢杞这样的人。他往往假托有病不和他在一起共事，每每议事时又与他多有不和，卢杞对有些自傲的杨炎怀恨在心。卢杞为人狡诈，虽然喜怒不形于色，但打压政敌时却出乎寻常的冷酷无情。

杨炎竭力阻止李适对梁崇义用兵，阻止任用李希烈讨伐梁崇义，已使得他渐渐失掉了皇帝的信任。此时意气风发的李适还没有体会到世事的艰辛和现实的无奈，当他意识到这些的时候，他已经为此付出了惨重的代价。当皇帝难，当乱世的皇帝更难！

对于两人的争执，卢杞看在眼里，喜在心上。

建中二年（公元781年）六月初六，李适赐封李希烈为南平郡王，加封汉南、汉北兵马招讨使，督率各道兵马讨伐梁崇义。

战争正式拉开了序幕。正当李适翘首以盼喜讯的时候，此前一直跃跃欲试的李希烈却突然间沉寂下来。李希烈迟迟没有进展，有一定的客观原因，多日来的连续降雨使得道路泥泞不堪，当然也有更深层次的原因，那就是与朝廷讨价还价。

李适除了严加督促之外也无计可施。他此刻才意识到发动这场战争有些鲁莽与草率，可是此时的他却已没有了退路。他一时之间心急如焚，因为他知道必须尽快结束这场战争，如今河北烽烟再起，无论是成德还是魏博，实力都要强于梁崇义，何时结束战事还是一个未知数。如今陷入两面作战不利境地的李适急于结束山南东道的战事。

望着焦虑不安的李适，卢杞苦苦等待的机会终于来了，此时他刚刚当了五个月的宰相，却不再甘于屈居人下了！

"陛下想知道李希烈拖延不进的真正原因吗？"

"爱卿快讲！"

"这全是杨炎的缘故。此前杨炎公然反对讨伐梁崇义，只要杨炎还在位，李希烈就会心有不安。目前只能暂且委屈一下杨炎了，还是应以大局为重。一旦局势缓和了，陛下再重新起用杨炎也无妨。"

七月初三，在政治上还略显稚嫩的李适任命杨炎为尚书左仆射，罢政事，任命张镒为中书侍郎、同中书门下平章事。张镒在不久的将来也遭到了卢杞的政治暗算。杨炎走后，卢杞一跃成为首相，这对于大唐而言却是灾难性的。

杨炎虽说被逐出权力核心，但品级却提升了，也算是体面下台。他之前的职务是门下侍郎、同中书门下平章事。代表宰相身份的"同中书门下平章事"却不是体制内的官职，自然也就没有品级，仅仅是一个参与核心决策的资格而已，而他所担任的门下侍郎是正三品的官，尚书左仆射却是从二品。很多下野的宰相都会被安排担任尚书左、右仆射。

杨炎照例入朝谢恩，延英殿问对之后，杨炎就急匆匆地离开了，并未前往中书省与卢杞虚情假意地寒暄一番。卢杞觉得杨炎是在刻意轻视自己，对他的仇恨又加深了一层。

八月，不甘心坐以待毙的梁崇义派兵攻打江陵，却大败而回，最终只得龟缩在襄州和邓州。

李希烈终于决定出手了，因为他意外得到了一个人才，就是荆南牙门将吴少诚。他入朝时曾经途经襄州，对城内的情形颇为了解，于是为李希烈献上了破梁崇义之策。

李希烈带领军队声势浩大地沿汉江溯流而上。这无疑敲响了梁崇义覆亡的丧钟，但这对于大唐而言，是喜是忧却还是个未知数。

梁崇义急忙派遣将领翟晖、杜少诚迎战，可是却被气势如虹的李希烈率领的淮西军打得大败。战败并不可怕，可怕的是梁崇义依赖的两员大将翟晖、杜少诚眼见大势已去居然全都投降了。翟晖、杜少诚引领唐军突然出现在襄州城下，这给城中的军民带来极大的心理恐慌。

梁崇义下令关闭城门进行最后的抵抗，可是此时此刻他的任何命令都已失去了效力。守城的将士们打开了城门，城中的军民百姓争先出城，汇聚成一股谁也无法抵挡的历史洪流。

梁崇义知道自己的末日到了，与妻子投井而亡，以这种凄惨的方式告别了这个纷纷扰扰的世界。

正如杨炎所料，立下大功的李希烈变得目空一切，桀骜不驯。直到此时，李适才彻底地看清了李希烈的真面目，一时间搞不清楚自己从这场胜利中究竟是得到的多，还是失去的多。

李希烈赖在襄州借故不走，企图将梁崇义的地盘据为己有。焦虑不安的李适又想起了晋绛都防御观察使李承。他曾以黜陟使身份巡视淮西，对李希烈很是了解。当初李适力主让李希烈前去讨伐梁崇义时，他也曾有与杨炎相似的担忧，担心李希烈一旦立功之后将会变得更加恣意妄为，如今他的担忧却变成了现实。此时的杨炎在李适心中的地位已经一落千丈，在李适的心中，能够抗衡李希烈之人恐怕非李承莫属。

李承成为新任山南东道节度使，李适想借此断了李希烈的非分之想，但他也为李承的前途命运感到一丝担忧，想要派遣禁军护送其上任，却被李承拒绝了，李承执意孤身一人前去会一会狂妄的李希烈。

李承与李希烈终于见面了。李希烈无所不用其极地对他进行威胁和恫吓，但李承的脸上却毫无惧色，因为从他来的那一刻起就决意为大唐献身，既然已将生死置之度外，死亡的恐吓又算得了什么！

李希烈见他威武不能屈，富贵不能淫，一时间也无计可施。此时的李希烈做事还是有底线的，还不想与朝廷彻底决裂。

既然新任节度使已经到任，李希烈再赖着不走，也就显得名不正言不顺，担心会令天下人所不齿，可他就这么轻易走了又心有不甘，于是纵容部下大肆抢掠，曾经繁华一时的襄州刹那间就被劫掠一空。

好在李承励精图治，仅仅一年的光景，山南东道又恢复了往日的生机。

虽然李希烈气呼呼地回到淮西镇的治所蔡州①，可由于劫掠的东西实在太多，无法全部带走，只得留下一些将校看守那些不义之财，一时间往来于蔡州与襄州之间的将领络绎不绝。李承趁机派遣自己的心腹结交淮西镇的将校和官员，特别是像周曾、王玢、姚憺这样心存忠义之人，而这些人也将成为他手中重要的棋子。

建中四年（公元783年）七月，六十二岁的李承在湖南观察使任上去世，他去世前四个月，他在蔡州埋下的那些棋子开始发挥作用，希望凭借一己之力改变局势的走向，却遗憾地功败垂成，但也不枉他的一番苦心。他去世后三个月，他所钟爱的大唐就迎来了一场大变乱，只可惜他再也没有为国效力的机会了！

山南东道的战火渐渐熄灭了，但朝堂上的争斗却一刻都未曾停歇。老辣

---

① 治所位于今河南省驻马店市汝南县。

的卢杞想出了一招借刀杀人的妙计。他引荐严郢为御史大夫，而这个严郢恰恰是杨炎的死对头。

此前严郢担任京兆尹时，因拒不依附于杨炎而遭到他的嫉恨。杨炎指使御史张着对其进行弹劾。严郢很快就被免职，与严郢素来有矛盾的源休反而被提拔为京兆尹。严郢后来又因犯有度田不实之罪，改任为大理卿。"度田不实"可谓是官场的一大顽疾，只因"数字出官、官出数字"。为稳妥起见，谁都不愿先报统计数，等到同僚都上报后，再选取一个自认为合理的数字上报，以致虚报瞒报之风盛行。虽然严郢也被官场的不良风气所感染，但他的确是个很有能力的人，因此很多人对他的不幸遭遇而扼腕叹息。

此时卢杞举荐严郢既顺应了民意，又可以借其打压杨炎。杨炎的儿子杨弘业是个十足的纨绔子弟，时常违法犯禁，大肆接受别人的贿赂和请托。严郢便以杨弘业为突破口，决定出一出心中的那口恶气。

杨炎为修建家庙而将位于东都洛阳的私宅卖给河南尹赵惠伯，赵惠伯将此宅买下来作为官署。在交易的时候，赵惠伯刻意提高那处宅子的估值，让杨炎得到了不少额外之财。长安对其修建家庙也有颇多流言，说杨炎之所以会选在曲江南修建家庙是认为那里有王气，如此一来，杨炎岂不是心怀异志！擅于捕捉机会的卢杞想借助这件事彻底整垮杨炎。

大理寺正田晋负责处理此案。田晋判定，杨炎借助职务便利获取余利，以索取论罪，应当剥夺他的官职。

对这个还算公允的判决，卢杞颇感失望，觉得判得太轻了，于是借故将不识时务的田晋贬为衡州司马，让其他官员重新议罪。血淋淋的前车之鉴就在眼前，负责重审的官员只得按照卢杞的意思去办案。杨炎被判"监主自盗"，罪当绞刑。

等到台司将审讯结果呈上去之后，李适也觉得判得太重了，于是下诏三司重新复查，可复审的官员谁也不敢冒着得罪卢杞的风险秉公断案。

建中二年（公元781年）十月，李适下诏："（尚书左仆射杨炎）不思竭诚，敢为奸蠹，进邪丑正，既伪且坚，党援因依，动涉情故。隳法败度，罔上行私，苟利其身，不顾于国……询其事迹，本末乖谬，蔑恩弃德，负我何深！考状议刑，罪在难宥。"

虽然李适对曾经寄予厚望的杨炎严加斥责，但为顾全大局也对其特加宽宥，只是将其贬为崖州①司马。

白居易曾经写过一首《寄隐者》："昨日延英对，今日崖州去。由来君臣间，宠辱在朝暮。"恩威难测，宦海沉浮，兴亡成败只在一瞬间。

曾经意气风发的杨炎踏上了漫漫流放路，途经鬼门关时，他似乎已预感到自己前景不妙，吟诵道："一去一万里，千知千不还。崖州何处是，生度鬼门关。"

此时的他或许会想起冤死的刘晏，揣测着自己如今的遭遇可能就出于因果报应，他处心积虑地构陷与自己有仇之人，而自己的仇人也在处心积虑地构陷他。

走到距崖州百里的地方，他就接到了被赐死的诏书，终年五十五岁。

崔祐甫走了，杨炎走了，两位能够帮助李适实现中兴之梦的宰相先后离去了，而李适也在奸相卢杞的指引之下不经意间走上了另外一条路。

悬崖边上的"官二代"

为了能够让有些稚嫩的儿子李惟岳顺利接班，李宝臣开始紧锣密鼓地忙碌着。他与比他出生晚六百年的朱元璋采取了相同的方式——杀戮。

一场血腥的屠杀就像瘟疫一样在成德镇迅速蔓延开来。深州刺史张献诚等诸多飞扬跋扈的大将都在这场残酷的大清洗中丧生。白发苍苍的李宝臣此时已经彻底地失去了理智，有时一天之内竟然杀害十余名将领。

李宝臣将充满杀机的目光投向了跟随自己多年的部将张孝忠。李宝臣与张孝忠有太多的相似之处。两人都是奚族人，而且都是百步穿杨的神射手。

① 治所位于今海南省海口市琼山区。

两人都因射术出众而得以入选大唐禁军，可是他们却都没能因此成为皇帝的守护者，反而跟随安禄山走上了反叛之路。

"伟大是熬出来的。"当许多不可一世的安史叛将相继退出或者淡出历史舞台时，起初并不太引人注目的两人却在历史舞台上扮演着越来越重要的角色。

此时正担任易州刺史的张孝忠已经预料到了自己的老领导可能要对自己动手了，所以他采取了一招——躲。

我就待在易州，哪儿也不去！你也不敢贸然派兵来攻打我！

李宝臣还真拿张孝忠没有办法，万般无奈之下只得让他的弟弟张孝节前去传召他。

张孝忠让弟弟张孝节转告李宝臣说："各位将领究竟犯了什么罪，接连遭到杀戮！我张孝忠怕死，既不敢前往，但也决不敢反叛，正如您不肯入朝拜见天子一样！"

张孝节痛哭流涕地说："如果您不回去，恐怕我就活不成了！"

望着痛不欲生的弟弟，张孝忠却冷冷地说："如果我跟你一起回去，我们都会丧命。如果我留在这儿，李宝臣绝对不敢动你！"

张孝节带着深深的忧虑和恐慌回到了成德镇治所恒州①。李宝臣因为忌惮领兵在外的张孝忠始终没有为难他的弟弟。

在这场政治大清洗中，李宝臣还忽略了一个原本最不该忽略的人，那就是曾经与张孝忠齐名的猛将王武俊。王武俊十五岁就投到李宝臣帐下，跟随他一路厮杀。在安史之乱的硝烟即将散去之时，李宝臣正是听从了王武俊的建议才选择投降朝廷，得以保住了身家性命，也保住了荣华富贵。

王武俊之所以幸免于难正是因为他跟李宝臣有着深厚的情谊，而且他也没有像张孝忠那样担任刺史那样的要职，当然还因为他有一个为他排忧解难的好儿子。起初，李宝臣为了笼络王武俊特意将自己的女儿嫁给他的儿子王士真。王士真利用自己特殊的身份笼络和结交了一大批李宝臣身边的人，而那些人也竭力为王武俊说好话。

_____

① 治所位于今河北省石家庄市正定县。

让李宝臣始料未及的是，正是这个被他遗漏的人最终给他的家族带来了毁灭性的灾难！

血腥的杀戮折射出李宝臣心灵的扭曲和内心的不安，日渐迟暮的他意识到了死亡正在一步步地向他逼近。他对死亡充满了恐惧，只得向一些心术不正的术士们寻求心灵上的安慰。那些江湖术士也施展着卑劣的骗人伎俩，他们炮制出一枚玉印，居然说："将有玉印从天而降，海内不战而定！"

喜上眉梢的李宝臣顿时就沉浸在"海内不战而定"的迷梦之中，对那些会说话、敢说话的术士大肆封赏，但他们蒙得了他一时，能蒙得了他一世吗？

其实，那些术士也在为自己的退路盘算着。李宝臣的血腥和冷酷他们自然是知道的，于是决定铤而走险。他们向李宝臣进献了一杯甘露液，说："只要饮下这杯甘露液就可以与天神相会！"

李宝臣一饮而尽，却不知里面有毒。他顿时就变成了哑巴，所有的秘密都被深埋在了肚子里。他在病榻上痛苦地挣扎了三天，走完了自己六十四岁的人生。走的那天是建中二年（公元781年）正月初九，距离元宵节还有六天时间，可是他却永远都无法和自己的家人团聚了！

李宝臣留下了一个志大才疏的儿子李惟岳，虽然他为了能够让儿子顺利接班可谓是煞费苦心，但李惟岳未来的路却依旧异常坎坷。

此时的李惟岳正痛苦地徘徊在命运的十字路口。孔目官胡震和家仆王他奴低声说："暂且秘不发丧。以令尊的名义给朝廷上奏，恳请朝廷准许您接任节度使。"

胡震与王他奴的话点燃了李惟岳心中的权欲之火，也指引着他走上了一条不归路。唾手可得的节度使之位使得他欲罢不能。然而有时不肯放手，反而会失去所有。

大唐新皇帝李适果断地拒绝了李惟岳继承父职的请求。此时河北三镇节度使已经呈现出终身制的特征，如果再默认这种世袭制，那么藩镇就彻底成为独立王国了！

为了避免不必要的政治动荡，李适派遣给事中班宏前去慰问病重的李宝臣。其实李适已经隐约感觉到了李宝臣可能早就不在了，但是这出戏还要配合李惟岳才能演下去。

慰问是名义，开导才是目的。

李惟岳坚信有钱能使鬼推磨，所以将亮闪闪的金子、白花花的银子、亮晶晶的珍宝都摆在了班宏的面前。区区薄礼，不成敬意！

可班宏却拒绝了，不是因为他不爱财，而是因为他知道一旦接受可能会为此付出怎样惨痛的代价。

李惟岳无奈地摇摇头，失落迅速爬上了他稚嫩的脸庞。

"好自为之吧！"班宏留下这句冷冰的话语之后就踏上了返回长安的路。

李惟岳知道再也瞒不住了，要么收手，要么出手！适可而止太难了，因为欲望的驱使会让人欲罢不能。

他风风光光地为父亲李宝臣发丧，但他却并不知道自己到底能否像父亲那样带着荣耀和尊贵走完人生之路。

他自称留后，授意手下那帮将领和官员们联名上奏请求赐给他节度使的旌节，但李适却再次直接拒绝了。一场空前的政治暴风雨即将向原本就灾难深重的大唐袭来。

此时，田悦出来恳请朝廷准许李惟岳接任成德节度使。其实作为既得利益者，田悦原本可以保持沉默，可是他却不甘于沉寂。

一是因为感恩，他此前欠了李宝臣一个人情。

二是因为不安，河北三镇虽矛盾重重，却唇亡齿寒。

三是因为躁动，他有一颗不安的心，想要成就一番大事业。

怎么办？李适犹豫了，因为这是一个极为艰难的决定——虽然拒绝可以赢得尊严，却可能会招致国家动荡；同意可以获取安宁，却会丢掉朝廷颜面。

李适最终还是选择了坚守。父皇的宽容虽然赢得了一时的安宁，可是却无法获得长久的安定。那些变得越来越跋扈的节度使们迟早有一天会触碰朝廷的底线。无路可退的时候再想回头可就晚了，因此他决定坚决不能走到那一步！

田悦三番五次的上书得到的都是相同的回复：不！

田悦、李正己、李惟岳因为共同的利益走到了一起，暗中策划着如何对抗朝廷。

魏博节度副使田庭是田氏家族中为数不多的能够看清形势的人，企图竭力将田悦从危险的边缘拉回来。

"自从安史之乱以来，那些叛逆之人有谁能够保全自己的家族呢？如果你一意孤行，不如先把我杀了。我不忍看到田氏举族灭亡的那一天。"田庭言辞恳切的话语并没有阻拦住一意孤行的田悦。

田庭无奈地摇摇头，知道自己的家族恐怕将会大难临头了。他自称有病一直在家休养。田悦亲自去田庭的府邸登门拜访，可是却吃了闭门羹。田庭最终忧郁而死，因为他不忍看到自己的预言变为现实的那一天。

站在命运十字路口的李惟岳同样面临着痛苦的抉择，因为不同的路通向不同的人生结局。

成德判官邵真哭着规劝说："先相公（李宝臣）深受朝廷恩典，如今您正在服丧期间，怎么能够背叛朝廷呢？如果您真想获得节度使的旌节，您可以主动上表讨伐李正己。朝廷自会感念您的忠贞，肯定会授予您旌节！"

邵真的话说动了李惟岳，于是他让邵真起草奏书。如果事情沿着这个轨迹继续发展下去，那么历史将会呈现出另一番面貌。偏偏李惟岳又是一个没有主见的人。成德长史毕华在关键的时间和关键的地点说了一番关键的话，并对他产生了关键的影响。

"先相公与淄青、魏博交好二十余年，怎么能够突然与他们兵戎相见呢？即使您将二镇的使者抓起来，朝廷会相信您吗？一旦李正己来袭击我军，我军岂不是会陷入孤立无援的不利境地？"

对呀？不能为了态度不明的朝廷而得罪了多年的盟友，不能为了虚无缥缈的未来而葬送了自己的现在。

正当李惟岳紧锣密鼓地准备反叛大业的时候，他的舅舅谷从政却突然来了。这多少让李惟岳感到有些吃惊，因为舅舅已经淡出政坛很久了。谷从政之所以此前沉寂多时并不是因为他能力不行，而是因为他能力太强！

虽然李惟岳拥有一个高度汉化的姓名，可是他的身体里却流淌着胡人的血液，崇尚武力，喜爱厮杀。

谷从政却是李惟岳的亲戚之中少有的文化人，饱读诗书又能理论联系实际，有胆识，有谋略，有威望。就连王武俊这样目中无人的将领都对他敬畏三分。武将有文化没有人不怕，文人会武术谁也挡不住！

李宝臣在世的时候，李宝臣猜忌他；李宝臣死了，李惟岳猜忌他。猜忌居然也会遗传。为了避祸，闭门称病的谷从政只得进行休假式疗养。

不问世事的谷从政怎么突然来了？念及甥舅之情的谷从政不忍心看着稚嫩的外甥一步步走向欲望的深渊。

"你手下那些将领们口口声声说效忠于你，可是一旦你遭遇困境，他们肯定会为了自己的身家性命离你而去！当年，身经百战的田承嗣自认为没有敌手，可是战事一开，部将们还不是纷纷归顺朝廷！要不是先帝仁慈，要不是先公（即李宝臣）求情，四面楚歌的田氏能存留下来吗！你自幼就生长在富贵之中，年龄尚小，没有经受过什么艰难危苦，难道你想步田承嗣的后尘吗？"

"既然如此，我该怎么办？"李惟岳的提问不是为了寻找答案而是为了进行试探。

"你即刻入朝，请求留在皇上身边担任值宿的侍卫，让李惟诚来代管军府事宜。皇上必然欣赏你的忠义，即使得不到高位，也不会失去荣耀，否则大祸可就要临头了！"

舅舅的话没有让李惟岳感到一丝温暖，反而感到阵阵寒意，因为两个触动他敏感神经的人居然联系在了一起。

李惟诚是李惟岳的异母哥哥，但因为他是庶出，虽然比李惟岳年长，但并没有获得继承人的身份。李惟诚谦和厚道，喜欢读书，颇得人心。他的存在无疑对地位并不稳固的李惟岳构成了严重威胁。李惟岳于是将哥哥"礼送出境"。正巧李惟诚的小姨是李正己的儿媳妇，于是李惟岳顺水推舟将哥哥送到李正己那里去做官。

李惟岳将舅舅这番出自肺腑的劝诫定性为一场精心编制的阴谋。一个是一眼可以将你看穿的人，一个是随时都可能会将你取而代之的人。这两个人之间的微妙联系在李惟岳的心头留下了一道挥之不去的阴影。

谷从政不仅没能从李惟岳阴沉的脸上找到自己想要的答案，反而还发现了让他始料未及的杀气！

谷从政带着无限的失落和不安回了家，再次将府邸的大门紧紧地闭上，希望将外面的喧嚣都关在门外，可是他却再也无法像从前那样继续过平静的生活了。

谷从政的身后一直有一个人在密切关注着他的一举一动，这个人就是李惟岳的亲信王他奴。谷从政知道自己的存在或许已经让外甥感受到了威胁，而他对未来也彻底丧失了信心，所以他觉得到了自己该走的时候了。

"我不怕死，只是为即将到来的灭族之灾而感到悲哀。"话音未落，谷从政就毅然决然地将手中的毒药喝了下去，走得那么决绝，走得那么悲凉。他的死为这个叱咤风云的家族敲响了丧钟，可是此时的李惟岳对此还浑然不知。

刀尖上的"搅局者"

自从被朝廷授予节度使的旌节之后，田悦貌似恭敬顺从，但他很快就露出了狰狞的本来面目。

德宗任命的十一位黜陟使分道巡察大唐各地，河北黜陟使洪经纶来到了魏博镇。他的到来打破了那里的宁静。

"什么？你们居然有七万士卒。如今是和平时期，你为何要养这么多兵啊！"洪经纶深知如今朝廷财政捉襟见肘的困境，他的初衷无疑是好的，但却没有考虑到河北地区独特的政治生态环境，有的时候应以经济建设为中心，可有的时候稳定压倒一切。

洪经纶大笔一挥就让田悦裁军四万。这也就意味着四万个家庭将会陷入没有经济来源的窘境。

田悦并没有反对，而是恭顺地点点头。此时一个邪恶的阴谋正在他的心中逐渐成形。

自认为成熟老到的洪经纶绝对不会想到眼前这个看起来很听话的后辈田

悦其实是个极为阴险凶恶的家伙，更没有想到正是自己这个草率的决定竟然使得河北地区再度烽烟四起、硝烟弥漫。

田悦召集准备裁减的士兵，无奈地说：“你们长期在军中效力，如今却因黜陟使的一句话而即将遭到裁撤。你们都有父母，都有妻子，都有儿女，真不知你们今后拿什么来养活他们啊！”

将士们不禁失声痛哭起来。昨天所有的荣誉，辛辛苦苦操劳半生，今夜却要毁于一旦！

“不用悲伤，我来养你们！”田悦慷慨激昂的话语传进了每位将士的耳中。将士们急忙擦拭眼角的泪珠，全都将关切的目光投向了田悦。

“我说到做到！我会拿我个人的财产来供养你们！你们安心返回军营吧！”

将士们感恩戴德地走了，从此之后，他们的眼中只有田悦没有朝廷，因为田悦是他们的生活依靠，是他们的精神寄托，而那个远在长安的皇帝不过是个高高在上而且不知民间疾苦的昏君。

这场裁军闹剧俨然成为田悦树立个人威望的政治动员大会。

田承嗣在世时一直有一个遗憾。虽然他占领了原本属于昭义镇的四州，但邢州和磁州以及临洺县仍旧掌握在昭义节度使李抱真的手中。骨鲠在喉的田悦决意要弥补叔父这个遗憾，可接下来这条路是一条险象环生的不归路。

建中二年（公元781年）五月，就在讨伐梁崇义的战争刚刚拉开帷幕之际，田悦再也按捺不住他那颗躁动的心。

田悦派遣兵马使康愔带兵八千人去攻取邢州，别将杨朝光率军五千人在邯郸西北安营驻扎以截断昭义的救兵，而他自己则亲自带兵数万前去争夺临洺县①。

年事已高的贝州刺史邢曹俊是跟随田承嗣征战沙场多年的一员老将，田悦临行前特意向饱经风霜的邢曹俊询问破敌之策。“兵法云：‘兵力十倍于敌人才可包围他们；兵力五倍于敌人才可攻打他们。’在目前的形势下，宜守

———————————————

① 治所位于今河北省邯郸市永年区。

不宜攻。贸然发动进攻无异于自取灭亡。不如在崿口^①安置一万士卒，以便阻止西面来的官军，河北二十四州便都归您所有了。"

田悦未置可否地就走了，可是邢曹俊已经从他的面部表情上感知到了他内心的变化。刑曹俊预感到眼前这个雄心勃勃的年轻人注定要为自己的野心付出惨痛的代价。

田悦围邢州，攻临洺，大有一举荡平燕赵大地之势，可战争的进程却与邢曹俊的预料惊人的一致。

田悦亲率数万大军围攻小小的临洺县居然历时几个月都未能攻克。他没有想到守城的张伾居然是一个如此难缠的对手。虽然张伾仍旧顽强地坚守着，可他的处境却变得越来越艰难。

没有吃，没有喝，没有钱，只有惨烈的战斗。不断有人倒下，不断有人受伤，一种悲伤的情绪在城中迅速弥漫开来。张伾知道这种负面情绪足以将原本并不太坚固的城防彻底摧毁。他知道自己必须要做些什么，但他又不知道自己到底该怎么做。

一日，张伾召集手下的将领们商议军机，可是他却并没有像往常那样成为会议的主角，只因这次主角是他心爱的女儿。

经过他的精心打扮，女儿光鲜亮丽地出现在将领们的眼前。大家顿时就将异样的目光齐刷刷地投向了主将张伾。

张伾用低沉的语气说："诸位坚守城池甚是辛苦，我家没有别的，请让我把这个女儿卖掉，权当将士们一天的费用。"

将领们顿时感动得热泪盈眶，纷纷慷慨激昂地说："我们甘愿追随您战斗到最后一刻，决不敢再谈奖赏之事。"

昭义节度使李抱真将河北地区严峻的形势上报朝廷。李适却没有感到意外和慌乱，因为他早已下决心用武力来平定割据河北地区的藩镇势力。他随即征发了两支部队参战。一支是神策军将领李晟率领的曾重创吐蕃入侵之敌的禁军，另一支则是河东节度使马燧率领的河东军。

马燧身长两米左右，仪表风度不凡，沉着勇敢多智谋，博览群书擅长

---

① 治所位于今山西省长治市东南壶口村。

兵法。年少时，他曾与哥哥们一起读书，突然放下手中的书，叹息道："朝廷恐怕将有难了，英雄应平定天下，立功于世，怎能仅仅当个苦读的儒生呢？"

不久安史之乱就爆发了，安禄山率领主力部队南下，让贾循留守范阳①。当时还青春年少的马燧孤身入虎穴，如愿见到了贾循，慷慨激昂地说："安禄山负恩悖逆。虽然他如今攻占了洛阳，却仍旧难逃覆亡的命运。如果您能诛杀不肯归附的将领，向朝廷献出范阳郡，便可立下不世之功！"

马燧的话深深地触动了贾循，可这里毕竟是安禄山经营多年的老巢，他不敢轻举妄动。安禄山的谍报网络很快便侦知他的异常举动，向润客急忙将这个重大情报密报安禄山。其实贾循并不是安禄山核心圈子里的人，安禄山早就对他有所防范。安禄山急忙派遣亲信韩朝阳秘密奔赴范阳实施"斩首行动"。举棋不定的贾循此时还对即将到来的危险一无所知，当断不断必留后患，他就这样在不知不觉间踏上了黄泉路。

少年英雄马燧逃到西山，幸亏得到当地一名隐士的保护才得以幸免。他后来追随名将李抱玉征战四方，因功升任河阳三城使，后来又调任河东节度使。

安史之乱时，李光弼任节度使时曾将河东军打造成一支颇具战斗力的劲旅，可自从马燧的前任鲍防在百井战败后，河东军就一蹶不振了。马燧到任后征召所有将领官吏的仆役，得到数千人，都编练为骑兵，训练了几个月，将其练就成一支颇具进攻能力的精锐骑兵。他要求打制铠甲时按照长短分为三等，这样每个士卒都能穿上与自己身材相符的铠甲。他还命人制造一种进攻型军车，蒙上画有狻猊图案的皮革，车后安有锋利的戟，行军时装运兵器铠甲，宿营时列成营阵，还可以堵在险要处阻挡敌军的进攻。仅仅一年之后，马燧在校场上检阅时，三万之众的河东军便训练有素，进退有序。

除了征调上述两支部队，李适还给仍旧是幽州节度留后的朱滔发了一道讨伐田悦的命令。此时的他还没意识到其实朱滔才是最危险的敌人。

---

① 即幽州，治所位于今北京市区。

　　马燧率领的河东军要想进入河北地区必然要通过一段地势狭窄的山道，一旦田悦在那里布置伏兵进行偷袭，河东军将会损失惨重。如果田悦不是贸然出击，如果他遵从邢曹俊所言，那么河东军东出河北的路或许就会被截断，即使能够通过也将损失惨重！

　　为了安全抵达河北，马燧特地给田悦写了一封信，信中语气谦卑，态度恭顺。这封信让年轻的田悦感到有些飘飘然，以为马燧畏惧他强大的实力。殊不知早在几个月之前，马燧就向李适上奏田悦必反，或许从那时起他就开始为这场迟早要到来的战争而秣马厉兵！

　　等到安全抵达河北后，马燧便再也没有了后顾之忧。田悦此时还沉浸在美好的幻想之中，接连派出好几拨使者去见马燧，希望借此不断地增强互信，扩大共识，可那些使者却全都有去无回，都被马燧给斩了。

　　田悦此时才意识到马燧并不是他可以信赖的朋友，而是一个可怕的敌人，不过此时他对马燧的厉害程度还缺乏足够的认识。

　　马燧与李抱真合军后达八万余人，声势浩大的唐军随即展开了战略反攻。唐军的打击目标首先锁定在围困邢州①之敌。当时田悦手下大将杨朝光在双冈依托山势搭建起坚固的栅栏阻挡了官军的进攻之路。

　　此时的田悦对于战局还持乐观态度。杨朝光手下的将士将近万人，依托牢固的防御工事完全可以将官军死死地拖住。即使马燧再能打，也不太可能在短时间内取胜，而他田悦则可以利用这宝贵的几天时间攻下临洺，然后再进军邢州，对官军形成合围夹击之势，大事可成！

　　田悦还特地兵分五千余人（一说一万）前去协助杨朝光，马燧将阻击田悦援军的任务交给了大将李自良，还下了一道死命令：只要田悦的援军通过双冈，定斩不赦！

　　自知没有退路的李自良只得拼死一战，将田悦派来的援军牢牢地拖住。此时的马燧可以从容地将杨朝光瓮中捉鳖了。身先士卒的马燧带领手下将士，推着燃起熊熊大火的战车率先冲入敌阵，而他们的面前就是敌人竖起的高高栅栏。他们用力将闪着火光的战车推向横亘在前方的栅栏，那些貌似坚

---

① 治所位于今河北省邢台市区。

固的栅栏顷刻间就化为一片灰烬。在熊熊的火光之中，仓促应战的杨朝光仍在负隅顽抗，但很快就被斩于阵前。

五天后，唐军浩浩荡荡地开到临洺城下。小小的县城周边顿时就聚集起了数量庞大的军队。历史的舞台光在这一刻聚焦到这座名不见经传的小城，因为这一仗决定着未来战势的走向。

张伾知道自己坚守的价值终于实现了。他满怀欣喜地将舞台交给了马燧和李抱真，心甘情愿地成为一个配角。

这是一场充满血腥的厮杀，因为谁也没有后撤的余地，谁也没有退缩的空间。

这场战争足足打了一百多个回合。战争的主动权几度易手，因为不到最后一刻，谁也不知道谁将会成为最终的赢家。

虽然田悦奋力厮杀，可是他最终还是输了。他并不是输在英勇上，而是输在谋略上，小胜靠勇，大捷靠智，常胜靠德。田悦企图用武力赢得一切，可是过度迷信武力却使他误入穷兵黩武的歧途，因为军事只有与政治有机地结合在一起才会迸发出惊人的战斗力。

项羽一生打过无数次胜仗，可是他却因为一场失利而命丧黄泉；刘邦一生之中打过无数次败仗，可他却因为一场胜利而问鼎天下。项羽的失利并不是军事上的失利，而是政治上的失利，因为他太迷恋武力了。

政治决定人心向背，这种软实力必然决定武力的发挥，而这恰恰是田悦所忽视的。

在留下一万多具尸体后，满身血污的田悦仓皇逃走了。不过，这场失利却使他成熟了许多，因为他突然间悟到了一丝战争的意义。

临洺之围解除了，邢州之围也解除了，可一切不过才刚刚开始，因为大唐又多了一个新对手。

正当河北激战正酣的时候，淄青平卢节度使李正己突然去世了，但知道这个消息的人却寥寥无几，因为李正己的儿子李纳故意隐瞒了这一重大变故。

李纳这么做是因为他需要利用秘不发丧的这段时间来迅速巩固自己并不牢靠的地位。朝廷不愿接受李惟岳的继承人地位，自然也就不会接受李纳的继承人地位。看来节度使这个职位等不来，只能争过来！

李纳很快就与田悦、李惟岳结成了政治同盟。这些"官二代"们希望通过武力来确立自己的地位，通过暴力来实现自己的梦想。

身处险境的田悦开始借助政治手段来弥补军事劣势，因为只有这样或许才能收到"借力打力"的奇效。

田悦向盟友李纳和李惟岳发出求救信号：赶快救我！

两人还真够意思，李纳当即派去了一万人，李惟岳当即派去了三千人。他们知道田悦是自己的带头大哥，只要大哥这杆大旗不倒，自己抗争下去才会有希望。

田悦不是一个轻易认输的人，他开始收拢溃散的士兵，在很短的时间内就网罗了两万余人。田悦率军驻扎在洹水①，淄青军在田悦东边驻扎，成德军在田悦西边驻扎。三支部队首尾呼应，相互支援。

马燧知道接下来又将是一场硬仗，上奏皇帝李适请求河阳节度使李芃率领河阳军也加入河北战场。此时，河阳三城和怀州已经从昭义镇划出另行组建河阳镇，李芃率领的河阳军也是一支能征善战的部队。

建中二年（公元781年）八月，与朝廷彻底撕破脸的李纳开始为父亲发丧，赤裸裸地上奏朝廷请求承袭父亲的职位。力主武力削藩的李适自然不会答应。

河阳兵的到来顿时壮大了唐军的声势。士气高涨的唐军在漳水之滨驻扎，田悦派遣部将王光进沿漳水修筑半月形的城墙来防守长桥，这使得唐军从长桥渡河的计划搁浅了。

怎么办？所有将领都将关切的目光投向了统帅马燧。马燧不光懂得打仗，也懂得水利，还懂得工程力学（仅限于实践）。他命人用铁锁链将数百辆车联结在一起，然后装入盛满土的口袋，推进波涛汹涌的漳水。由于上游堵塞了，下游水位迅速下降。唐军蹚过浅浅的河水奔向漳水对岸。他们以为再也没有什么可以阻挡自己前进的步伐了，可是他们错了！

---

① 治所位于今河北省魏县西南，因境内有洹水而得名。

与官军隔着洹水对峙的田悦仍旧是一个颇为难缠的对手。他这次真的动了动脑筋，找到了官军的弱点：缺粮。官军只带了十天的口粮，所以他们耗不起。

田悦下令固守营垒，不许出战。面对严峻的形势，唐军内部发生了严重的分裂，因为李抱真、李芃对于目前的处境深感忧虑，可是马燧却坚定地认为只要顽强地坚持下去，胜利肯定会属于自己。

马燧在河上搭起三座浮桥，每天派出将士前去叫阵。虽然田悦依旧龟缩在营垒中不肯出战，但马燧也找到了田悦的弱点。他决定以弱点对弱点，看谁更弱！

半夜时分，马燧命令部队起来吃饭，因为他们要乘着夜色去袭击一个重要目标——田悦的老巢魏州①。

官军并不是偷偷摸摸地走，而是大张旗鼓地走。马燧命令一百骑兵留守营中，击鼓吹号，因为他想要让对手知道自己的动向，这也将成为决定战争走向的关键。

当大军出发后，这些人便暂时偃旗息鼓，不过只是暂时的，他们躲在黑暗角落里抱来柴草，握好火种，等待下一个任务的下达。

这会不会是什么阴谋？田悦陷入了痛苦的挣扎之中，可是他赌不起，因为一旦魏州丢失，自己可就彻底无家可归了。

出发！不管前面是鲜花还是陷阱，自己都要去！田悦率领魏博、淄青、成德步骑兵共四万人匆匆越过浮桥。他不会想到跨过这道浮桥容易，要想再回来可就难了。

马燧的官军不像是去打仗的，反而像是慢慢悠悠等着去看日出的。他们走了半天才走了十里地，因为他们不想把对手甩得太远。

田悦则是另外一种心境，命令部下急行军，准备攻击官军的尾部。他还命人随时乘风放火，擂鼓呐喊，希望从气势上先压倒唐军。

他们追上来了，怎么办？

马燧下令各军原地不动，其实早在出发之前便已再三强调不可轻举妄

---

① 治所位于今河北省邯郸市大名县。

动，命令部下只干一件事——铲除眼前百步之内的野草。

难道不是来打仗的，是来搞"除草卫生运动"？

面对部下的疑问，马燧却并没有说什么，只是笑笑。他随后召集五千多精锐士卒组成敢死队，静静地等待着对手的到来。

等到两军真正要交手的时候，因为周边并没有什么可以燃烧的介质，叛军放的火很快就熄灭了。

战斗打响了，叛军迸发出惊人的战斗力，以至于官军感到了前所未有的压力，开始不断地向后退却。好在马燧率领的河东军最终突破了叛军防线，神策、昭义、河阳三军自然也就受到了巨大鼓舞，不再向后退却，而是坚定地向前。

横跨河两岸的三座浮桥已被官军烧毁。虽然叛军的退路已经被截断了，但他们仍旧疯狂地往前跑，不管前面有没有路，不管前面是不是河，因为官军手中明晃晃的刀枪使得他们不敢后退，甚至不敢向后看一眼。

除了死于官军刀枪下的两万人外，更是有不计其数的人掉到河里淹死，尸首连绵三十余里。

田悦召集残兵一千余人仓皇逃回魏州。他知道自己这次已经彻底地、无可挽回地输了。此时他唯一的希望就是能够继续活下去，不管将来是否还会有翻盘的机会。

失魂落魄的田悦回到了熟悉的魏州城，仅仅几个月前，他还曾经雄心勃勃地离开这里，可如今却灰头土脸地回来了。好在马上就要进城了，即将彻底告别这种颠沛流离的生活，可他那颗原本稍稍舒缓下来的心却再次紧绷起来，因为不管他如何呼喊，魏州城门都始终紧闭着。

驻守魏州的大将李长春渐渐对田悦丧失了信心，于是他想用老主子的首级作为自己归顺新主子的见面礼。

田悦在魏州城外痛苦地徘徊着，因为唐军随时都有可能追到这里，而那时也将是自己的末日。

但是，李长春翘首以待的唐军迟迟没有出现，因为唐军两员主将马燧与李抱真之间存在难以消除的隔阂，彼此猜忌，彼此观望，在这个关键时刻都没能及时给予田悦致命一击。

当年，李抱真担任泽潞节度使时曾经一度管辖着怀州①和河阳三城②。那时身为河阳三城使的马燧和怀州刺史杨钦还都是李抱真的属官，但马燧却拥有单独上奏的权力。李抱真原本打算杀掉怀州刺史杨钦，杨钦事先得到消息逃到马燧那里，而马燧不仅收留了他，还上奏称杨钦无罪。这件事也成为李抱真与马燧心底深处难以解开的心结。

共同讨伐田悦时，两人经常相互埋怨，相互指责，相互诋毁。两人之间原本就存在的裂痕也越来越深，以致两人从此不再见面。主帅失和使得两镇将士们相互阻挠，相互拆台。虽然李适多次派遣中使劝解，可是却没有什么实质性效果。

这个足以改变大唐未来百余年发展轨迹的机会就这样悄悄地溜走了，留下的是深深的懊悔和无奈的沮丧。

天色渐渐亮了，一直紧闭的城门也缓缓地打开了，李长春迫于各方压力只得妥协了。田悦进城后的第一件事便是诛杀李长春，可是此时城中的士卒却仅仅有数千人。城中很多家庭的门前都挂起了招魂幡，还时不时传出令人心碎的呼号声。田悦知道这些都是为了祭奠那些跟随他战死沙场的将士。

田悦虽然成功地进城了，可是唐军却随时可能会打进来。

虽然此时他手下的将士并不多，可是只要万众一心，仍旧有活下去的希望，所以他必须要争取民心。

田悦策马立于节度使衙门前，手握佩刀默默地注视着途经此地的将士和百姓。田悦的反常举动顿时就引起了众人的围观，而且人越聚越多。

面无表情的田悦默默地注视着眼前熙熙攘攘的人群。他终于开口说话了，泪水却顺着他抖动的脸颊滚落下来。

"我本非贤能之人，承蒙淄青、成德二位老丈担保举荐才得以继承伯父的基业。如今两位老丈已经去世，可是他们的后人却无法承袭父业。我不敢忘记二位老丈的大恩，才不自量力地抗拒朝廷旨意。如今却落到这般地步，这都是我的罪过！"

---

① 治所位于今河南省沁阳市。
② 位于今河南省孟州市。

田悦将自己描绘成一位重感情、讲义气的义士，从而迅速赢得了士卒和百姓的支持。

"我家有老母，不能自杀，希望诸位用这把刀砍下我的脑袋，拿到城外，投降朝廷，自然可以获取富贵，用不着与我一齐赴死！"

话音未落，田悦飞身下马，跪在了地上。他的激情演说无疑感染了在场的每一个人。

将士们纷纷冲上前去，搀扶着田悦说："您举兵不是为了自己，而是为了报恩。胜败乃是兵家常事，我辈世代蒙受田家恩泽，决心与您决一死战！"

田悦紧紧地握着他们的手，说："你们不抛弃，我就不放弃！"

田悦的感情攻势使得他在逆境中顽强地生存了下来。他与那些将领们剪断头发，结为兄弟，发誓同生共死。

经历了九死一生的田悦将那些身外之物看得更淡了，把储存的财宝物资全都拿出来犒赏手下士兵。

这时，田悦忽然想起了一个人，那就是老谋深算的贝州刺史邢曹俊，这是一个早就预见到他今日落魄处境的人。田悦渴望这个老人能够为他赢得未来。

邢曹俊迈着矫健的步伐来到了魏州城。他整顿队伍，修缮器械，鼓舞士气，操练士卒，魏州城到处都出现这位老者的身影，而他的到来也使得魏州这座坚城变得更加坚固。

直到田悦返回魏州十多天后，各路官军才陆续赶到魏州城下，但他们对于这座坚固的城池也有些无可奈何。

处境艰难的田悦收到来自李纳的求救信，因为李纳在各路官军的逼迫下逃回濮州①。田悦确实够义气，当即派遣将领符璘带领五百骑兵前去救援。

符璘临行前向父亲符令奇辞行，因为这很可能是一次有去无回的军事任务。

符令奇用饱经沧桑的声音说："纵观安禄山、史思明等反叛作乱之徒的

①　治所位于今山东省菏泽市鄄城县。

下场，你就会知道田氏的最终结局。如果你趁这个机会摆脱田悦，归顺朝廷，你父亲我就可以扬名后世了。"

符璘自然知道这么做的后果和代价，可是父亲坚定的话语却让他无法拒绝。

父子两人咬臂立誓，疼在身上，更痛在心里，因为从此之后，他们恐怕就阴阳两隔了。

符璘一出城便向马燧投降了，恼羞成怒的田悦当即逮捕并杀害了符璘全家。符令奇临死前仍旧骂不绝口，用死亡诠释了对大唐的忠诚。

虽然魏州保住了，但是魏博镇下辖的博州等州县先后宣布脱离田悦，归顺朝廷。田悦暂时赢得了喘息之机，危险的处境却并没有实质性的改观。

转瞬即逝的曙光

自从李惟岳擅自称成德节度留后，幽州节度留后朱滔就开始对他动手了，可是朱滔必须要首先突破易州①这道防线，猛将张孝忠率领八千精兵驻守在那里。正是因为张孝忠的存在，朱滔对李宝臣无论多么恨，都不敢轻举妄动。

对于张孝忠，朱滔觉得只能智取，不可强攻，否则即使突破了易州防线，也将会损失惨重。他忽然想起了一个人，这个人就是能言善辩的蔡雄。

蔡雄带着朱滔的殷切期望去见张孝忠，慷慨激昂地说："李惟岳不过是个乳臭未干的小儿，竟敢抗拒皇命！如今来自昭义、河东两镇的大军已大败田悦，河南各路大军早晚要向北挺进，到那时成德和魏博两镇的覆亡便指日可待。如若您能够带头归属朝廷，不愧为转祸为福的良策啊！"

---

① 治所位于今河北省保定市易县。

　　张孝忠听后不免有些心动，其实他也觉得自己没有必要沦为李氏父子的陪葬品。他曾为李宝臣拼杀了大半辈子，可李宝臣在行将就木之际竟然想着如何除掉自己，从那一刻起，李宝臣对他的所有恩情都随风而去了。至于那个并没有经历过什么风雨锤炼的毛头小子李惟岳又能成什么大事呢？

　　朱滔将张孝忠的可喜变化上报皇帝李适。欣喜若狂的李适随即任命张孝忠为成德节度使，责令李惟岳护送父亲的灵柩即刻回朝。这也揭开了张孝忠人生旅程的新篇章，张孝忠的人生从此将会与众不同。

　　为了感激朱滔的推荐之恩，张孝忠与朱滔结成儿女亲家。他的儿子张茂和迎娶了朱滔的女儿。恩格斯在《家庭、私有制和国家的起源》中指出：“结婚乃是一种政治的行为，是一种借新的联姻以加强自己势力的机会；起决定作用的是家世的利益，而决不是个人的情感。”

　　但是在不久的将来，这对惺惺相惜的亲家居然再度兵戎相见，无情的政治终将婚姻和感情击得粉碎。

　　张孝忠成了彻底摧毁成德镇的突破口，而李惟岳的日子也变得越来越难了。他和田悦有所不同，田悦是在战火硝烟中成长起来的，而他却是在锦衣玉食中成长起来的。他并不具备转危为安的能力，更没有遇难成祥的运气，此时的他已经四面楚歌，危机重重。

　　掌书记邵真不愿看到稚嫩的李惟岳在这条不归路上继续走下去，他再次站了出来，献上了一条足以自保的计策，而这也是李惟岳最后的机会。

　　“您先派遣弟弟李惟简入朝，杀掉诸位将领中不服从命令的人，然后您再亲自入朝，让您的岳丈冀州刺史郑诜暂且代理节度使事务，等待朝廷的诏命。”

　　于是，李惟简承载着哥哥的希望上路了，可是这件事却很快就泄露了。

　　得知此事的田悦随即派衙官扈岌当面质问李惟岳：“田尚书起兵并不是为了他自己，而是为您请求节度使的旌节，如今您却听信了邵真的鬼话，居然派遣令弟去长安上表，将叛逆之罪全都归于尚书，以求开脱你自己的罪责。田尚书到底有什么对不起您的地方，以至于您要如此对待他！倘若您能为田尚书杀掉邵真，那么田尚书也会待您如初，否则，将会与您彻底绝交！”

毕华也趁机说："田尚书是由于您的缘故才身陷重围，您一旦背弃了他，岂不是会令天下人所耻笑？如今魏博和淄青兵马强盛，粮食丰足，足以抗衡天下，胜负还未见分晓，您怎能三心二意呢？"

李惟岳原本就是个没有什么主见的人，而且对毕华言听计从似乎已经成了他的一种习惯。上次，他听从毕华的话走上了反叛之路，这一次，他听从毕华的话走上了死亡之路。

李惟岳决定沿着原来的轨迹坚定地走下去，并且为了挽回盟友的信任干了一件令人心寒的事情。他竟然将曾为自己出谋划策的邵真召来，并当着扈岌的面把邵真残忍杀害了。

朱滔和张孝忠与魏博、成德联军在束鹿①城下展开激战，李惟岳收获的仍旧是一场惨败。

李惟岳失败的最主要原因是前锋王武俊的消极应战。他担心自己会落得个兔死狗烹的悲惨下场，因为他强烈感受到李惟岳对自己的猜忌。李惟岳之所以迟迟没有动手是因为觉得他还有利用价值。

朱滔准备乘胜一举拿下成德镇的老巢恒州②，可是他的盟友张孝忠却突然停下了前进的脚步。这自然引起了朱滔的不安，因为他从来也没有真正信任过张孝忠。在他的眼里，没有绝对可靠的人，也没有永远可靠的人。不仅朱滔对张孝忠的行为不解，就连他手下那帮将领们也对此感到疑惑。

"成德宿将还有很多，切不可轻视。如果局势紧张，他们就会联起手来拼死一搏；如果局势缓和了，他们就会互相猜忌，互相算计。请诸位只管耐心地等一等，只需坐等李惟岳覆灭即可。"张孝忠显然比朱滔更了解李惟岳，更了解成德镇。

张孝忠也借此重新认识了朱泚，他虽能言善辩，却见识短浅，只可与他同始，却难以与他同终啊！

局势果然沿着张孝忠设想的轨迹发展着。李惟岳手下将领康日知率先归

---

① 治所位于今河北省辛集市。
② 治所位于今河北省石家庄市正定县。

顺朝廷，献出赵州①。康日知祖辈居住在西域康国，后来内迁到灵武，祖父康植平定六胡州时立下大功，授任左武卫大将军。康日知归顺朝廷成为引发多米诺效应的第一张牌。

李惟岳担心军中还会出现第二个康日知，而他认为最有可能背叛自己的人就是骁勇善战的王武俊。其实他猜忌王武俊已经不是一天两天了，可不知为什么王武俊却突然间变得格外低调，深居简出，谨言慎行。正是因为王武俊的恭顺才逐渐打消了李惟岳对他的猜疑，但康日知的突然反叛又使得李惟岳不得不重新审视身边的每一个将领。

自感处境不妙的王武俊觉得自己的末日随时可能会到来，好在那帮老战友们不停地为他求情。

"王武俊是先相公（即李宝臣）的股肱之臣，授命辅佐于您。他的儿子王士真又是您的妹夫，他既是您的前辈，又是您的姻亲，更是你的部属。他的勇猛可谓勇冠三军，现在我军正处在危难之中，而您却对他无端猜疑，若是真的失去了王武俊，试想您还会让谁去退却敌兵呢？"

听他们这么一说，李惟岳又犯了犹豫不决的毛病，正是这种优柔寡断最终断送了他年轻的生命。

李惟岳接下来下错了两招棋。第一招错棋是居然让王武俊与卫常宁一起带兵前去进攻赵州的康日知，这无异于放虎归山；第二招错棋是居然让王武俊的儿子王士真带兵住在军府之中保卫自己。棋错一招或许还有亡羊补牢的机会，连错两招或许还有回旋的余地，可稚嫩的李惟岳却在这场生死对弈中一错再错！

走出阴森恐怖的恒州城，如释重负的王武俊终于可以自由地呼吸城外的新鲜空气了。心有余悸的王武俊对卫常宁说："今日我侥幸逃出虎口，再也不会回去了。我们应该北上！"

卫常宁自然知道王武俊的用意，可投奔张孝忠岂不是要过寄人篱下的生活，与其委身他人不如将命运牢牢地操控在自己的手中。

卫常宁的计划太过大胆，也太多疯狂，王武俊虽然认同，却一时间难以

_____

① 治所位于今河北省石家庄市赵县。

下定决心。北上，西返，还是西进，不同的方向通往不同的人生的结局，王武俊一时间难以抉择。

恰在此时，康日知派来的说客来了。他对王武俊慷慨激昂地说："如今叛军已经日薄西山，王中丞为何不早做打算？如今赵州城池坚固，将士奋勇，即使围攻数年也未必能够攻下。李惟岳所依仗的不过是田悦之流。田悦围攻临洺，鏖战邢州，即使血流成河，尸积如山，也无济于事。还望王中丞引以为鉴，不要步田悦的后尘！"

不久，康日知又派人送去了一封他刻意伪造的诏书，欺骗王武俊说："如今中使已经携带诏书前来晓谕王中丞。事到如今，您为何仍旧辜负天子，继续追随跳梁小儿呢？"

王武俊被深深地触动了。李惟岳的确是个跳梁小儿，而且是个自负而又血腥的跳梁小儿。王武俊决定西返，多年来淤积在心头的仇恨驱使着他这么做，他准备向自己的新主子举起阴森森的屠刀。

此时传到李适的耳中，他颇为赏识康日知化险为夷的胆略和智慧，可就是因为他对康日知的格外青睐在不久的将来招致王武俊愤懑，为随后的大变乱埋下了祸根。

虽然王武俊下定决心西返，可他却对城中的形势并不了解，一时间也不敢贸然行事。就当王武俊在命运的十字路口痛苦徘徊的时候，李惟岳却下出了第三招错棋。

李惟岳一直对即将打响的赵州之战牵肠挂肚，于是派遣谢遵前去督战，可谢遵却成功地被王武俊策反，从谢遵回城的那一天起，李惟岳的生命便进入了倒计时。

建中三年（公元782年）闰正月二十一日，王武俊和卫常宁悄悄地带着部队从赵州返回恒州，而李惟岳对于他们的异动竟然还一无所知。

谢遵与王士真假托李惟岳的命令偷偷地打开城门。王武俊、卫常宁率领部队雄赳赳气昂昂地开进恒州城。

天刚微微亮，王武俊就带领数百名骑兵冲入军府，王士真早就在里边响应。王武俊大声喊道："李大夫背叛朝廷，罪不可赦。你等速速归顺朝廷，敢于违抗者，满门抄斩。"

　　军府内的将士们都不敢轻举妄动。王武俊顺利擒住了李惟岳，还收捕了郑诜、毕华、王他奴等一干党羽，将他们统统杀掉。王武俊念及李宝臣对自己的恩情，准备将李惟岳押送长安，可卫常宁却说："他一旦见到皇上，肯定会将叛逆的罪行全都推到您的身上，到那时您可就被动了！"

　　王武俊最终狠下心来将李惟岳缢杀，把他的头颅送往京城。

　　李惟岳手下将领深州刺史杨荣国原本还苦苦坚守着，他眼见大势已去，索性归降了朱滔。谁也不会想到在不久的将来，对于深州的争夺居然会使得河北地区再次陷入战乱之中。

　　二月初五，李惟岳手下的定州刺史杨政义也向朝廷投诚。这无疑具有里程碑式的意义。此时除了还未攻克的魏州，整个河北地区全都回到了朝廷的怀抱之中。

　　朱滔因在讨伐李惟岳时立下大功，不仅检校司徒，位列三公；而且不再只是个节度留后，而是正式成为幽州节度使。志得意满的朱滔似乎一下子就得到了自己所有想要得到的东西，正在不知不觉间走向另外一条道路。

　　与此同时，河南战场也取得重大进展。

　　其实在此之前，淮西节度使李希烈日渐咄咄逼人的态势使得李适感到颇为不安。淮西镇位于战略咽喉地位，而且与淄青镇、魏博镇近在咫尺，一旦李希烈与他们联手对抗朝廷，后果将会不堪设想，李适一直在盘算着如何对其进行有效遏制。

　　为了防范心怀鬼胎的淄青节度使李正己和咄咄逼人的淮西节度使李希烈，李适决定设立河阳节度使，管辖怀州和河阳三城；还从永平镇划出宋州、亳州和颍州三州另行设立宣武镇。宋州刺史刘玄佐成为首任宣武节度使。谁也不会想到这个此时还新设时间不长的小藩镇最终却埋葬了强盛一时的大唐，而掘墓人就是最后一任宣武节度使朱温。

　　由于泗州转隶淮南节度使，宋州、亳州和颍州三州另设宣武镇，最盛时管辖七州之地的永平镇此时仅仅剩下汴州、滑州和陈州三州，为了安抚永平节度使李勉这位老臣，李适将郑州划归永平管辖，还任命李勉为永平、宣武、河阳三道都统，可以节制宣武节度使刘玄佐和河阳节度使李芃，其实刘玄佐和李芃都曾是他的属下，正是在他的提携之下成长起来的。随着战事的日渐惨烈，已近古稀之年的李勉却逐渐被边缘化，刘玄佐却在战争中强势崛起了，而刘玄佐这枚棋子日后果然盘活了河南这盘棋。

"刘玄佐"这个名字是李适后来赐给他的，以示朝廷对他的奖赏。刘玄佐自幼就是个放荡不羁的主儿，把正事当玩儿，把玩儿当正事。他后来为了糊口在县里担任缉捕盗贼的小吏，可他却知法犯法，以身试法。面对身陷囹圄的刘玄佐，他那些昔日的同僚却毫不手软。刘玄佐在刑讯逼供之下差点一命呜呼。好在刘玄佐命大，逃过一劫，但老家是没法待了，只得跑到永平镇去当兵，不过他很快就得到了施展才华的机会。

汴宋节度使田神功和他的弟弟田神玉相继去世后，汴宋都虞侯李灵曜在老奸巨猾的田承嗣的撺掇之下走上了血腥夺权之路。刘玄佐趁其不备一举从李灵曜手中夺取宋州。在永平节度使李勉的举荐之下，朝廷任命刘玄佐为宋州刺史。刘玄佐这个小吏出身的将领一跃成为大唐高级官员，继而成为手握重权的封疆大吏，而这仅仅是他建功立业的起点！

永平、河阳、宣武三足鼎立的态势，不仅形成了对李希烈的战略包围，阻挡其咄咄逼人的态势，还有效地将淮西镇与淄青镇和魏博镇进行了战略分割。

淄青节度使李正己的堂弟李洧长期担任徐州刺史，眼睁睁看着侄子李纳毅然决然地走上了与朝廷兵戎相见之路，他一时间不知道该何去何从，经过一番激烈的内心挣扎，他派亲信携带表章前往京师长安表示归顺，而他那个亲信对朝中局势不甚清楚，居然先向宰相张镒禀告，奸相卢杞得知此事后大为恼火。

李洧原本恳请朝廷任命其为徐州、海州、沂州三州观察使，李洧与两州的刺史王涉、马万通有约定，如果能够得到朝廷的诏书，他们也会归顺朝廷。此事事关前方战事进程，可心胸狭窄的卢杞居然暗中阻挠，李洧担任三州观察使的梦最终还是破灭了，而海州和沂州也因此未能趁机回到朝廷的怀抱之中。

建中二年（公元781年）十一月，李纳派部将王温会同魏博将领信都崇庆共同进攻徐州。李洧急忙向朝廷告急，而他自己亲率官民一千余人坚守城池。鉴于情势紧急，李适命宣武节度使刘玄佐会同周边各路唐军共同援救徐州。李适还特地命唐朝臣率领五千朔方军前去助战，千里驰援朔方军的物资装备并没有及时运抵前线，旗帜服装显得破败不堪，宣武军用极其不屑的口吻说："叫花子也能打仗吗！"唐朝臣用宣武军傲慢的话语来激励麾下士卒，而且说："都统有令，谁先攻破敌军营垒，营垒之中的物品就悉数归谁！"朔方军无不愤怒而起，奋力争先。

信都崇庆和王温攻打徐州历时二十天都未能攻克，这支疲惫之师已成强弩之末，而此时正是战胜叛军绝佳的机会。

天色渐晚，刘玄佐带领大部队稍稍退却，而唐朝臣却率领朔方步兵背山列阵，信都崇庆见其孤军深入，势单力薄，于是率领骑兵两千人，越过桥来，向西挺进，追击官军。

此时，朔方马军使杨朝晟率领的精锐骑兵正在山中埋伏，等待着战机的到来。

见信都崇庆的部队进入了包围圈，杨朝晟策马杀出，将其拦腰截断。叛军顿时就崩溃了，狼狈而回，退至桥前，抗拒官军。叛军士卒争着过桥，由于桥面过于窄小，有的人索性蹚水过河。

杨朝晟对手下士卒说："他们可以蹚水过河，我们为什么不能蹚水过河？"杨朝晟麾下骑兵部队纷纷策马渡河，此时占据桥头的敌军早已逃跑不见了，叛军开始了全面溃退。

刘玄佐率领大部队适时赶到了，斩首级八千，淹死的人更是不计其数。朔方军悉数收缴了叛军的辎重，从此变得旗帜鲜明，衣着华丽，挺着腰板对宣武军高傲地说："叫花子立下的功劳，与你们相比，到底谁的大呀？"宣武军顿时羞愧难当。

徐州至此彻底脱离了淄青镇的控制，江淮漕运也得以恢复。

经历了刚刚的那番惊心动魄的战斗，李洧背生毒疮，卧床不起。他的病情稍稍有所好转，便开起了粥厂，在广场之上赈济僧人，以此来感谢上苍的眷顾。那日，李洧勉强支撑着病体，乘坐着"平肩舆"来到广场视察。见到大恩人来了，那群受到赈济的僧人们齐声欢呼。此时已经脆弱不堪的李洧居然被高亢的欢呼声吓到了，以致毒疮溃烂，于建中三年（公元782年）八月三十日与世长辞。

徐州安然无恙之后，乘胜追击的刘玄佐又一鼓作气攻下了濮州外城，光复濮州城指日可待。

绝望的李纳在濮州城墙之上悲痛地哭泣着，请求朝廷能够给自己一个悔过自新的机会。这次他不光说说而已，而是采取了一系列实质行动，向朝廷表达自己的诚意，请求准许他派遣判官房说带着自己的弟弟李经和儿子李成务入朝觐见。

李纳的归降原本可以使得河南的战事迅速平息，可是却因为一个名叫宋凤朝的宦官让原本一片大好的局势急转直下。

"皇上，如今李纳已经到了山穷水尽的地步，斩草务必除根啊！"

宦官中像高力士那样具有远见卓识的人毕竟凤毛麟角，而目光短浅之辈却比比皆是。他们大多没有怎么读过书，而且都是从阴暗的最底层干起来的，只重眼前而不顾长远。

正是看到了宦官群体的天然劣根性，唐朝的奠基人高祖皇帝李渊和太宗皇帝李世民都坚决反对宦官干政，可是这个具有宪法般地位的祖制却逐渐被大唐的继任者们淡忘了。他们将宦官看作家里人，家里人的话虽然直白，但却很朴实，因此宦官们渐渐掌握了不容小觑的游离于体制之外的隐权力。

外因是条件，内因是根本，外因通过内因起作用。宋凤朝的话之所以会对李适产生影响，归根结底是李适对当前形势的错误判断。他觉得中兴大业仿佛触手可及，但他却没有看到潜藏在大好形势之下的种种隐忧。正是他此后一系列的失策使得这些隐忧迅速转化为严峻的现实，直到局势逐渐到了难以收拾的地步。

李适将李纳的使者房说囚禁起来，断绝了李纳的投诚之路。既然投降归顺是死路一条，那么李纳只能破釜沉舟，拼死一搏，或许这样还有活下去的希望。

第三章

电光与火石间的裂变

骤然而至的大分裂

建中三年（公元782年）二月十一日，李适颁布了一道让他悔恨终生的诏书。在这道贻害无穷的诏书之中，朝廷决定撤销成德节度使，将其辖区一分为三。张孝忠为义武节度使，管辖易州、定州、沧州三州；王武俊为恒冀观察使，管辖恒州和冀州；康日知为深赵观察使，管辖深州和赵州。

原属淄青镇的德州、棣州二州划归朱滔管辖，但朱滔却并不满足，因为他早已对深州垂涎三尺，但朝廷却将深州给了康日知，他心中的不满迅速地堆积着，直到一步步将他心中的道德底线彻底地击溃。他不愿意将自己浴血奋战得来的深州拱手让给他人，所以他一直屯驻在深州不肯走。

诛杀李惟岳的王武俊自认为立下首功，幻想着自己能够成为下一任成德节度使，可是这道诏书却将他的美梦彻底击碎。

王武俊是与张孝忠齐名的燕赵猛将，可如今他却只是一个观察使，而张孝忠却贵为节度使。这种差距让他实在无法接受，更让他难以接受的是自己居然和康日知平起平坐！

唐朝的使职可谓名目繁多。节度使的政治地位要高于观察使，观察使要高于都防御使，都防御使要高于都团练使。安史之乱后，都防御使大多被裁撤，只有在东都洛阳等极少数地区依旧设置都防御使。

某道到底设置何种使职要综合考虑地缘结构、军事战略、斗争形势等多种因素，当然也要考虑到当事人的政治地位。例如，嗣曹王李皋调任江西之前，江西只设观察使，可是为了彰显朝廷对李皋的器重，特地将江西观察使升格为江西节度使，他离任后又迅速降为观察使。

唐朝中后期，由于一直奉行军、政、财权合一的原则。某一个区域只设置一个头儿，节度使必然兼任观察使，而观察使必然兼任都团练使或者都防御使。不论是哪种使职必然会兼任治所州的刺史，借助收录进《全唐文》的几封原始的唐朝诏书可以让大家有些深入的认知。

《授王铎义成军节度使兼中书令制》："（王铎）守滑州刺史、充义成军节度使、滑、颍等州观察、处置等使。"节度使对应的是军号"义成"。观察使对应的是属州为滑州和颍州两州。由于义成军节度使治所设在滑州,因此兼任滑州刺史。

上述是一种较为规范的表达,但是有的大藩镇因拥有的属州数目过多不便——列举,如剑南西川管辖着二十多个州,于是使用"管内"这个词。《授高崇文剑南西川节度使制》:"(高崇文)可检校司空兼成都尹……充剑南西川节度副大使、知节度事,管内支度、营田、观察、处置……等使。"

不是所有的藩镇都拥有"军号"(如成德、义武)或者地理称谓(如淮南、河东、岭南、山南东道、山南西道),所以要将节度使和观察使合在一起表述,如《李光颜加阶制》:"邠、宁、庆等州节度、观察、处置等使……兼邠州刺史……李光颜。"

这种称呼方式因表述简便而受到青睐,于是一些拥有"军号"或者地理称谓的节度使也经常使用这种简称。如《为马总尚书谢除彰义军节度使表》:"除臣工部尚书兼御史大夫、充彰义军节度、观察、处置等使。"如《杜亚淮南节度使制》:"(杜亚)可扬州大都督府长史、兼御史大夫、充淮南节度、观察、处置等使。"

无论如何表述,节度使兼任的职务中总是少不了观察使。观察使的兼职中自然也少不了都团练使或者都防御使。如《为张洪州谢上表》:"除臣……洪州刺史,充洪、抚等七州都防御、观察等使。"《谢让加银青福建观察使表》:"授臣……福建(应为福州)刺史、充福、建等州都团练、观察、处置等使。"

需要说明的是,也存在只设置都防御使或者都团练使的藩镇。《授独孤问俗鄂岳等州团练使制》:"(独孤问俗)可使持节、都督鄂州诸军事、鄂州刺史兼御史中丞,充鄂、岳、沔等三州都团练守捉使。"《授柏贞节羲、忠等州防御使制》:"(柏贞节可)羲州刺史……充羲、忠、万、归、涪等州都防御使。"这两类在各类型藩镇中政治地位较低,但都防御使地位略高于都团练使。

李适又下诏令让王武俊给朱滔拨粮三千石,给马燧拨马五百匹。王武俊对这个命令更是充满了抵触。在他看来,这一系列事件明白无误地表明,朝廷从心底并不信任他这个成德旧将,一旦河北局势稳定后,他很可能就会成为下一个被清除目标，所以朝廷才会通过调拨他的粮食和马匹的方式来刻意削弱他。

嗅觉灵敏的田悦很快便觉察到朱滔内心的异动。在这一点上，他继承了叔叔田承嗣的优良基因，敏锐的嗅觉加上灵活的应对成为他不断化解危局的要诀。

王侑和许士则带着主人田悦的嘱托抄小路去见朱滔。他们将挑拨离间的技能发挥到极致，而他的切入口就是朱滔念念不忘的深州。

"皇上明明颁下诏书允诺司徒（即朱滔）攻取的州县全都归属于您，可是如今却将深州分割给康日知。朝廷这么做的用意很明确，就是避免您过于强大。如今朝廷的攻击目标是我们魏博镇，可一旦我们败亡了，下一个就是您啊！"

听了他们一席话，朱滔渐渐下定决心要走上另外一条道路，但他却觉得还需要拉拢一个人。他特地派遣自己手下的判官王郅与许士则一同前往恒州。他们的任务是将对朝廷同样心怀不满的王武俊拉到自己这一边。

"大夫（即王武俊）九死一生，诛杀叛逆首脑，铲除祸乱根源，而康日知怎么能够与大夫的功劳同日而语呢？可朝廷对你们的奖赏却相差无几，天下人无不为大夫而感到愤愤不平！朱司徒不打算将深州交给康日知，而是愿意交给您，请您及早选派刺史去接收吧！只要幽州、恒冀、魏博三镇兵马联合起来，恐怕就再也没有什么值得忧虑的事了。"

王武俊闻听此言自然是满心欢喜，随即应承下来，派遣判官王巨源前往幽州去见朱滔，约定日期一道起兵南进。

朱滔也曾拉拢过张孝忠，不过却被张孝忠拒绝了。张孝忠已经得到了自己想要的，没有必要再去冒险。

河北地区的政治格局正悄然发生着巨变，可是远在京城的李适对此还一无所知，不合时宜地派遣中使征调幽州、恒冀、义武三镇的部队前往魏州讨伐田悦。

王武俊将朝廷的使者抓起来，送到幽州。朱滔对部将们说："你们中的很多人都曾立下赫赫战功，可当我为他们上奏请求官职勋位的时候，却被朝廷硬生生拒绝了。现在我决意与诸位一起前往魏州，打败马燧，彻底过上好日子。诸位意下如何？”

朱滔接连问了三次，可手下的将领们却依旧面面相觑，鸦雀无声，因为这可是一个涉及身家性命的重大抉择。

终于有人开口了，不过却并不是支持他，而是反对他。

“咱们幽州将士，跟随安禄山、史思明南下的人中有几个能够活着回来？那些人的亲属至今还生活在巨大的悲痛之中。如今太尉、司徒都深受朝廷恩宠，而将士们也都有官职勋位，我们已经很知足了，不敢再有更高的奢望！”

朱滔强烈地感受到来自部属的巨大阻力，只得选择沉默无语，不过他却并没有趁机收手，反而展现出了血腥而又残暴的一面，一连杀掉了手下数十名威名赫赫的大将。

康日知将这个重要情报通过马燧上奏朝廷，可朝廷对于急剧恶化的河北局势仍旧缺乏足够的预判和准备。此时的李适还幻想着能够通过政治笼络来稳住朱滔，特地赐给他通义郡王的爵位，可是这一切注定是徒劳的！

朱滔和王武俊果真出兵了，但不是前往魏州攻打田悦，而是前往赵州攻打康日知。

就在出兵的前一刻，涿州刺史刘怦仍旧想要将执迷不悟的朱滔从悬崖边拉回来。当局者迷，旁观者清，或许他比朱滔更清楚，这么做需要付出多大的代价！

“您的故乡昌平县有专门为您和令兄设立的司徒里和太尉乡，这可是至高无上的名誉。难道您就忍心放弃现有的一切吗？难道您就甘心步安禄山和史思明的后尘吗？我们是近亲才敢说出这些心里话！”

刘怦的肺腑之言虽然没有使得朱滔回心转意，但也没有触怒朱滔，因为他知道刘怦的确是为了自己好。其实刘怦之所以敢于直言是因为他们是血浓于水的亲戚，刘怦的母亲正是朱滔的亲姑姑。

临行前，朱滔给刘怦安排了一项重要工作：留守幽州。正是他的这个决定使得他在走投无路之际还可以有一处落脚之地。

虽然朱滔执意南下，但他还是有所顾虑的。骁勇善战的张孝忠此时的政治态度还不太明朗，一旦自己率领大部队南下，担心张孝忠会趁机兴风作浪，于是再次派遣牙官蔡雄再去游说张孝忠。

张孝忠却铿锵有力地说："请转告司徒，既然听从他的话，我已经做了忠臣，怎么能够再当逆臣呢？我深知王武俊的为人，他是个反复无常之人，以后司徒会记起我说的话！"

蔡雄还想再说些什么，但张孝忠却勃然大怒，并没有给他继续说话的机会，因为他已经下定决心与朝廷共存亡了。

惶恐不安的蔡雄看那阵势，感觉自己恐怕再多待一秒都会有可能被张孝忠抓起来送往京城，只得灰溜溜地逃回幽州。

张孝忠的存在始终让朱滔感到如鲠在喉，只得命刘怦领兵在战略要地驻扎以防不测。

其实张孝忠没有能力，更没有魄力与朱滔决一死战，但他也不愿意再次卷入叛乱的逆流之中，只得顽强地坚守着，倔强地抗争着。

当一切都准备就绪后，朱滔集结了两万五千名步骑兵准备南下逐鹿中原，可是他却没有想到这一步会迈得如此艰难。

一缕朝霞洒在冀中腹地束鹿城①。出征的号角响彻这座古城，可是号角还没有吹完，巨大的嘈杂声就迅速弥漫在军营上空。

"皇上命令司徒回幽州去，他为何违背皇帝的旨意擅自南下援救田悦呢？！"巨大的责问声吓得朱滔心惊肉跳，因为这个问题让他无言以对。

朱滔逃到驿舍后堂中躲藏起来。他没有想到这场变乱会来得如此之快，以至于他对此一点心理准备都没有。他选择逃避实际上已经表明主动放弃了对局势的控制权，就在这个关键时刻，蔡雄与兵马使宗颀却勇敢地站了出来。正是他们的安抚使得躁动不安的士兵们情绪逐渐稳定下来。

下面是蔡雄的表演时间。虽然蔡雄说服不了张孝忠，但不可抹杀的是，他的确是一个善于做政治思想工作的老手。

"弟兄们，朱司徒这么做不是为了他自己，而是为了你们啊！皇帝当初承诺谁占领了李惟岳控制的州县，谁便可以拥有这些州县。幽州缺少丝绵，而深州有的是丝绵！可朝廷居然言而无信，将深州给了康日知。朝廷本来赐

---

① 治所位于今河北省辛集市。

给每人十匹绢，但这些绢却都被马燧给夺走了。如今朱司徒已经享有荣华富贵，他这么做完全是为了让弟兄们过上好日子啊！你们不愿意南下咱们可以回去，何必无理取闹背离礼制呢？"

将士们心中的不满和怨恨被迅速稀释了，因为朱滔在他们心中的形象已经从祸乱国家的乱臣升华为舍己为人的楷模。将士们将满腔的怒火转而烧向敕使院，因为皇帝的使者住在那里。那个倒霉的使者还没有明白过来怎么回事，就被愤怒的将士们给抓了起来，厉声责问："你为什么不为我们守护好朝廷的赏赐呢？"

使者顿时就吓傻了，此时所有的解释都是苍白无力的，无谓的求饶只会激起他们更大的怒火。沦为无辜替罪羊的使者最终被失控的士兵们撕成碎片，可是他却并没有白死，因为他的死使得将士们暂时熄灭了胸中熊熊燃烧的怒火。

下一步该怎么办呢？虽然司徒此次南行是为咱们着想，但是也不能违抗圣上的诏命啊！

蔡雄急忙说："既然弟兄们主意已定，你们先返回各自的军营，明天早晨咱们暂且返回深州，姑且休息几天便返回本镇吧。"

这只不过是缓兵之计。

那些将士返回深州后静静地等待着返回幽州的军令，可是等来的却是一场血腥的大清洗。朱滔暗中查找策划这起群体性骚乱的罪魁祸首，然后将其中两百余人全都残忍地杀害了。白色恐怖顿时就在军营之中迅速弥漫开来，很多人甚至吓得两腿发抖。当朱滔再次下达南下的命令时，没有人再敢提出反对意见。

朱滔将部队驻扎在宁晋①，等待着王武俊的到来。王武俊会按期赴约吗？

王武俊出兵也曾遇到了来自内部的重重阻力，其中最大的阻力就来自亲信孟华。就在一个多月前，孟华带着王武俊请求归顺的奏表前往长安。才华出众并且谋略过人的孟华给李适留下了极佳的印象，当即任命他为恒冀团练副使。

正当孟华憧憬着未来的美好生活时，他的主子居然在反叛的路上越走越远。孟华带着皇帝的嘱托和期盼星夜兼程返回恒州时，王武俊已经带领步骑兵一万五千余人出发了。

① 治所位于今河北省邢台市宁晋县。

可是孟华仍旧没有放弃，而是马不停蹄地追上王武俊，为挽救他做最后的努力。

"皇上很快就会将康中丞（即康日知）调走，深州和赵州终究还是您的！您何苦骤然间将自己置身于叛逆之列呢？否则后悔可就迟了！"

王武俊冷笑了两声，一丝杀气迅速掠过他的眼眸。一向为人正直的孟华一直被同僚们所嫉恨，尤其是他突然得到李适的重用之后，对他的诋毁之声更是不绝于耳，更有甚者说，孟华不惜将成德镇的隐情上奏皇帝来谋求升官。这自然引起了王武俊的警觉，而孟华对潜在的危险却浑然不知。

多年的交情使得王武俊难以痛下杀手，只是罢免了他的官职。从破格提拔到无端罢免，孟华的人生如同经历了惊心动魄的过山车。虽然他赋闲在家，可是他却因此躲过了这场刀兵之灾，但是那个激荡的时代不会让他沉寂太久，但究竟是福还是祸却孰难预料！

听到王武俊逼近赵州的消息之后，李抱真随即拨出两千兵马戍守本镇的邢州①。这自然引起了马燧的极大不满，愤愤不平地说："如今残敌尚未铲除，应想着如何共同御敌，可是李抱真竟然分兵去防守自己的地盘！"

马燧一怒之下准备带兵撤回河阳。在目前战局急转直下的困境下，马燧的突然离去无疑会使河北地区军事力量对比更加失衡。

李晟急忙出面规劝道："因邢州与赵州接壤，李尚书（即李抱真）才分兵防守邢州。这样做其实对大局并没有什么害处，可是如果你贸然领兵离开，大家会怎么说呢？"

马燧心中的理智最终还是战胜了情感。在目前的危局之下，或许只有精诚团结才可能会共渡难关。

马燧独自一人骑马来到李抱真的军营。虽然大家名义上是战友，可是谁也不会真正地相信谁，况且马燧与李抱真此前积怨甚深。马燧做出如此出人意料的举动渐渐感动了李抱真，多年来的心结都伴随这次特殊的会面而彻底消除了。

马燧对李抱真的影响和感召还不止如此。在不久的将来，李抱真为了改变河北战局也曾做出过类似的举动。

———————

① 治所位于今河北省邢台市区。

恰逢一直被魏博镇控制的洺州①刺史田昂请求归顺朝廷，马燧当即上奏请求将洺州转隶昭义镇，这也算是物归原主吧！

昭义镇从此成为管辖泽州、潞州、邢州、洺州、磁州五州之地并且横跨河东与河北两大区域的重要藩镇，在此后半个多世纪的时间里一直是遏制河北藩镇割据势力的重要屏障，可是六十年后却沦为大唐危险的"敌人"。

李抱真也做出积极而又友好的姿态。李晟率领的神策军原本隶属于李抱真指挥，而李抱真又请求让他同时隶属于他和马燧二人，以示二人亲睦和谐。

步步惊心的大阴谋

蔡廷玉与朱泚既是同乡，又是发小，于是被朱泚辟为僚属，但他实际上却是朝廷派到朱泚身边的卧底。朱泚另一个心腹朱体微总是帮着蔡廷玉说话，所以蔡廷玉所倡导的忠君爱国的思想渐渐被朱泚所接受。

朱泚决定进京朝见天子，想让弟弟朱滔来代替自己掌管幽州军政事务，蔡廷玉和朱体微出面阻拦道："您所托付之人必须要忠诚可靠，朱滔虽是您的弟弟，但此人性情多变，冷酷无情，如若您将幽州托付于他，恐怕您的灾祸可就不远了。"朱泚却根本听不进他们的话，毕竟自己与弟弟有着血浓于水的亲情，不过他很快便发觉自己错了，但此时他却再也回不了幽州了！

朱滔对蔡廷玉和朱体微的恨逐渐在心中堆积着，特别是他身边的一些人跟他说，蔡廷玉和朱体微一直都在朱泚耳边不遗余力地说您的坏话。恼羞成怒的朱滔随即向朝廷上表控诉蔡廷玉和朱体微无所不用其极地离间他们兄

---

① 治所位于今河北省邯郸市永年区。

弟，罪不容诛！同时他也给哥哥写了一封信，让哥哥速将居心叵测的二人诛杀。朱泚却始终不肯，因为这样做无异于自断臂膀。朱氏兄弟的矛盾由暗中角力变为明着对抗。

朱滔政治态度的惊天逆转使得李适忧心忡忡。他为了将朱滔从危险的边缘拉回来，居然不惜暂时牺牲蔡廷玉！

李适贬蔡廷玉为柳州司户，贬朱体微为万州南浦县县尉，可让李适始料未及的却是自己处心积虑所做的这一切不仅没能收到预期效果，反而给他招致许多不必要的麻烦。其实接下来的悲剧原本是可以避免的，但因各种势力纷纷参与其中而使得局面变得扑朔迷离，特别是朱滔派遣的密探在朝中大肆活动，蔡廷玉和朱体微未来的命运也变得凶多吉少。

临行之际，李适安慰蔡廷玉道："你姑且再为江山社稷受一次委屈吧！年内朕就会召你回来。"

蔡廷玉虽然满腹惆怅，却还是对未来怀有一丝期待，可让他没有想到这一别竟然会成为诀别。

蔡廷玉等人已经行至蓝田县，却突然接到东行的指令。

关于其中的原因，史书有两种截然不同的版本。一种是恰恰在两人动身的关键时刻，有人跟负责此事的殿中侍御史郑詹说："如今商于道太过危险，不如暂且让他们改道潼关更为安全。"另一种是郑詹因工作失误错把押送廷玉等人的文书符信递送到了昭应县。

郑詹在这中间到底扮演着何种角色一直是一个谜，或许他只是被别有用心之人所蒙蔽，或许他是在暗中助纣为虐！

对于莫名其妙的东行指令，蔡廷玉和朱体微心中的恐慌达到了顶点。朱滔曾屡次大放厥词地说："如若朝廷不忍将两人诛杀，就请将其贬官，只要将其贬出关中，我自会将其碎尸万段。"蔡廷玉误以为朝廷已与朱滔在私底下达成了某种肮脏的交易，而他们也不幸地沦为了悲惨的政治牺牲品。

在错误的时间得到这个错误的指令，蔡廷玉和朱体微越想越不对，行至灵宝的时候，又作出了一个错误的决定：为了不受辱，干脆跳进黄河自尽了。

两人的死令李适极为震惊，因为他没有想到这个原本想向朱滔示好的举动居然白白断送了两条无辜的性命！

宰相卢杞敏锐地觉察到这或许是铲除郑詹、打压严郢的好机会。与口蜜腹剑的李林甫颇为相似，卢杞对每一个对手，哪怕是潜在的对手都会进行残酷无情的打压。

自从共同的敌人杨炎死后，卢杞与严郢就日渐疏远，后来竟然心生龃龉。

郑詹之所以会招致卢杞嫉恨只因他与宰相张镒交好。卢杞有白天休息的习惯，郑詹总是趁着他休息时去找张镒。卢杞得知后故意为他布下了一个陷阱。

一日，卢杞假装睡得很熟，对此毫不知情的郑詹果然又来了。正当他与张镒交谈甚欢之际，卢杞却突然来到张镒阁中，郑詹赶忙找地方藏了起来。卢杞假装毫不知情，若无其事地谈论起朝中机密。张镒变得越来越紧张，卢杞所言均是严禁外泄之事，只得乖乖地说："且慢！殿中侍御史郑詹在我这里。"卢杞假装惊愕地说："刚才我所言均是机密之事，一旦泄露出去，恐怕你我都脱不了干系！"

望着震惊而又不安的李适，卢杞故意装出一副满脸愁容的样子说："朱泚肯定会误以为这是圣上的意思，恳请圣上责成三司使会审郑詹。"

李适点点头，因为他觉得有必要通过这场审判向镇守凤翔的朱泚传递积极的信号。

卢杞继续说："郑詹事先肯定向自己的上司严郢汇报过。恳请圣上将两人一并审理，也好对死者和朱泚有个交代。"

这场政治意味浓厚的审判刚刚开始，郑詹便死于杖责之下。他虽有失误，却罪不至死，或许是因为他曾意外听到卢杞所言的机密之事，或许是他的所作所为真的是受到了朱滔的暗中指使，不管怎样，李适已然对他动了杀念，他也就必死无疑。

严郢也被贬为费州①刺史，最终死在了那里。

树欲静而风不止，那阵从幽州刮来的阴风仍旧在搅动着大唐的安宁。

马燧手下将士擒获一个鬼鬼祟祟的幽州兵。一封蜡封的书信就藏在他的

---

① 治所位于今贵州省铜仁市思南县。

发髻之中，而这封书信之中藏着一个惊天秘密。这封书信是朱滔写给哥哥朱泚的，而那些刺眼的文字使得马燧顿感事态的严峻，因为朱滔请求哥哥趁现在混乱的形势共创大业。

马燧将书信连同送信的使者一同送往长安，其实这件事颇为蹊跷。虽然拥兵自重的朱泚驻扎在与长安近在咫尺的凤翔府，此时长安城内防守空虚，可是朱泚造反成功的概率却微乎其微。对此，朱泚知道，他的弟弟朱滔自然也应该知道。

如果这封书信不是马燧伪造的，那么朱滔执意这么做无非是出于两个目的：一个是彻底断绝哥哥的后路，逼其就范；另一个是彻底断绝哥哥的生路，借刀杀人。

接到入京汇报工作的诏令后，朱泚的心中泛起阵阵涟漪。他预感到这次莫名其妙的征召肯定有他还不知晓的隐情。他一直在琢磨，却始终猜不透。

来到长安后，那名送信的使者以及那封密信强烈地刺激着朱泚的神经，因为这个人证和物证足以让他身首异处，无限的惊恐顿时就吞噬了他的理智。

朱泚惶恐不安地伏在地上叩头请罪，就像一个罪犯不安地等待着事关自己生死的审判，哪怕是一秒都会显得那么漫长，那么煎熬。

阴沉着脸的李适终于开口了，皱着眉说："你们兄弟二人相距千里，你肯定不是同谋！"

朱泚那颗悬着的心顿时放了下来，但他也知道李适肯定不会再像从前那样相信自己了，而蔡廷玉和朱体微的无辜惨死更是使得朱泚对大唐新皇帝心怀不满。

虽然朱泚依旧担任着太尉、中书令等显赫的职务，可是最为实惠的两个职务凤翔尹和凤翔、陇右节度使的职务却被免去了。他实际上沦为了一个顶着耀眼光环的高级政治俘虏。

落寞的朱泚只得在位于长安的私人宅邸之中孤独地生活着。那些曾经挥斥方遒的岁月渐渐远去了，那些曾经慷慨激昂的时光也渐渐远去了，如今他已经成为一个被权力边缘化的人，一个随时都可能会有性命之忧的人。

虽然李适赐给朱泚令人垂涎的名园、肥田、彩锦以及金银，可是却仍旧无法宽慰他那颗失落的心。权力突然丧失后的巨大心理落差是用任何东西都无法迅速填平的。

谁来接替朱泚成为一个让李适很伤脑筋的问题，因为幽州兵仍旧屯驻在凤翔府，稍有不慎便可能引发不必要的变乱。

宰相张镒因忠厚耿直而越来越受到李适的倚重。这自然使得卢杞感到深深的威胁，也感到有些失落。你张镒不是深受皇帝信赖吗？我就让你尝尝皇帝信赖带来的苦涩！

当皇帝召集宰相们议事的时候，卢杞在不经意间出手了，而且一出手就让对方难以招架，甚至还无法还手。

"朱泚的名望地位一向颇为尊崇，如果不是宰相级别的官员恐怕无法震慑住那帮幽州将领。陛下请让我去凤翔吧！"

李适低头沉思着，因为他之前对此毫无思想准备，一时间难以做出决策，因为他离不开卢杞。李适犹豫不决，可卢杞没有给他留下多少思考的时间，因为他根本就不想去凤翔。

"陛下若是认为其貌不扬的微臣不能被三军将士所敬服，那就只能挑选更适合的人前去了。"

李适转而望着宰相张镒说："你是难得的文武全才。若论声望和能力，没有人比你更适合了。"

张镒知道这是卢杞的阴谋，可是却找不到破除这个阴谋的方法，因为这个阴谋披着一件华丽的外衣——信任。

张镒拜了两拜，带着无限的惆怅前往凤翔府上任了。

卢杞知道李适在张镒离去后肯定要选择新宰相，与其被动接受不如主动推荐，他将儒雅忠厚的关播推荐给李适。关播是儒学名家，温柔敦厚，最打动他的地方就是听话。朝中政事一概由卢杞决断，每当需要他表态的时候，关播总是整一整衣袖，说一些无关痛痒的话，说一些模棱两可的话，说一些不置可否的话。

关播毕竟是一个活生生的人，难免有时会有一些不同意见，可是当他想要张嘴的时候，卢杞那犀利的目光总会与他那柔弱的目光碰撞在一起，而他也不得不将微微张开的嘴赶紧合上。

回到中书省以后，卢杞仍旧不依不饶地对关播说："就是因为你沉默寡言，我才引荐你为相。你应该清楚这一点！"

关播知道卢杞这是在警告自己要摆正位置。这既是不满，也是赤裸裸的威胁：我可以引荐你，也可以排挤你。

虽然关播十分窝火，可是他还是清醒地意识到自己根本不是卢杞的对手。卢杞是一个善于玩弄心理控制的高手，他擅于并且乐于利用李适生性多疑的特点和一些似是而非的事情挑拨离间。卢杞既然连深受李适宠信的张镒都能排挤走，那么打压自己还不是易如反掌！

从此之后，每次商议朝政时，关播能不说话就不说，能少说话就少说，如同一个会说话的摆设，如同一只会附和的鹦鹉。

平地乍起的大惊雷

朱滔和王武俊在宁晋会师后南下援救魏州。本已露出和平曙光的河北地区再次战云密布，硝烟四起。

鉴于河北战场形势发生根本性逆转，李适无奈之下不得不动用自己的老本。他派出最能打仗的部队，也就是由朔方、邠宁节度使李怀光所统领的朔方军。李怀光是在年事已高的郭子仪渐渐退出历史舞台之际迅速成长的朔方将领。

大历二年（公元767年），一个春寒料峭的时节，略显迟暮的郭子仪从驻地返回京城长安，可他却没有想到一场家庭琐事竟然将他推到了生死边缘。起因是儿子郭暧和儿媳妇升平公主发生的一场家庭纠纷。

娶公主当老婆犹如将一件贡品请回了家。公主见到公公婆婆不仅不用像其他女子那样行礼，公公婆婆反而要向儿媳妇行礼，公主只需拱拱手就行。这使得驸马郭暧一直愤愤不平，积聚的矛盾伴随一次激烈的争吵彻底爆发了。

年纪轻轻的郭暧大声嚷道："你不就倚仗着你父亲是天子吗？我父亲是不屑于做天子！"

升平公主闻听此言一气之下回宫了，希望父皇李豫能够为自己出气。

见到心爱的女儿如此生气，贵为天子的李豫却没有想着责罚口出狂言的女婿，而是好言安慰道："你有所不知，郭暧说的都是真的！如若他们家想要做天子，天下怎么会是我们家的呢？"

郭子仪得知此事后顿时就吓得面如土灰，因为儿子的一席话足以给他们的家族带来灭顶之灾。愤怒的郭子仪将儿子郭暧绑起来，押到宫中任凭皇帝惩处。

望着惶恐不安的郭子仪，李豫却轻描淡写地说："俗话说，不痴不聋，不做家翁。儿女闺房中的私房话怎么能够当真呢？"

为人父母的应该到位而不越位，该糊涂的时候糊涂，该明白的时候明白，如果该明白的时候糊涂就是糊涂透顶，如果该糊涂的时候明白就是自作聪明。

虽然天子并没有难为郭暧，可是郭子仪却不肯轻易善罢甘休。他回家之后痛打了儿子数十大棍，也算是给天子一个交代，给儿子一个教训。

这件事折射出代宗皇帝李豫与郭子仪这对君臣之间融洽的关系，而李适登基时，德高望重的老将郭子仪已经八十三岁高龄了。他一上台就迫不及待地下诏尊崇郭子仪为尚父，进位太尉兼中书令，但其所担任的军事实职却全都被免去。这实际上传递出一个非常明显的信号：新皇帝不愿意再重用老臣了！

郭子仪统领的军队和地盘也被一分为三。

李怀光出任邠宁节度使，不仅包括原邠宁节度使管辖的邠州、宁州和庆州三州，还包括原河中节度使管辖的河中府、晋州、绛州、慈州、隰州五个州府。

常谦光出任朔方节度使，管辖灵州、盐州、夏州、丰州四州以及西受降城、定远军和天德军。

浑瑊出任振武节度使，管辖绥州、银州、麟州、胜州、东受降城、中受降城及振武军。

朔方镇的故地虽然由常谦光管辖，可是朔方绝大多数精兵却都掌握在李怀光的手中。安史之乱后，只有肃宗李亨在灵武称帝之初的极短时间内，朔方军主力部队才驻守在原防区，绝大部分时间都位于战争的第一线。即使在安史之乱平定后，朔方节度使郭子仪绝大多数时间也并没有待在朔方镇治所灵州，而是驻守河中府，因此朔方军主力大多屯驻在李怀光的防区之内。

振武镇脱胎于朔方，并且一直与朔方分分合合，再次分置后，首任节度使是很早就成名的少年英雄浑瑊。他十一岁时就随父出征，他的父亲是功勋卓著的朔方名将浑释之，授开府仪同三司（从一品），封宁朔郡王。年纪轻轻的浑瑊就曾经历过数不胜数的战阵，斩杀过不计其数的敌军。他跟随郭子仪、李光弼征战河北时曾亲手射杀安禄山手下悍将李立节，威震华夏。李适希望战争经验丰富的浑瑊能够保障大唐西北边陲的安宁。

这番人事调整的背后其实暗含着宰相崔祐甫的政治智慧。郭子仪年事已高，如若不能在他生前做出此番调整，万一他突然走了，很可能会引发一场不必要的政治动荡。

建中二年（公元781年）六月十四日，八十五岁高龄的郭子仪带着无限的荣誉和骄傲走了。"天下以其身为安危殆三十年，功盖天下而主不疑，位极人臣而众不疾，穷奢极欲而人不非之。[①]"在生命最后的三十年中，郭子仪用热血书写着对大唐的无限忠诚，也赢得了彪炳千秋的荣耀。

宰相崔祐甫比郭子仪早一年去世，他所确立的对朔方分而治之的策略并没能得到很好的贯彻。振武节度使浑瑊很快便调回中央担任左金吾大将军。朔方节度使常谦光也很快被免职，由崔宁担任朔方节度使，但崔宁并未实际赴任，由节度留后杜希全实际主持朔方镇军政事务。

与此同时，邠宁节度使李怀光也迅速得到李适的赏识，因为他特别能打仗，特别善征战，李适自然认定他才是自己最需要的人才，于是让李怀光兼任朔方、邠宁两镇节度使，基本上恢复了郭子仪在世时那个幅员辽阔的朔方

---

① （北宋）司马光主编：《资治通鉴·卷二百二十七》，改革出版社1995年版，第4823页。

镇。虽然这样可以有效地拱卫帝国的北部边陲，可是李适却在不久的将来慢慢品味到其中的苦涩滋味。

此时，李怀光带着李适的殷切期盼奔赴河北战场，他的到来将会彻底改变战争格局吗？

就在李怀光来到河北的同时，朱滔和王武俊也率军来到了魏州城下。魏州人欢天动地，奔走相告，援军来了，我们有救了！

田悦备办酒肉出城款待这两位雪中送炭的盟友。与此同时，马燧等人也以盛大的军容迎接远道而来的李怀光。这却引起了朱滔的极大恐慌，因为他担心唐军会突袭自己。

李怀光率领的朔方军一向骁勇善战，马燧等人都坚定地认为他们很快就会赢得战场的主动权，李怀光也这么认为，而且他比任何人都急切地希望早日看到这一天的到来。

李怀光还未洗去一路的征尘就急于出战。他有一个颇具说服力的理由：趁着朱滔和王武俊尚未安顿好的时候打他个措手不及。

马燧力劝李怀光三思而后行。马燧是一个敢于冒险的人，但也是一个善于冒险的人，他觉得这个险不值得冒。

李怀光却是一个执着的人，但也是一个固执的人。他坚持认为，机不可失，失不再来！

马燧知道此时此刻说再多的话都只能是徒劳的，唯一能做的便是为李怀光祈求上天的眷顾。

李怀光率领的朔方军长期战斗在最艰苦的西北边陲，安史之乱后又始终位于战争的最前沿，打仗是司空见惯，杀敌是家常便饭。这正是那帮在京城终日承担保卫皇帝任务的神策军所不具备的，因为必要而又充足的战争经验是一支部队提高实战能力所必需的。

朔方军的威名不是吹出来，而是打出来。刹那间，一千多名幽州兵便身首异处，尸横遍野。朱滔的军队顿时就崩溃了，因为敌人的强悍显然超出了他们的心理承受极限。

面带喜色的李怀光勒住坐骑的缰绳，尽情地欣赏着又一场胜利。自己的敌人玩儿命地跑，而自己的士兵拼命地追，可是他却惊奇地发现手下人追击的速度在迅速下降，有的人甚至停下了追击的步伐。

这是为什么？为了钱！幽州兵逃跑的时候将所有能扔的东西全都抛弃了，因为这一切都是身外之物，只有命才是最重要的。

朔方军尽情地捡着，以为天上掉下了馅饼。他们渐渐忘了这里是战场，瞬息万变的战场态势就像小孩子的脸说变就变。

人不能把钱带进坟墓，可是钱却可以把人带入坟墓。正当朔方将士们大肆哄抢财物之际，上天却跟他们开了一个很残酷的玩笑，一队危险的敌人突然冲了出来。

别看朱滔特别能咋呼，可作为一个通过政变上台的将领，他其实并没有什么战争经验，喜欢争斗，却并不擅于战斗！

曾经威震幽燕的猛将王武俊的可怕程度要远远地超过朱滔，可是李怀光却将这一点忽略了。他没有派出足够的兵力前去牵制王武俊，而这也将成为他心中永远的痛。

王武俊率领两千精锐骑兵突然杀来，将朔方军拦腰截断，使其首尾难顾。朱滔手下那帮失魂落魄的幽州兵一下子又来了精神。他们又转过身杀向了朔方军，呼喊道："放下！那些东西是我的！"

一个犹如断魂剑，一个好似回马枪，以至于心理素质一向过硬的朔方军也撑不住了。

一旦战斗意志崩溃了，那么溃败便会变得难以遏制，不管身后追来的是高举刀枪的敌军还是纵情奔跑的动物，甚至是摄人心魄的风声或者悲伤哀婉的鹤声都会给正处于溃退之中的士卒们带来无限的惊恐。这也就是风声鹤唳的效应。

在这种漫无目的的溃散中，最危险的往往不是敌人，而是战友，因为许多人死于战斗的践踏，还有无数的人掉进永济渠淹死，以至于"人相蹈藉，其积如山，水为之不流"①。

尸体堵塞了永济渠，可见官军损失之惨重，但这还不是最可怕的！

就在这天晚上，朱滔等人在永济渠上筑起堤坝，将永济渠水导入王莽故

---

① （北宋）司马光主编：《资治通鉴·卷二百二十七》，改革出版社1995年版，第4840页。

河，无情地断绝了官军的粮道与归路。

第二天，官军惊奇地发现营外的水深居然已经达到三尺多。完了！彻底完了！一种绝望的情绪在官军将士中间迅速弥漫开来。

马燧急忙派遣使者用极其谦卑的辞句向朱滔道歉，并且信誓旦旦地承诺："只要您允许诸位节度使率军返回本道，我肯定上奏朝廷将河北事务全权委托给五郎（即朱滔）处理。"

朱滔心动了，正是这种心动给陷入绝境之中的官军带来了一线生机。

王武俊无疑要比朱滔更为老辣，知道放虎归山必要伤人，可此时有些飘飘然的朱滔却一意孤行，因为他幻想着朝廷能够承认自己在河北的霸主地位，不过他很快发现这其实只是一个一厢情愿的幻想！

建中三年（公元782年）七月，马燧与诸位节度使怀着复杂的心情蹚着水向西艰难地行进着，但他们却并没有走远，更没有像之前承诺得那样撤回本道，而是在与魏州城近在咫尺的魏县①停下了前进的脚步。这分明是还想再打一仗啊！

感觉上当了的朱滔不得不承认自己在政治上的稚嫩和决策上的自负。他主动向王武俊承认错误，可是却难以彻底消除两人心底深处因此而形成的层层隔阂。

王武俊强烈地意识到朱滔是一个难成大事的人，但他也知道此时还不是决裂的时候，不过他的内心却已经产生了动摇。

田悦一直在思索着如何报答朱滔和王武俊的救命之恩。经过一番商议，田悦与王武俊共同拥立朱滔为天子，并且以臣属之礼侍奉他。

朱滔却摆摆手，带着谦逊的口吻说："惬山之战之所以取胜完全得益于大夫二哥（即王武俊），我怎敢独居此尊贵之位呢？"

虽然皇帝梦时刻萦绕在朱滔的心头，可他却并没有迷失在欲望之中。他渴望着穿上龙袍的那一刻，但他也深知谁先暴露自己的野心，谁将会彻底地丧失回旋余地，况且田悦与王武俊绝对不会真心地、无条件地拥戴自己，所以他需要继续观望，继续等待。

———————————

① 治所位于今河北省邯郸市魏县，唐时隶属于魏博镇魏州。

幽州判官李子千提出了另外一种政治规划：朱滔、田悦、王武俊与李纳仿效春秋战国时期的诸侯，共立四国，一律称王。

这个方案无疑得到了各方的接受。朱滔自称冀王，田悦自称魏王，王武俊自称赵王，李纳自称齐王，共同推举朱滔为盟主。只有朱滔可以自称为"孤"，而王武俊、田悦、李纳只能自称为"寡人"。

四王的出现将这场变乱推向了新的阶段，因为与朝廷对抗的将不再是一个个割据的藩镇，而是一个拥有政治纲领并且组织较为严密的强大政治联盟。

朱滔等人领兵气势汹汹地杀奔魏县，与官军隔河对峙，但谁也不敢贸然进攻。

为了鼓舞前线的士气，大唐皇帝李适加授河东节度使马燧、朔方兼邠宁节度使李怀光同平章事，成为拥有无上荣耀的"使相"。李适还任命淮西节度使李希烈兼任淄青平卢节度使，全权负责讨伐李纳事宜，可此前一直充当急先锋的李希烈却一直都在拥兵观望，停滞不前。

李晟率军悄悄地离开了魏县，从那时开始，李晟的部队成为一支脱离别人控制并且可以自由执行作战任务的独立兵团。

李晟的突然北上使得围攻赵州的王士真感受到巨大的军事压力，只得无奈地撤围而去，而这只不过是李晟宏伟计划的第一步。

李晟率领的神策军在赵州休整了三天，可是他却并没有闲着，而是与义武节度使张孝忠磋商下一步的军事计划，要么西进直捣王武俊的老巢恒州，要么北上进攻朱滔管辖的涿州、莫州二州，经过一番权衡最终确定了北进战略。

张孝忠自然不愿意与昔日的成德战友兵戎相见，况且莫州还有一个让他感到厌恶并且对他构成威胁的人。这个人就是郑景济，他被朱滔任命为易州刺史，而易州却是张孝忠的地盘。张孝忠自然无法接受别人染指自己的地盘，而且还擅自任命所谓的刺史。

李晟与张孝忠的儿子张升云在莫州清苑县①将郑景济团团围住，可是郑

———————————

① 治所位于今河北省保定市区。

景济也不是省油的灯，李晟他们攻打了好几个月竟然攻不下来，即使放水淹城都未能攻克。

朱滔留下爱将马寔带领步兵、骑兵一万余人继续防守魏州，而他自己则带领步兵、骑兵一万五千人火速援救清苑。李晟顿时陷入内外夹击的不利境地，内攻景济，外抗朱滔，内外交困，腹背受敌，只得率领残部退守易州。

李晟第一次独立指挥战役居然以失败而告终。连日来的劳累、失败后的痛楚以及愧对朝廷的自责使得李晟突然病倒了，而且病得很严重。

收获胜利的朱滔一直滞留在瀛州①，迟迟没有返回魏州。焦急万分的王武俊急忙派遣部将宋端前去催促朱滔迅速南下。

宋端的言语中充斥着不满，也隐含着指责。这些有失谦恭的话语使得朱滔勃然大怒，气哼哼地说："你去告诉大王二哥，我身患热病暂时不能南回。为了救援魏博，寡人背叛国君，抛弃兄长。如果二哥要是执意不信任我，那就请好自为之吧！"

宋端给王武俊带来的是一个如同五雷轰顶的坏消息，因为失去朱滔的支持，王武俊根本就不是官军的对手，无边的怨气在王武俊的心中迅速堆积着。

建中四年（公元783年）六月，在微微炎热中，贾林带着李抱真的嘱托毅然决然地走向王武俊的大营。他不会想到自己这枚小小的棋子居然会在这场惨烈的博弈中发挥至关重要的作用。

"你是来投降的？"王武俊高傲地问。

"我不是来投降的，是奉诏而来！"

王武俊顿时脸色大变，追问道："你到底想干什么？"

"皇上知道您素来有归顺朝廷的意愿，只是一直没能等到合适的机会。皇上曾经痛心疾首地说：'以前的事都是朕的失误！'"

王武俊被他的话语深深地触动了，因为自从起兵以来，他深切地感受到跟随朱滔不可能有什么光明的前景，可他又没有再次归顺朝廷的勇气，因为他的身上有太多永远都难以抹去的历史污点。

---

① 治所位于今河北省河间市。

王武俊意味深长地说："我是个生性耿直的胡人，不忍看到生灵涂炭的局面。如果朝廷执意要打下去，即使打胜了，又有谁来守卫这片领土呢？我真心希望尽快结束这场战争，可是我已与各镇立下盟约。倘若皇上能够下诏赦免各镇的罪过，我自当第一个响应，归顺朝廷，上不辜负皇上，下不辜负同僚，不超过五十天，河朔地区便可重现和平了。"

贾林知道王武俊内心的天平已经开始有所倾斜了，而他这枚原本无足轻重的棋子居然真的可以搅动全局。

危机四伏的生死搏杀

虽然河北的战事仍旧处于胶着状态，可是官军的优势却逐渐显现出来。大唐各地为官军源源不断地运来粮食，为官军络绎不绝地输送兵员，而孤军深入的朱滔和王武俊的后勤保障却只得依赖田悦供给，这笔巨大的财政负担也压得田悦越来越力不从心。

正当胜利曙光初现的时候，有人却在伤痕累累的大唐的躯体上再撒了一把盐。这个让大唐痛不欲生的人就是李希烈。

李希烈与朱滔有着相似的蜕变轨迹。这既是因为道德崩溃的世风，更是因为大唐皇帝李适统御能力的低下。

忠臣与叛臣，守护者与毁灭者其实就在一念之间！

当河北打得不可开交的时候，身处许州①的李希烈却一直都在冷眼旁观，仿佛那些在河北战场上生死搏杀的大唐将领们跟他形同陌路，仿佛焦头烂额的大唐皇帝跟他素昧平生。

坐山观虎斗的李希烈一时之间成为各方政治势力竞相拉拢的目标，因为

———————————

① 治所位于今河南省许昌市。

他的政治导向在很大程度上左右着战局的走向。

李纳派人来了，朱滔派人来了，田悦派人来了，王武俊派人来了。这些人的使者带来同一个请求：您赶紧称帝吧！这颇有几分天下归心的景象，可是李希烈却并不是政治白痴，凡是贸然称帝的人几乎都没有什么好下场。

东汉末年，群雄并起，虽然每个人都怀揣着一个皇帝梦，可是每个人都刻意将自己粉饰成忠臣。只有那个不知天高地厚的袁术贸然称帝，沦为众矢之的，最终吐血而亡。

李希烈是理性的，但又是感性的。此时他的内心深处一直存在着两个声音，他既不敢冒天下之大不韪，但又按捺不住内心的躁动。李希烈最终并没有称帝，但他却不甘于仍旧做一个臣子。

建中三年（公元782年）十二月二十九日，李希烈自称天下都元帅、太尉、建兴王。这也标志着他彻底走向了另外一条道路。他在放手追寻心中所想的同时，也意味着要放弃现在的所有。

大唐漕运枢纽汴州处在李希烈和李纳的联合打击范围之内，因此大唐的财经官员们不再敢将朝廷的物资经汴州中转，而是经蔡水北上。

此时的李适仍旧希望李希烈能够悬崖勒马，可是那丝脆弱的希望最终还是破灭了。蓄谋已久的李希烈决定出手了，攻击目标就是曾经拥有却又无奈失去的战略要地汝州[1]。

守卫汝州的是汝州别驾李元平。个子矮小的李元平最大的体貌特征就是不长胡子。在普遍蓄须的唐代，这可是会遭到世人嘲笑的生理缺陷，估计是他体内的雄性荷尔蒙严重分泌不足，因为他接下来的表现太缺乏男子汉气概了。

李元平原本在湖南担任判官，可是对此他却并不满足。他的不安分或者说自信来自自己出众的能力。他不是特别能干，但是特别能说，其忽悠的水平绝对是超一流的，连宰相关播都被他给忽悠住了。

关播将擅于高谈阔论的李元平推荐给大唐皇帝李适。既然是宰相推荐的

---

[1]　治所位于今河南省汝州市。

人肯定得委以重任，李适当即提拔其为汝州别驾，别看只是个二把手，却实际履行着刺史的职权。

李适希望这位貌似深谙用兵之道的李元平可以成为阻止李希烈蚕食周边州县的坚固屏障。他到任后也的确在努力工作着，因为紧张的形势不容许他有丝毫的懈怠。

兵书上明白无误地写着"要防御先修城"。现在终于等到了理论联系实际的机会了，可是理论是死的，而实际却是千变万化的。修城需要招募工匠，而工匠的招募关系到这项基础建设能否保质保量地按期完成，也关系到汝州城的安危。他招募的工匠之中混入了数百名李希烈派来的奸细，而李元平居然对此毫无察觉。

建中四年（公元783年）正月十三日，李希烈派遣手下将领李克诚带领骑兵数百人悄悄来到汝州城下。那些混入城中的奸细们与城外叛军里应外合，轻而易举地攻下了汝州城，捆绑着李元平送到李希烈那里。

望着一脸杀气的李希烈，李元平居然吓得粪尿齐下，污臭满地。

李希烈骂道："那群宰相们真是瞎了眼，居然任用你这种人来抵挡我，真是太小看我李希烈了！"

李希烈的突然叛乱彻底打乱了李适的军事部署，因为此时他手中的筹码已经不多了。

望着满面愁容的皇帝，宰相卢杞忽然心生一计。

"陛下，李希烈不过是个年轻气盛而且居功自傲的将领。他之所以会走到这一步，完全是因受到身边人的怂恿。假如能够派出一位德高望重的大臣奉旨前去安抚，讲清逆为祸、顺为福的道理，李希烈定然能够洗心革面，幡然悔过。"

李适也觉得这不失为一个好计策，可是派谁去呢？

"颜真卿！他可是历经玄宗、肃宗、代宗以及我朝的四朝元老，忠厚耿直，刚正果决，名扬四海，可谓是出使淮西的不二人选！"卢杞早就看老臣颜真卿不顺眼了，只因正邪如同水火。

"好！朕即刻派其前往！"

这道让人大跌眼镜的诏书使得举朝震惊，因为谁都知道这可是一个有去无回的差事，也都知道这是一个借刀杀人的阴谋，唯独年轻气盛的李适被蒙在鼓里，因为老练的卢杞摸准了他的脾气，也看准了他的弱点。

白发苍苍的颜真卿无奈地离开了长安。其实他已经预感到自己恐怕再也无法回来了，可仍旧步履铿锵地奔向凶多吉少的前方。安史之乱时，他的哥哥颜杲卿用自己的鲜血诠释了对大唐的无限忠诚，如今轮到他了！

当颜真卿途经东都洛阳时，东都留守郑叔则拦住了他，关切地说："此行凶险莫测，不如暂且在洛阳小住几天，或许圣上会改变主意。"

颜真卿却坚定地说："不管前方等待我的将会是什么，我都会义无反顾走过去！"

风尘仆仆的颜真卿终于抵达许州①，那里是李希烈的地盘。颜真卿准备宣布诏旨时，被李希烈的一千多个养子团团围住，他们甚至拔出刀剑向颜真卿比画着，做出要将他碎尸万段的架势。

面无惧色的颜真卿脚不移动，脸不变色，因为他在来的路上已经做好了为大唐捐躯的准备。

李希烈知道这些小伎俩根本就吓不倒这个素来不屈不挠的老臣，急忙用自己的身体护住这位令人肃然起敬的老者，挥手呵斥那群人速速退下。

李希烈将颜真卿安置在馆舍之中，甚至还一度产生了放走颜真卿的想法，可是却因为一个人的一席话彻底打消了这个念头。

李希烈盛情宴请颜真卿，颜真卿突然发现兵败被俘的李元平居然也在座。颜真卿立即站起身，大声责骂他是个软骨头。羞愧难当的李元平自然没有脸再待下去了，可是他却实在咽不下这口恶气。

李元平私下里对李希烈说："绝对不能放颜真卿走！他走了将会成为我们最可怕的敌人，不如暂且将他扣在我们手里充当砝码！"

李元平谋事不怎么样，谋人却很有一套！

颜真卿这下走不了了，而且永远都走不了了。

李希烈此时还顾不上收拾颜真卿，因为朱滔、王武俊、田悦和李纳派来的使者一时间络绎不绝，而且都是在说同一件事：上表称臣，劝其称帝。

---

①　治所位于今河南省许昌市区。

使者们在李希烈面前居然行拜舞大礼，通常臣子在朝堂之上参拜君主时才会行拜舞礼。如今的皇帝李适还是雍王的时候，就曾因不肯向回纥可汗行拜舞大礼而遭受回纥人的种种羞辱。

李希烈特意叫来颜真卿，得意扬扬地说："如今，冀、魏、赵、齐四王均派遣使者前来拥戴我，看来识时务者多得是啊！"

颜真卿却不屑一顾地说："这四人分明是四凶，怎么能叫四王呢？你不愿做忠臣，反而与那些乱臣贼子们沆瀣一气，真是自取灭亡啊！"

怒火在李希烈心中熊熊燃烧着，可是残存的一丝理智却告诫他，一定要克制自己，保持镇静。

有一天，颜真卿与四王的使者一起参加宴会。四王的使者恭维道："早就听说太师德高望重，如今李都统即将称帝，这真是上天的恩赐啊！"

可那群使者们脸上的谄笑却迅速凝固了，他们恬不知耻的恭维换来的却是颜真卿愤怒的斥责声。

"你们知道有个痛骂安禄山而慷慨赴义的颜杲卿吗？他就是我的哥哥！如今我已经八十岁了，只知道恪守臣节而死，难道还会受你们的威逼利诱吗？"

碰了一鼻子灰的使者们不敢再说话了，也没脸再说话了。

感到颜面顿失的李希烈随即命十名全副武装的士卒将颜真卿押回馆舍，严加看守，而且还在庭院之中挖了一个大坑，声称要将他活埋。

颜真卿却神色安然地说："既然生死已定，何必再玩弄这些花样呢？还不如一剑砍死我，岂不是更痛快？"

李希烈终于知道，对于视死如归的颜真卿而言，死亡威胁没有任何意义。

关系帝国存亡的死结

建中四年（公元783年）正月二十一日，忍无可忍的大唐皇帝李适决定教训一下越来越过分的李希烈，可目前他手中的兵力又实在有限。经过一番权衡，他任命左龙武大将军哥舒曜为东都、汝州节度使前去讨伐李希烈，诏命各道一同进军。

《资治通鉴》记载："（哥舒曜）将凤翔、邠宁、泾原、奉天、好畤行营兵万余人讨（李）希烈。"可是朔方、邠宁节度使李怀光已经率领邠宁军在河北地区参战。哥舒曜率领的这支邠宁军又是哪支部队呢？凤翔与泾原部队似乎也没有出兵的迹象，《资治通鉴》的记载好像并不太可信。

事件亲历者所撰写的《奉天录》可能更可靠一些。"上命工部尚书兼右仆射哥舒曜总禁兵五万而讨之。"

哥舒曜出征时率领的部队应该是禁军主力神策军。神策军不同于一般的禁军，他们拥有自己的地盘。例如，凤翔镇境内的麟游和普润。哥舒曜率领的部队或许并不是凤翔、邠宁、泾原三镇的部队，而是驻屯在那里的神策军。

那他究竟带了多少人呢？《旧唐书·德宗本纪》和《新唐书·德宗本纪》都没有记载准确人数。《新唐书·哥舒曜列传》和《资治通鉴》都记载是一万人，可是《奉天录》记载的却是五万人。哥舒曜率领的到底是一万人还是五万人呢？一万人应该更可信一些，否则他也不至于会被李希烈率领的三万精兵包围在襄州，况且李适事前根本不会想到会陷入南、北两线作战的不利境地，因此朝廷此时不太可能一下子派得出五万神策军。

哥舒曜是一代名将哥舒翰的儿子，八岁时就受到玄宗皇帝李隆基的召见，破格提升为尚辇奉御。安史之乱时，哥舒曜跟随李光弼降安太清、救援宋州，屡立战功。他还曾任东都镇守兵马使，对东都洛阳周边地区较为熟悉。

临行前，李适亲切地说："令尊在开元时，朝廷无西忧；今日朕得卿，亦无东虑。"这既是李适对哥舒曜无上的褒奖，也是一种美好的期待，但现实往往是残酷的。

李适特地前往通化门为其饯行，可是牙旗的旗杆却突然间折断了。之前哥舒翰出兵时也遇到过类似情形，虽然当时持旗之人被斩杀，大军却终究难以逃脱覆亡的命运。如今这一幕却又重演了，在场之人无不为哥舒曜未来的前途命运感到担忧。

建中四年（公元783年）二月二十日，骁勇善战的哥舒曜光复汝州，一举擒获了李希烈任命的汝州刺史周晃。哥舒曜的东征之路是在凯歌声中开始的，这与他的父亲在潼关时的景象何其相似，"祸兮福之所倚，福兮祸之所伏"。

在哥舒曜大获全胜之际，与其南北呼应的江西节度使嗣曹王李皋也从南线发起了攻势。

李皋是唐太宗李世民第十四子曹王李明的玄孙。他的爵位是嗣曹王，与曹王是有区别的——一个是从一品的嗣王，一个是正一品的亲王。通常情况下，只有皇帝的叔伯、兄弟和儿子才会被封为亲王，亲王的儿子之中只能有一人承嫡，但却要降为嗣王，其他的儿子则只能被封为地位更低一等的郡王。

李皋此前是湖南观察使。他的前任辛京杲是个贪暴之人，正是对金钱的过度贪婪，他打上了部将王国良的主意。此时，王国良正镇守邵州武冈县，在当地有钱又有势。辛京杲便想借机将其治为死罪，然后趁机夺取他的万贯家财。惶恐不安的王国良散尽家财招募壮士，其中还有很多彪悍的蛮族子弟，扯起反旗，侵掠州县。朝廷征召数路大军前去征讨全都无疾而终。

李皋上任后并没有沿袭武力征讨的老路，而是给王国良写了一封亲笔信，言辞恳切地说："王将军，或许只有本王才会知晓你不得已走上反叛之路的苦衷，这一切都是被辛京杲逼的！对于辛京杲的狠辣，本王也是感同身受。如今圣上已然为本王昭雪，你为何还要负隅顽抗呢？虽说本王不会轻易对您大动刀兵，但还望王将军能够早些看清局势，否则可就后悔迟了！"

　　李皋所言并不假，他担任衡州①刺史时，湖南观察使辛京杲就曾利用他履职过程中的小过失对其进行政治迫害。那时虽然前途未卜，但他考虑得更多的并非是自己未来的命运，而是害怕母亲得知情况后会为儿子的处境而感到担忧。他一直刻意隐瞒着，离家时穿白衣，回家仍着官服，谈吐自然，面无异色。他从衡州刺史被贬为潮州②刺史时，骗母亲说自己将要升迁。

　　有着相似被贬遭遇的杨炎登上了相位，在杨炎的荐举之下，李皋才得以迁任衡州刺史，继而升任湖南观察使，直到此时，他才向母亲道出了实情。

　　接到这封出人意料的信，王国良被李皋情真意切的文字深深地打动了，随即派出使者请降，但内心深处却始终摇摆不定，这毕竟是一个性命攸关的抉择！

　　虽然王国良的态度尚不明朗，但李皋却已经启程了。很多人劝李皋不要贸然前往，担心其中可能会有诈，但李皋却执意前往，不愿错过这次化干戈为玉帛的机会。

　　李皋假扮成使者，只带了一名随从，走了五百里路，来到王国良的营前。

　　走进大营，李皋高声喝道："尔等认识曹王吗？我就是，尔等还不快快归降！"

　　军中将士全都惊愕万分地注视着这位不速之客。恰巧其中有一人真的认识李皋，大声说："这真的是曹王！"

　　王国良赶紧跑了出来，迎上去，跪拜谢罪。李皋拉着他的手，与其结为兄弟。王国良随即烧毁了军械，解散了人马。在李皋的力争之下，朝廷最终赦免了王国良，还特地赐给他一个新名字"王惟新"。正是李皋的忠肝义胆为王国良赢得了新生。

　　李皋不愧是皇室之中有胆有识、有勇有谋的难得的人才，正是看到这一点，李适才在战争一触即发之际将李皋从湖南调到了江西，寄希望于他能够抵御李希烈的蚕食，保卫长江的安宁。

———————————

① 治所位于今湖南省衡阳市。
② 治所位于今广东省潮州市。

李皋带着皇帝的嘱托前往江西赴任，此时的他已经愈加强烈地感受到山雨欲来风满楼。他刚刚到任就召集麾下将领和属下文吏，慷慨激昂地说："曾立下功劳而未能申报的，请站一列；胸怀锦绣才堪大任的，请站一列！"

就是通过这次特殊的见面方式，伊慎、王锷、马彝得以迅速进入李皋的视野之中。这些人成就了李皋，而李皋也成就了这些人。

李皋一边积蓄力量，一边密切关注着李希烈的一举一动。他仅仅到任两个月之后，李希烈就走上了与朝廷对抗的不归路，从未有过的考验和机遇同时摆在了他的面前。

大战悄然拉开了帷幕，李适特地将江西观察使升为江西节度使，江西此前还从未设立过节度使，这对于李皋而言，无疑是无上的荣耀！深受皇恩的李皋决意开创一番足以载入史册的丰功伟业。

可恰在此时，李皋倚重的大将伊慎却突然出事了！

当初平定梁崇义的时候，伊慎曾经率领江西兵参战。骁勇善战的伊慎曾经给李希烈留下了极为深刻的印象。李希烈担心伊慎会为李皋所用，于是派人给伊慎送去一套珍贵的甲胄，还模仿伊慎笔迹伪造了两人交往的书信，然后故意让朝廷知晓。李适得知此事后龙颜大怒，随即派遣中使前往江西前线斩杀伊慎。李皋却始终对伊慎深信不疑，竭力庇护。

恰巧淮西军在长江北岸列队集结，李皋当着中使的面对伊慎慷慨激昂地说："用你的实际行动来证明你对朝廷的无限忠诚。"

李皋将自己所乘的马匹和所穿的盔甲赐给伊慎，让他充当前锋，临阵杀敌。伊慎自然知道这一切都是李希烈的离间之计，带着满腔的怒火披挂上马，率兵迎敌，一战而斩首级三百余，而这却只是个开始，他即将跟随李皋前去建立不朽的功勋，而他也将从此拥有不一样的人生。

李皋麾下兵马分为两路，同时向长江对岸的淮西军发动了攻势，西路从鄂州向着沔州和黄州方向进攻，东路从江州向着蕲州方向进攻。

西路军顺利渡过长江，收复了原属于沔州之地。朝廷当即决定恢复被李希烈废置两年之久的沔州，将其作为反攻江北的大本营。西路军击溃淮西将领陈质率领的部队，于三月十四日攻克黄州。

淮西军在地形险要的蔡山竖起栅垒，易守难攻。李皋亲率水军，声称西取黄州，带领水军沿长江北上，淮西军尾随着官军，既不敢贸然应战，又不愿轻易放弃。当离开蔡山三百余里的时候，李皋突然命手下人调转船头，顺流而下，急攻蔡山。猝不及防的蔡山守军很快就被击溃，而尾随官军的淮西水军也救援不及。

李皋曾发明了一种"桨轮船"，不同于人工划桨的木船和风力推动的帆船，这种船的舷侧或艉部装上带有桨叶的桨轮，靠人力踩动桨轮轴，使轮周上的桨叶拨水推动船体前进，这也成为最初的"轮船"。

蔡山一失，长江天堑顿失，李皋带领部队顺利登岸。三月初一，李皋部与淮西将领韩霜露在黄梅遭遇。彪悍的伊慎亲手斩杀了韩霜露，随即直逼蕲州治所蕲春县。当时蕲州的守将是李良，虽然他被李希烈任命为蕲州刺史，貌似委以重任，实则借机将其外放，李良对此心知肚明。在大兵压境之际，李良不得不重新思考未来的人生之路。

经过一番权衡，李良派遣堂弟前去拜见皇室贵胄李皋。面对李良主动抛过来的橄榄枝，李皋自然是喜出望外，频频向李良示好。李良这才下定决心踏上归顺之路，带领老少两万余口向李皋投诚。

李皋一口气收复了蕲州、黄州、沔州三州，使得江南的官军得以在江北立足，不仅使得江南之地免遭生灵涂炭，而且极大地压缩了李希烈的战略空间。

在李皋的举荐之下，伊慎成为蕲州刺史，王锷成为江州刺史。虽然此时江州名义上仍旧归属镇江节度使韩滉管辖，但为了战事需要，其实际控制权却在李皋手中，到了贞元四年（公元788年）才正式归属江西管辖。

各路官军捷报频传，屡奏凯歌，李希烈的处境也变得日趋艰难，他手下的将领们也发生了严重分裂。淮西都虞侯周曾、淮西镇遏兵马使王玢、押牙姚憺和韦清暗中结成了反对李希烈的统一战线，向朝廷秘密表达了归降之意。

李希烈派遣周曾与康秀琳带领三万兵马前去攻打哥舒曜。周曾决定利用这次千载难逢的机会秘密回军袭杀李希烈，而王玢、姚憺与韦清可以充当他的内应。事成之后，他们决定拥戴颜真卿为淮西节度使。

可李希烈在军中有无孔不入的影响力，周曾等人的阴谋自然也没能逃过李希烈的眼睛。

情急之下，别将李克诚带领三千骡军前去偷袭周曾。周曾、王玢、姚憺及其同党全都死于这场血腥的屠杀，唯独韦清幸免于难。韦清却一直过着惶恐不安的日子，因为他觉得虽然周曾等人至死都没有供出自己，可是世上没有不透风的墙。他决定离开这里，但他必须给自己找一个冠冕堂皇的理由，否则不但逃不了，而且还会暴露自己。

李希烈一直苦苦等待着朱滔的援兵，韦清主动请缨，愿意前去劝说朱滔早日出兵。李希烈欣然同意了，可是他不但没能等来救兵，反而等来了一个令他震惊的消息：韦清投靠宣武节度使刘玄佐了。

一系列的突发事件使得李希烈陷入巨大的惶恐不安之中，决定与朝廷和解。李希烈将一切罪行都推到死人周曾身上，诉说着自己的种种无奈和苦楚，他恳请朝廷能够给他改过自新的机会。为了表示诚意，他领兵从许州返回蔡州①，而且还改善了朝廷使者颜真卿的生活条件。

这对于李适而言无疑是一个天赐良机，如若处理得当可以暂时将误入歧途的李希烈拉回来，可他却觉得这不过是李希烈的缓兵之计，放荡不羁的李希烈绝对不会再心甘情愿地俯首称臣。即便真的如此，李适也可以暂时安抚住他，为自己赢得时间。

可意气用事的李适却拒不赦免李希烈，执意要将其逼上死路。他下诏说，不管是谁，只要将李希烈斩首，均重重地赏赐。如果是四品官，就可以直接得到李希烈如今的职位；如果是五品以下官员，则赐实邑五百户，也就是可以享受这五百户上交的赋税；如果是平民，免除三年的徭役。

既然已经无法回头，李希烈索性就沿着当前的反叛之路坚定地走下去。

三月二十日，李希烈与荆南节度使张伯仪在安州②展开激战。张伯仪曾在名将李光弼麾下效力，虽然目不识丁，却因待人真诚而深受部下爱戴。他曾在平定袁晁义军的战役中功居第一，此后长期在江南任职，直至升任荆南节度使，但此时的张伯仪却没有了往昔的英武之气，反而多了几分暮气。

---

① 治所位于今河南省驻马店市汝南县。
② 治所位于今湖北省安陆市。

荆南军遭遇了一场前所未有的惨败。张伯仪"仅以身免"，居然连代表着节度使身份的旌节都弄丢了。张伯仪可谓是颜面扫地，威信扫地，好在他的妻子帮他度过了人生之中最为艰难的这段日子，不仅一直安慰勉励他，还毅然决然地拿出家中的财物送给那些死里逃生回来的溃兵，这才避免了一场兵变。

李希烈叫人将张伯仪的旌节拿给颜真卿看。这是赤裸裸的炫耀，也是赤裸裸的威胁。

颜真卿顿时就扑在地上痛哭不止，以至于"绝而复苏，自是不复与人言"[①]。颜真卿因悲痛过度而暂时失去了语言功能。

仗打到此时，李适已然面对一个前所未有的危局。李适的父亲李豫在位时一直奉行"以藩镇抗衡藩镇"的政策，不愿轻易动用嫡系禁军。虽然这种策略较为稳妥，但弊端却渐渐显现，那些拥兵自重的节度使们为了保存实力，往往并不能够坚决地贯彻朝廷的方针政策，讨伐行动往往是虎头蛇尾，甚至是不了了之。

李适继位后寄希望于嫡系部队神策军的出战能够彻底地扭转战局，可随着南、北两个战场的同时开辟，先后有四支禁军部队奔赴前线，形成了"神策军皆临贼境"的危险局面。

河北战事刚起的时候，李适曾经派遣阳惠元率领三千神策军开赴战场，但这是一支没有独立成军的先锋部队。阳惠元曾在平卢镇效力，后追随李忠臣南征北战，因其忠勇而又多谋略著称于世，于是被调入神策军。阳惠元率领的这支神策军讨伐田悦，激战御河，夺取三桥，战功卓著，后来隶属于李怀光。

神策先锋都知兵马使李晟很快又率领神策军主力部队奔赴河北。这是一支独立建制的部队，而且此时李适的注意力还仅限于河北。虽然史书对于这支部队缺乏更详细的记载，但李晟统率的这支部队无疑是四支参战的神策军中数量最多的，也是战斗力最强的。

哥舒曜率领的那支禁军离开后，京城的防守也变得空前薄弱。神策军主

---

① （北宋）司马光主编：《资治通鉴·卷二百二十八》，改革出版社1995年版，第4845页。

力走了，老牌禁军六军，也就是左右羽林、左右龙武、左右神武已渐渐沦为皇帝仪仗队，充充门面而已，毫无战斗力可言。

怎么办？招兵买马！神策军使白志贞出任京城召募使，招收适龄人员应征入伍。白志贞这个禁军统领是文官出身，他曾在名将李光弼麾下效力，因足智多谋而受到李光弼的器重。当然他最大的本事是善于揣测领导意图，也正是因为这一点，李适才有些出人意料地让他这个司农卿去掌管禁军。虽然这是基于皇帝对他的信任，他也一直很听话，但不到最后一刻，李适意识不到这项人事任免对于自己而言到底是福还是祸！

不打仗的时候，谁都愿意去当禁军，不仅可以免去杂役，即使干点儿违法的事，地方官也总是睁一只眼闭一只眼，可如果真要上战场了，大家却又都胆怯了，因为那可是要以命相搏啊！

神策军始终都无法有效增员，这可急坏了白志贞。担任端王傅的吴仲孺是郭子仪的女婿。他长期受岳父忠君爱国思想的浸染，主动上表请求让自己的子弟和家奴从军，这让焦头烂额的白志贞似乎看到了希望。

凡是曾经担任过节度使、观察使、都团练使的省部级官员（无论在世的还是去世的）的子弟都必须要带着奴仆与马匹并且自备衣物参军，虽然朝廷会破格授予他们五品官，可是这些平日里养尊处优的公子哥谁也不愿拿命去换官。

强征入伍的对象并不限于"官二代"，迅速推广到普通百姓。前去参军不仅会耽误谋生的工作，而且还必须事先购置打仗用的衣物。"贫者甚苦之，人心始摇"[①]，人心思变往往成为大变乱的前兆。

李适也知道哥舒曜部的实力毕竟有限，平定李希烈还必须依靠当地实力派，于是让永平、宣武、河阳都统李勉出任淮西招讨使，哥舒曜担任李勉的副手。那个连旌节都弄丢了的荆南节度使张伯仪为淮西应援招讨使，山南东道节度使贾耽、江西节度使嗣曹王李皋为淮西应援招讨副使。

急于结束战争的李适一再督促哥舒曜迅速进军。或许是宿命，哥舒曜也同父亲一样迫于君主的巨大压力而违心行事，也同样会为此而付出惨重的代

---

① （北宋）司马光主编：《资治通鉴·卷二百二十八》，改革出版社1995年版，第4847页。

价，不仅将改变自己的命运，也将改变整个大唐的命运。

哥舒曜抵达颍桥①时遇到大雨，只得回军防守襄城②。襄城成为哥舒曜一生都难以抹去的阴影，因为在襄城战斗的那段日子成为他军事生涯之中最为不堪回首的岁月。

八月初二，李希烈率领三万精兵将哥舒曜团团包围在襄城，这也标志着唐军的战略优势彻底地丧失殆尽，而襄城之围也成为将大唐拖入万劫不复深渊的死结。

尽管如此，李适只要能够借助潜藏的"机遇"渡过这场"危难"，这场危机或许还会变成一次新的契机。

焦头烂额的李适拿出了自己最后一点本钱。神策军将领刘德信率领第四支神策军奔赴前线。关于这支部队的数量众说纷纭，《资治通鉴》记载的是三千将士；《奉天录》的记载却多达十万人，这个数字肯定偏高，估计是在流传过程中误加了一个"十"字。一万人左右的规模是较为合理的。

那么《资治通鉴》记载的"三千"又是从何而来呢？刘德信本部兵马可能是三千人，基本上是由"官二代"构成。与刘德信一同前去的还有高秉哲部，这支部队可能大概有七千人，不过高秉哲部在战争中因几乎没有什么作为而被历史所遗忘。

与李晟和哥舒曜率领的那两支禁军部队相比，刘德信率领的这支公子哥部队的战斗力并不强。李适自然知道光凭这点军队肯定解不了襄城之围，而他执意要派出禁军参战其实是想向那些手握兵权的节度使们传递一个强烈的信号：解围是当前的头等大事，压倒一切。

李适之所以寝食难安是因为被围在襄城的是他的命根子神策军。如果要是换成另外一支部队，李适或许并不会如此着急上火，可是往往"欲速则不达"，此时已方寸大乱的李适就因为自己太过急切不仅没能解除襄城之围，反而将自己置于极其危险的境地。

接到皇帝的诏令，淮西招讨使李勉派遣将领唐汉臣领兵一万人与神策军

―――――――――――――――

① 治所位于今河南省许昌市襄城县东北。
② 治所位于今河南省许昌市襄城县。

刘德信部会合后前去援救襄城。

九月十二日，官军与淮西军在沪涧①刚一交战便惨遭败绩，但淮西悍将李克诚才刚刚露出自己狰狞的面目。

其实这次失利却并不是一件坏事，反而促使李勉深刻反思目前的处境，想出了一招"围魏救赵"的妙计。

如今李希烈亲率精兵围困襄城，而他的大后方许州必然空虚，如果趁机攻打许州，那么襄城之围自然也就可以迎刃而解。由于战事紧张，李勉还未得到皇帝批准便匆匆派遣刘德信、唐汉臣两位将领带兵偷袭许州。

如果这个计划最终能够坚决地得以贯彻，那么历史很可能会被改写，可是这个计划却遭到了阻挠。唐军刚刚走出几十里地便接到朝廷使臣带来的圣旨，两位将领只得灰头土脸地往回走，因为皇帝的无知和愚钝让他们感到灰心和愤懑。

这么好的计划，皇帝为什么不同意呢？这个问题一直困扰着这两位将领和他们率领的这支部队，以至于他们忘记了这里是战场，忘记了危险随时会到来。

没有人去侦察敌情，也没有人去负责警戒，只是低着头无精打采地往回走，悔恨错过了一次千载难逢的建功立业的好机会。人在极度失落或者极度亢奋的时候往往是最为脆弱的，因为那时情感会渐渐吞噬理智。

就是这短短的几十里路，很多人却没能走到尽头，因为就在他们灰心丧气的时候，一个危险敌人却突然露出了狰狞的面目。

刚刚给予官军重创的李克诚此时正在暗地里密切地关注着他们的一举一动，为他们准备了一场暴风骤雨般的葬礼。

当唐军缓缓进入叛军包围圈的时候，从天而降的淮西军突然杀到了他们的面前。这是一场不对等的战争，战争的一方因为错过一场预期的战争而悔恨，因为遇到了一场意外的战争而慌乱。

刘德信和唐汉臣手下的将士死伤大半，元气大伤。唐汉臣逃往汴州，刘德信逃往汝州，李希烈派出的流动哨已经劫掠到了与东都洛阳近在咫尺的

---

① 治所位于今河南省平顶山市郏县西四十里。

伊阙①。

由于河南地区的形势刹那间变得异常紧张，李勉不得不在兵力极为短缺的情况下派出将领李坚带领四千人协助防守东都洛阳，而李希烈却派兵截断了李坚部的后路，使得他们难以返回本镇。一蹶不振的李勉再也无力对李希烈发起有效的攻势，"汴军由是不振，襄城益危"②。

虽然李适调动了几乎所有能够调动的军队，可是襄城之围却不仅未能解除，反而使战场形势急剧恶化了。

忧心忡忡的李适发布了一道令他痛断肝肠的命令：泾原节度使姚令言火速率领五千精兵前去援救襄城。

正是这支部队将饱受动乱折磨的大唐拖入更加痛苦的深渊，这究竟是一支什么样的部队呢？

---

① 唐代洛阳附近有两个伊阙：一个是县名，因境内伊阙山而得名，治所在今河南伊川西南；另一个是地名，位于今河南洛阳市区南约2公里处的龙门，两山对峙，伊水中流，如天然门阙，故曰伊阙。史书中所言"伊阙"应为距离洛阳稍远一些的伊阙县。
② （北宋）司马光主编：《资治通鉴·卷二百二十八》，改革出版社1995年版，第4852页。

第四章

惊恐与仓皇间的逃亡

叛乱频发的骄横之师

安史之乱爆发后，安西、北庭两镇的精锐士卒基本都被征调到中原参与平叛之战。安西将领李嗣业被紧急任命为安西、北庭行营节度使，他所率领的安西兵在前往中原过程中"威令肃然，所过郡县，秋毫不犯"①。

可八年的安史之乱却彻底改变了这支能征惯战而又纪律严明的队伍。李嗣业战死沙场后，继任的节度使荔非元礼就死于一场兵变，从那时开始，兵变就犹如一个挥之不去的梦魇始终纠缠着历任节度使。

曾经担任李嗣业先锋将的龟兹国王子白孝德被将士们推举为新任节度使，可是他所接管的却是一支日益骄狂的部队。

安史之乱平息后，改任邠宁节度使的白孝德率领这支部队从中原调防西北。对于那些曾在中原浴血奋战的将士而言，他们或许再也没有机会再回来了，要面对的将是荒凉而又苍茫的戈壁。将士们通过劫掠来宣泄心中的不满，甚至连节度使白孝德都管不了，可是邠宁支度、营田副使段秀实却勇敢地站了出来，安抚了部众，稳定了军心。

安西北庭行营的将士们被安置在邠州②，位于抵抗吐蕃入侵的最前沿。惨烈的战争和恶劣的环境日渐侵蚀着这支部队的意志，也动摇着他们的信念。

大历元年（公元766年），白孝德离开邠州入京任职，彻底告别了那段激情燃烧的岁月，在平静如水的生活中度过了人生最后的那段岁月。也许是魂牵梦绕的大唐让他太难以割舍，即使父亲去世后，他都没有返回故国继承王位，而是选择继续留下来。

马璘接替白孝德出任邠宁节度使、安西北庭行营节度使。安西北庭行营的指挥权终于从安西派军人手中转移到了北庭系军人手中，可马璘却无法有

① （后晋）刘昫等纂：《旧唐书·卷一百九·李嗣业传》，汉语大词典出版社2004年全译本，2732页。
② 治所位于今陕西省彬州市。

效阻止吐蕃人的频频入侵。朝廷于大历三年（公元768年）将原属邠宁节度使管辖的邠州、宁州、庆州三州划归德高望重的朔方节度使郭子仪管辖。

马璘的新职务是泾原节度使，安西北庭行营将士们被迫迁徙到土地更为贫瘠的泾州①。本来从繁华的中原调到荒凉的西北，这帮日益骄横的将士就感到极为不满，不仅生活质量下降了，而且还必须时刻准备着战斗。如今刚刚适应了邠州的生活，却又被迫迁往环境更为恶劣、战斗更为残酷的泾州！

正当军心动摇之际，刀斧将王童之企图发动叛乱，并且约定以打更鼓声为号令起事。段秀实得知王童之的阴谋后将打更人召来，而此时还尚不知情的打更人成为粉碎这场潜在叛变的关键人物。段秀实面带怒色，斥责打更人报时不准，告诫他说："每一更铜漏滴完了，务必前来报告。"打更人见长官动怒了，每一更铜漏滴完后都乖乖地向段秀实报告，而段秀实每次都刻意耽误几刻，四更刚刚打完，天就亮了。王童之密谋的叛乱就因为报时不准而胎死腹中。

懊恼不已的王童之决定晚上火烧草料场，约定火起为号。半夜时分，大火果然映红了半边天，但段秀实却严令："胆敢救火者斩！"王童之原本驻扎在外营，请求进来救火，自然被段秀实严词拒绝。一场以救火为名的叛乱也被段秀实消弭于无形之中。

次日，段秀实逮捕了王童之，连同他的同党八人（《旧唐书》说十余人）一同斩首示众。段秀实下令说："胆敢推迟迁移者灭族！"这支部队就这样迁到了泾州。

大历十二年（公元777年），马璘病重卧床不起，段秀实临时主持军政事务。段秀实命部将张羽飞分兵警戒，随时应对一切可能的突发事件。

十二月十三日，戎马一生的马璘与世长辞，泾州城内弥漫着哀伤的气氛，在权力更迭的关键时刻，暗流涌动，军心不稳。

段秀实却沉着应对，调度有方，命押牙马頔在府内办理丧事，李汉惠在府外接待宾客，马璘的妻妾子孙位居堂中，宗族父老位居庭内，高级将领位居堂前，衙内亲兵在营中吊唁，城中百姓在家中哀悼。吊唁哭拜必须严格遵

---

① 治所位于今甘肃省平凉市泾川县。

守仪式和礼节，严格限定护送灵柩出丧的人员范围和数量，其他人不得随意进出城，违者依军法处置。治丧期间，聚众滋事或者密谋不轨者即刻逮捕关进监狱。都虞侯史廷干、兵马使崔珍、十将张景华原本想着要在治丧期间举兵作乱，见无机可乘便只能作罢。

丧礼结束后，段秀实开始逐一清除那些危险人物，但他却没有通过杀戮的方式。他奏报朝廷准许史廷干入朝宿卫，将崔珍和张景华外调其他州县。

段秀实不杀一人，凭借自己的威望迅速稳定了形势，安抚了人心，稳住了军队。他之所以会令将士们畏服是因为他是一个清廉的官，一个节俭的官，一个严于律己的官，一个宽以待人的官。生性淡泊的段秀实家中没有姬妾，没有余财，即使因公事聚会，也拒绝喝酒，抵制歌舞。

为了抵御吐蕃的入侵，宰相杨炎主张重新修筑废弃多年的原州城，并将这个艰巨的任务交给了段秀实他们。

段秀实意识到这个有些不近人情的命令很可能会引发军中的骚乱。从富庶的中原到荒凉的邠州，再到更加荒凉的泾州，如今又要迁到废置多年并且已经被黄沙侵蚀的原州城。他们已经为大唐付出了太多太多，不仅要应对惨烈的战争，还要承担繁重的劳作，况且如今刚刚完成春耕，还来不及收获便突然离去。这的确会让手下的那帮弟兄们想不开。

颇为自负的宰相杨炎却根本听不进任何解释，随即免去了段秀实泾原节度使的职务，让他进京担任司农卿这样的闲职。

移驻原州故地的消息犹如一颗威力巨大的炸弹在军营中迅速炸响了，而且更让他们无法接受的是素来以治军严厉著称的李怀光即将成为他们的新长官。他们愤懑地说："如今我们在泾州的位子还没坐热，又被朝廷扔到塞外去。我辈到底犯了什么罪，以至于朝廷非要如此对待我们？"

建中元年（公元780年）四月初一，泾原将领刘文喜趁军心动摇之际突然起兵占据泾州，言辞激烈地说："要么派段秀实来，要么派朱泚来。"

德宗李适无奈之下只得任命朱泚为新任的安西北庭行营节度使、泾原节度使。他以为朱泚的到来会化干戈为玉帛，可让他没有想到的是，这成了日后最让他后悔不已的决定。

其实这不过是刘文喜的缓兵之计。走上不归路的刘文喜此时已经不愿接受任何人的领导，因为他自己想要成为领导。忍无可忍的李适只得命朱泚和李怀光前去讨伐他，还特意命神策军使张巨济带领两千禁军前去协助。

官军将刘文喜包围在泾州，堵塞了出入泾州的通道，可是却并不急于攻城。

当时正值天旱，征发粮草和输送给养遇到了极大困难，朝野内外一时间骚动不安。官员们纷纷上书请求赦免刘文喜，以便使疲乏困顿的百姓得以休养生息。

李适却愤愤不平地说："连个小小的忤逆之臣都不能铲除，何以号令全国？"李适懂得坚持，所以他比他的父亲更有魄力，可是他却不懂得变通，因此他比父亲更为冒进，不过这一次他的坚持奏效了！

焦虑不安的刘文喜让部将刘海宾入朝游说。早在李适还是藩王的时候，刘海宾就曾是他的部下。

刘海宾献言道："如果陛下授予刘文喜节度使之位，那么他必然会放松对朝廷的警惕，到时我们自然会趁机铲除他！"

毫不妥协的李适断然拒绝了刘海宾，因为朝廷过去太迁就那些桀骜不驯的武将了。他高傲地说："你先回去吧！告诉刘文喜抵抗到底死路一条！"

刘海宾带着遗憾回去了。这次会面让他强烈地感受到皇帝的坚定，也感受到皇帝的决绝。

如今刘文喜唯一可以依赖的恐怕只有吐蕃人了，可是随着吐蕃与大唐关系的日渐缓和，吐蕃人也不愿意为了刘文喜再次与大唐为敌，否则两国之前为了实现和解而做出的种种努力都将化为泡影了。

在朝廷强大的武力威慑之下，刘海宾与诸将于五月二十七日起兵杀死刘文喜，并将他的头颅传送京城。抵御吐蕃人侵蚀的战略枢纽原州城终究没能修成，但这场变乱却暂时画上了一个句号。

刘文喜之乱平定后，朱泚便返回凤翔，继续担任凤翔、陇右节度使。他虽然曾经担任过泾原节度使，可是却并没有实际履职。舒王李谊暂时遥领了一段时间泾原节度大使后，姚令言成为新任节度使。

李适为什么要征调这样一支叛乱频发的军队前去解襄城之围呢？一种可

能是实在没有其他部队可以派往前线；另一种可能是要让这支不安分的部队前去充当炮灰。

震惊帝国的惊天巨变

泾原节度使姚令言率领五千将士冒着淅淅沥沥的秋雨开拔了。将士们此时仍旧穿着单衣，萧瑟的雨水打湿了他们的衣服，一阵比一阵猛烈的寒冷向他们袭来。

建中四年（公元783年）十月初二，繁华的京城长安逐渐进入了他们的视野，部队中不禁爆发出一阵阵热烈的欢呼声。因为他们觉得帝国皇帝和都城百姓肯定会热情地款待即将开赴前线的他们，可他们却失望了，这里没有鲜花，没有掌声，没有欢送的人群，也没有丰厚的赏赐，只有一些粗茶淡饭。

"我们这一去能不能回来还是个未知数，你们怎能如此对待我们！"一股强烈的怒火在泾原将士们心中熊熊燃烧起来。

十月初三，京兆尹奉命前去犒劳泾原将士，可是他却想不到自己居然会亲手点燃这只火药桶。

望着京兆尹送来的粗米饭和菜饼，将士们心中的愤怒再也按捺不住了。他们踢翻了京兆尹送来的犒劳品，大声嚷道："我们将要提着脑袋去上战场，如今却连口饱饭都吃不上，这也太不值了！听说皇上琼林、大盈两个内库里金银锦帛装得满满的。既然你们不给，那么我们就亲自去取！"

众人急忙穿上铠甲，举起旗帜，擂鼓呐喊，浩浩荡荡地杀奔长安城。

此时节度使姚令言正入宫向李适辞行。正当两人亲切交谈之际，一名宦官却慌慌张张地跑进来，大声呼喊："大事不好了！泾原兵哗变了！"

这个突如其来的消息使得大殿内的空气顿时凝固了！

姚令言急忙起身离开。望着姚令言匆匆远去的背影，此时的李适还没想到局势居然会恶化到难以控制的地步。

姚令言乘马疾驰到长乐坂。他与哗变的部下相遇了，他本想用自己的威严来压制那些叛乱的士兵，可是他却很快发现这不过是一个不切实际的幻想。

被愤怒冲昏头脑的士兵们已经彻底失控了，任何人也阻挡不了他们抢掠金银财宝的步伐。他们甚至肆无忌惮地向自己的长官姚令言放箭，姚令言急忙趴在马背上，箭镞带着冷风从他的身边划过。

姚令言仍旧没有放弃，而是继续策马来到士兵中间，大声呼喊道："诸位打错了主意！这次东征是一个千载难逢的立功机会。难道你们还愁得不到富贵吗？怎么能干出这种满门抄斩的事情呢？"

将士们根本就听不进他的任何劝告，因为他们知道立功是用命来换富贵，而兵变也是用命来换财宝，两者都是以命相搏，立功遥遥无期，而国库如今就在他们眼前。

将士们拿起刀枪将自己的长官姚令言劫持了，闪着寒光的刀刃让姚令言真切地感受到了死亡的威胁。他没有挣扎，也没有反抗，而是在部下的胁迫之下一步步走向长安城。他感觉这段短短的路程居然走了好久，因为这一路走来，忠诚逐渐离他而去，信仰逐渐离他而去，而他也将彻底地完成从忠臣到逆臣的蜕变。

尽管姚令言有些不情愿，可是却不得不随波逐流，因为没有什么比命更重要。

顿感事态严峻的李适急忙命令中使赏赐给每名泾原将士两匹锦帛。

"就给这么点东西！这是什么混蛋皇帝！见鬼去吧！"愤怒的将士们用箭射死了中使。

李适的挽救措施不仅没有收到效果，反而有些火上浇油的意味，可李适却仍未放弃努力，继续派出中使前去安抚躁动的将士。

一个中使与乱兵在通化门相遇了，还来不及说话便被乱刀砍死。

李适终于决定拿出二十车金银锦帛准备赐给乱兵，可是却为时已晚！

进入城中的乱兵们已经肆意抢掠。惊慌失措的百姓们四散奔逃，乱兵大声喊叫道："你们不必恐慌！我们是来解救你们的，从此之后再也不会有人来夺取你们商货典当的利钱了，再也不会有人向你们征缴间架税和除陌钱了！"

哗变的泾原兵在丹凤门外整齐地排列着，犹如接受检阅的受阅部队。普王李谊与翰林学士姜公辅硬着头皮出面劝慰乱兵，此时有数以万计长安百姓聚集围观。

"弟兄们好！"

"要是好，我们能造反吗？"

"弟兄们辛苦了！"

"心不苦命苦！"

事到如今，赶紧征召禁军护驾呀！

征召了，可是却没有人来，真没来！

神策军使白志贞主持招募禁兵，对东征死亡的兵员一概隐瞒不报，但凡收受市井商贾富人的贿赂，便将其补为兵员。这些人名字虽然被写在军籍里，也享受着供给与赏赐，却仍然住在商肆之中贩卖货物。

司农卿段秀实早就察觉到这个隐患，上奏道："如今禁军将士严重缺员，一旦遭遇变乱陛下可就危险了！"

"哼！杞人忧天！"李适心中暗暗地说道。此时李适的心中对段秀实充斥着不屑，也充斥着鄙夷，可自食恶果的李适很快就意识到最应该受到鄙夷的人其实是他自己，而不是段秀实，因为段秀实太有预见性了。

此时的大唐皇帝李适彻底地沦为了孤家寡人，乱兵的喊杀声越来越近了。

跑吧！因为没有人可以为他抵御那群穷凶极恶的乱兵！虽然李适贵为大唐皇帝，可是他对于流亡生涯却并不陌生，因为命运多舛的他此前曾经有过两次类似的经历。

第一次是因为安史之乱，那时的他跟着曾祖父李隆基和祖父李亨急匆匆地踏上了漫漫逃亡路。十五岁的他仿佛一下子就成熟了许多，因为他深刻体会到世态炎凉和人生沉浮——从锦衣玉食到食不果腹，从身居宫殿到居无定所，从万众敬仰到受人鄙夷。

第二次是因为吐蕃入侵，那时的他跟随父亲李豫踏上了茫茫逃亡路。二十二岁的他仿佛一下子沧桑了许多，因为他深刻地体会到险恶的政治生态是弱肉强食的"零和博弈"，要么成为强者，要么成为强者的猎物。

如今他已经四十二岁了，而逃亡就如同噩梦般的轮回再次降临到他的头上，而且这次又是如此狼狈，如此不堪！

李适带着妃子、太子、诸王以及唐安公主等人从宫苑北门仓皇出逃。此时跟随在他身边的藩王和公主也只是十分之一二，这也就意味着他很可能要与那些来不及跟着他逃走的兄弟姐妹们以及儿女们彻底地告别了。

李适心头的悲伤可想而知，可他没有时间感伤，因为他自己未来的命运都还是个未知数！

尽管李适的逃亡之旅异常慌乱，可是他却没有忘记带一样东西：传国玉玺。王贵妃将这枚象征着至高无上权力的玉玺紧紧地裹在衣服里。

李适看了一眼身边的逃亡队伍，不禁留下了辛酸的泪水。原本负责保卫自己安全的禁军此时此刻却消失得无影无踪，只有两个贴身宦官窦文场、霍仙鸣带着一百多个宦官保护着他。这两个宦官早在他还是太子的时候便侍奉在他的身边，如今他们却成为值得李适信赖的为数不多的几个人。

正当李适仓皇逃亡的时候，翰林学士姜公辅急急火火地追上了他。姜公辅之所以追来并不是害怕自己被落下，而是担心李适跑了。

姜公辅一把拉住李适坐骑的缰绳，告诉李适还有一件重要的事没有做，那就是如何处置朱泚。

要么杀了他，要么带着他一起逃亡，否则贻害无穷！

姜公辅为什么唯独对朱泚如此牵肠挂肚呢？太尉朱泚因遭到弟弟幽州节度使朱滔的算计而受到牵连。他被削去兵权后一直郁郁寡欢，关键是他曾经担任过泾原节度使，一旦他和那些泾原乱军走到了一起，那么这场自发的变乱便会演变为有组织的叛乱。

"来不及了！"无限的恐慌此时此刻已经占据了李适的整个心灵，理智全都被惊慌失措侵蚀了。他急切地渴望离开这个是非之地，不肯多停留一刻钟。他将在不久的未来品尝到自己亲手植下的恶果带给他的苦涩，可到时一切都晚了！

当夜幕降临的时候，李适一行人来到了咸阳。此时他忽然想起了一件往事。

那是三年之前，术士桑道茂曾经神秘兮兮地对他说，在数年之内，陛下便会有暂离宫廷的危难。微臣望见奉天①有天子气，应当将奉天城建得更高、更坚固。

李适居然信了桑道茂那些不着边际的话，征发京城的民夫和六军士兵重修奉天城。如今却真的应验了！

李适毅然决然地前往奉天城，而那里也的确是他的福地。他在那里顽强地活了下来，可是那段日子却成为最令他痛心疾首的岁月。

奉天县的官员们听说皇上的车驾突然到来，不仅没有出城迎接，反而要逃到山谷之中躲藏起来。

奉天县主簿苏弁出面制止了企图四散奔逃的同僚们，高喊："谁也别想走，食朝廷俸禄就应该为朝廷分忧！"

绝大多数官员留了下来，李适也终于有了一块栖身之地。

虽然文臣武将们陆陆续续前来奉天投奔，可是他却仍旧过得惶惶不可终日，因为这个小小的县城让他很没有安全感。

就在大唐生死存亡之际，宰相卢杞想的依旧是个人恩怨，而这次被卢杞所算计的崔宁自然凶多吉少了。

李适逃到奉天数日之后，崔宁才姗姗来迟。李适对于他的到来甚是欣喜，在他看来此时能够历经千难万险来到这里追随自己的都是忠臣。崔宁曾经在私底下对亲信们说："圣上聪明英迈，从善如流，只可惜被卢杞所迷惑蒙蔽才沦落到如今这般田地。"

卢杞听闻崔宁的这番话后对其恨之入骨，于是暗中与王翃商议如何将其除掉，王翃也恰恰与崔宁一同逃来奉天。

泾原兵作乱那晚，王翃与崔宁、御史大夫于顾都出延平门向西走，可崔宁却屡次下马小便，而且每次时间都很长。王翃见状大声喊道："既然已经走到了这里，就不必再观望了！"王翃对这番经历进行了一番添油加醋后上

① 治所位于今陕西省咸阳市乾县。

报李适，李适自然对崔宁心生芥蒂。

卢杞知道这还远远不够。恰巧朱泚使出反间计，任命崔宁为中书令。崔宁手下的掌书记康湛此时正巧担任鄠屋县县尉，王翃逼迫康湛伪造了一封崔宁写给朱泚的书信。这下崔宁可就百口莫辩了。

卢杞故意做出一番痛心疾首的样子，对李适说："崔宁原本就没有葵藿向日之心，臣听说他早在离开长安之前就与朱泚暗中结下盟约，所以才会落于百官之后，于数日之后才来面见天子。今日之事果然验证了当初的传闻，倘若朱泚在外面步步紧逼，而奸臣又在内部策应，那么可就真的大势已去了！"

崔宁毕竟是朝廷重臣，位列三公，而且又曾是"使相"，李适一时间犹豫不决。卢杞跪在地上痛哭流涕道："臣身居宰相之位，如若危不能持，颠不能扶，真是罪该万死！"望着涕泪横流的卢杞，李适的心中对崔宁暗暗动了杀机。

很快，李适便派遣中使前去征召崔宁，对外宣称是想让他去宣慰江淮地区，可李适却暗中命翰林学士陆贽草拟诛杀崔宁的制书。陆贽自然知道崔宁之冤，想要竭力搭救他，于是索要那封崔宁写给朱泚的密信，但对方却说那封信不慎遗失了。

此时的崔宁对即将到来的危险还浑然不知。他毫无戒备地前去应召，可还没有见到皇帝的面，两个力士就强行将其拉到幕布之后，残忍地将其缢杀，可怜六十一岁的崔宁曾经叱咤风云，如今却落得这般下场。

其实戎马一生的崔宁原本可以在即将到来的那场惨烈战斗中绽放最后的异彩，可他却永远没有这个机会了。这既是他个人的悲哀，更是李适的悲哀！

其实此时李适身边可以依赖的将领寥寥无几。左金吾大将军浑瑊的到来让城中的人们看到了坚守下去的希望，因为这位从安史之乱硝烟中走过来的名将在军中享有崇高的威望。

右龙武将军李观也带领一千余名禁军赶到了。这是最早赶到的一支成规模、成建制的部队。李观的价值还不局限于此，他在极短的时间内就募集到了五千余人，奉天城中的军民从此士气大振。

这些将领们仓促间构筑起一道临时防线，拱卫着命悬一线的李适，拱卫着生死攸关的大唐。

蠢蠢欲动的落寞之人

叛乱的士兵争相闯入大内禁地，甚至登上含元殿，大声喊叫着说："如今皇上已经逃了，现在可是我们大发横财的时候！"

乱兵欢呼鼓噪着争相进入府库，运走金银锦帛，直到实在运不动了，才停了下来。

一些胆大妄为的百姓也鼓足勇气跑进宫中盗窃府库中的物品，彻夜不止。那些没能来得及进入府库的人，索性就在半路上抢劫。

望着手下那帮只知道哄抢财物的部下，姚令言深深地叹了一口气，说："如果得不到天下，无论得到多少财物都不过是为他人做嫁衣，因为天下虽大，你们终将无处容身！你们想过今后的日子吗？"

闻听此言，泾原将领们全都面面相觑，因为眼前的这一切来得实在太突然了。谁也不会想到区区五千人居然可以占领偌大一个长安！谁也不会想到朝廷府库之中的金银财宝居然可以任意拿取！犹如天方夜谭般的梦幻世界使得他们没有机会考虑未来，只顾着享受现在，唯有姚令言冰冷的话语将他们又拽回到残酷的现实之中。

"是啊！以后可怎么办啊？我们都愿意听从您的吩咐！"

"如今我们群龙无首，如果要想长久，必须要找到一位可以带领我们夺取天下的人！"

"谁能带领我们打天下？"

"听说朱泚太尉正闲居在府中，不如我们一起拥戴他吧！"

"坚决拥戴朱太尉！"将领们异口同声地说。其实并不是朱泚多么有号召力，而是因为泾原将士们希望借助他的影响力来保住手中的金银财宝。

正当朱泚对未来的路而犹豫不决的时候，源休却突然前来登门拜访。

这些年，源休与朱泚一样郁郁不得志。源休与严郢素来有矛盾，宰相杨炎为打压严郢，让其代替严郢出任京兆尹，可源休与杨炎后来的关系却渐趋恶化，源休因受排挤而不得不奉命出使回纥。他不仅远离了权力核心，而且踏上了凶险莫测的路。就在这个节骨眼上，振武节度使张光晟居然斩杀了回纥武义可汗的叔父突董。这一突然变故使得源休被迫逗留于太原。

原地待命的源休终于等到了朝廷的新指令，那就是让他前去归还突董等人的尸体。这可是有去无回的危险差事，可他无论多么不情愿也得去。

怀恨在心的武义可汗多次暗动杀机，但为了避免两国因此而发生大规模军事冲突最终还是将源休放回国，此时执掌帝国权柄之人换成了卢杞，他担心能言善辩的源休回朝交旨时会得到皇帝李适的提拔重用，率先上奏任命源休为光禄卿。

虽然从三品的光禄卿品级并不低，可是却属于没有多大发展前途的"卿监官"。唐代中央官员分为台省官和卿监官。尚书、中书、门下三省以及御史台官员称为台省官；九寺五监以及秘书省、殿中省两省的官员称为卿监官。从职能定位来看，台省官是负责行政决策和政令发布的官员，而卿监官则属于具体执行和实际操作的官员。从政治地位来看，台省官是位于权力核心令人羡慕的官员，卿监官则是被政治边缘化且不被看重的官员。光禄卿实际上就是个负责置办重要宴席、搜罗珍馐美味、监督牲畜屠宰、负责祭祀用酒的后勤官员。

死里逃生的源休对于自己没能得到重用而一直耿耿于怀，期待能够得到一个机会来实现自己的抱负，如今他终于等到了！

朱泚急忙屏退在场的人，因为他知道源休肯定有很重要的话要对自己说。

"恳请您速速称帝！"源休为了论证自己建议的科学性和合理性引经据典，博引古今。

朱泚笑了，因为源休的话说到了他的心坎上，但他也清醒地认识到要想成就大事必须要迅速网罗一批可用之人。

李忠臣的命运就这样与朱泚紧紧联系在了一起。虽然闲居京城的李忠臣位列三公，而且贵为"使相"，可他要的却是权力，而不是虚名。他一直渴望着能够像以前那样颐指气使，那样威风八面，那样无拘无束，可朝廷却并没有再给他出任节度使的机会。这让他怅然若失，继而心怀不满，继而愤懑怨恨。

如今一个可以改变他命运的机会突然摆在他面前的时候，李忠臣不计后果地答应了，不惜站在自己曾经效力了大半辈子的大唐的对立面，一个名叫"忠臣"的忠臣如今却沦为叛臣。他辉煌的人生不得不以悲剧结尾，不禁让人感慨万千！

张光晟与李忠臣一样因被夺去兵权而对朝廷心生愤懑，不过他之所以会闲居京城却要怪他自己。

代宗皇帝李豫驾崩后，回纥登里可汗原本打算趁火打劫，狠狠地捞一把。登里可汗的堂兄顿莫贺达干苦苦劝谏，却无济于事，索性举兵击杀了登里可汗，成为回纥新可汗，也就是武义可汗。一场潜在的危机就这样被轻易地化解了，可就在和平之光初现之际，却因张光晟的一意孤行致使两国之间再起波澜。

武义可汗的叔父突董领着一帮胡人在长安招摇撞骗，甚至强取豪夺，李适继位后将其驱逐出境。突董带着他那帮喽啰和大批辎重启程北返，却依旧不改骄横跋扈的本性。在振武镇逗留数月之久，张光晟好酒好肉招待着，光是肉一天就得吃上千斤，可是突董却并不领情，纵容手下人肆意践踏百姓庄稼。

张光晟渐渐对不识抬举的突董动了杀心，至于他为何要这样做，众说纷纭，有的说是觊觎突董的辎重财物，有的说是看不惯突董大肆掳掠中原女子。其实大唐与回纥的矛盾由来已久，大唐平定安史之乱时需要借助回纥的一臂之力，但回纥出兵也并非全是出于义务，大唐默许事成之后回纥人可以大肆劫掠中原财物和女子。正是因为帝国政府的纵容，回纥人在中原也变得愈加骄横，甚至连大唐皇帝李适的心中都留下了深深的阴影。

安史之乱平定前夕，大唐再次寻求回纥人的军事援助，回纥登里可汗亲率大军前来助阵。那时还是雍王的李适在数十名僚属的陪同之下前去看望远道而来的登里可汗。

"你为什么不行拜舞大礼呢？"登里可汗劈头盖脸地斥责道。拜舞是跪拜与舞蹈相结合的礼仪，一般臣子在朝堂之上参拜君主时才会行拜舞礼，晚辈拜见长辈有时也会行拜舞礼。

陪同李适一同前去的药子昂铿锵有力地说："这不符合礼制！"潜台词是一个堂堂天朝皇子怎么能够向一个蛮夷之君行如此大礼！

回纥将军车鼻却不依不饶地说："既然大唐天子与可汗如今已经结为兄弟，那么可汗就是雍王的叔父。既然如此，怎么能不行拜舞礼呢？"

车鼻的质问使得药子昂顿时无言以对。他情急之下强辩道："雍王是天子的长子，如今贵为元帅。哪里有中原储君向外国可汗行拜舞礼的道理呢？况且太上皇（即李隆基）和先帝（即李亨）驾崩不久，尚未出殡！"

登里可汗怒了！他最忌讳高高在上的唐人将回纥人视为蛮夷。虽然药子昂使用的是"外国"，可仍旧透露出他对回纥人的鄙夷！

回纥将军车鼻将陪同李适一同前来的药子昂、魏琚、韦少华、李进四人强行拉下去鞭笞。如此突然的变故使得李适不禁想起了六年前的马嵬坡之变，那次事变在他那颗幼小的心灵深处留下深深的创伤。李适对于变乱有着一种莫名的恐慌，这使他养成了一种极端性格，有时表现为毕其功于一役的冒进，有时表现为得过且过的妥协。

见势不妙的李适想要逃走，可是回纥兵却拦住了他的去路。李适只得眼睁睁地看着手下人被回纥人打得皮开肉绽。回纥人的皮鞭抽在了他们的身上，却疼在了他的心上！魏琚、韦少华因为伤势过重过了一夜便一命呜呼了。药子昂与李进休养了很长时间才能够下床行走。

登里可汗以李适年少不懂事而不予惩处，那时还有些懵懂的李适第一次如此深刻地体会到政治的残酷。他只得强忍着泪水，可是政治却不相信眼泪！

张光晟自然知道当今圣上对回纥人深深的仇恨，一个血腥的计划逐渐在他的心中形成。他指使副将途经突董等人所住的驿馆大门时故意失礼，借此激怒突董。脾气暴躁的突董随即拿起鞭子，狠狠地抽了那个副将数十下。就在这时，张光晟勒兵前来，将突董等人全部斩杀，将数千具胡人尸体聚为京观，京观是将领为炫耀武功聚集敌尸封土而成的高冢。张光晟仅仅留下两个活口，让他们回去告诉武义可汗说："回纥鞭辱大将，且密谋袭据振武，故将其统统诛杀。"

其实张光晟要想教训一下狂妄的回纥人，完全可以不通过血腥杀戮的方式。马燧曾经的做法无疑更为可取！

安史之乱刚刚平息时，回纥大军归国途中倚仗立下的赫赫战功，胡作非为，为非作歹，沿途供应的饭食稍不满意，他们就随便杀人。泽潞节度使李抱玉备办好了酒肉，却没有下属敢去负责接待那群凶神恶煞般的回纥人，此时还担任赵城县尉的马燧却主动请缨。

等回纥大军到了，马燧首先将一大笔金银财宝摆在回纥首领的面前。垂涎欲滴的回纥首领自然连连感谢。马燧趁机说："我有一个小小的要求，请求您约束手下人严守军纪！"

回纥首领拿了人家的手短，自然没有理由拒绝。

"他们要是不服从您的命令该如何处置呢？"

"我这里有一面令旗，如果有人胆敢造次，任凭你随意处置！"回纥首领说。

马燧等的就是这句话！他从监狱之中征召了一大批死刑犯作为自己的随从。横的怕愣的，愣的怕不要命的！他将回纥首领赐给他的那面令旗高高地举过头顶，犹如一把慑人胆魄的尚方宝剑！

真有几个要钱不要命的回纥士兵像往常那样大肆劫掠，可是等待他们的却是无情的杀戮，回纥人顿时就惊呆了。这些年来，都是我们回纥人杀汉人，如今汉人竟然敢杀我们回纥人！那还是收敛一点吧。

回纥军队秩序井然地通过了李抱玉的辖区，真的做到了不拿群众一针一线。

张光晟的所作所为的确太过任性，也太过血腥，回纥新可汗顿莫贺达干得知此事后颇为震怒，要求大唐严惩凶手。李适只得派遣源休出使回纥，说那只是"误杀"，而顿莫贺达干自然不肯轻易善罢甘休。处于风口浪尖的张光晟很快就被调离振武镇，调任右金吾将军，可回纥人却依旧不依不饶，李适只得将其降为睦王傅，后来改任太仆卿。虽然李适对张光晟很是回护，可张光晟却因失权贬职而心生怨恨。

郁郁不得志的张光晟见一个可以改变自己命运的机会突然摆在自己的面前，便不顾一切地冲了上去。

朱泚的身边渐渐聚集起一批人马，其中有主动的，希望借此改变自己的命运；也有被动的，既然身逢乱世索性就随波逐流。

经过一番内心的挣扎，耐不住寂寞的朱泚终于来到台前，却不知曲终人散的时候，到底是喜还是悲！

血腥惨烈的暗战

虽然朱泚暂时安定了长安城内的局势，可他也深知要想彻底地驯服那支桀骜不驯的泾原军还需要一个人的帮助，那就是在泾原镇拥有崇高威望的司农卿段秀实。

朱泚原以为段秀实也会像其他人那样因长期失去兵权而对朝廷心生不满，可他错了。

当朱泚派人去传召段秀实的时候，段秀实却闭门不见。虽然吃了闭门羹，朱泚却不肯就这样灰溜溜地回去，好在那些人身手还不错，跳墙而入。经过一番搜寻，他们终于找到了一直深居简出的段秀实。

"烦劳段大人跟我们走一趟！"冷冰冰的话语就如同刀子一样扎进段秀实的心里。他打量着这些突然闯入家中的不速之客，知道自己再也无法独善其身了，因为"覆巢之下焉有完卵"。

段秀实知道摆在自己面前的只有两条路：一条路是他一路走来仍旧愿意继续走下去的路，可是这条路却变为一条绝路；另一条路是他一直鄙视而且不屑于走的路，目前来看却是一条活路。

像人那样高傲地活着，还是像狗那样屈辱地活着？其实段秀实内心早已做出了抉择，虽然也曾经过一番痛苦的挣扎。

临别之际，段秀实饱含着热泪对挚亲们说："国家蒙受灾难，我没有理由逃避，也没有地方逃避。我自当为国家殉难，你们好自为之吧！"

段秀实迈着坚定的步伐走了，留给亲人一个苍凉而又孤独的背影。

朱泚终于见到了最希望见到的人，可是他得到却是一具行尸走肉般的躯壳，尽管如此，朱泚仍旧难掩喜悦之情。

"段公一来，何愁大事不成啊！"朱泚深知段秀实的价值，毫不吝惜对他的溢美之词，可是段秀实却表现得异常冷淡。

"您看我接下来该怎么办？您一定要为在下指一条明路。"朱泚的心中其实早就有了答案，只是期盼着段秀实能够主动说出来。

段秀实终于打破了沉默，因为他想尽最后一丝绵薄之力来挽救朱泚，尽管希望渺茫得连他自己都没有信心，可是他还是要说。

"泾原兵变不是圣上的错，而是圣上身边人的错。您最好开导将士，迎接圣上回京，如果事成那可是大功一件！"

朱泚随即陷入无尽的沉默之中，空旷的大殿内空气仿佛突然间凝固了，安静得只剩下两颗心急促的跳动声。

尽管无边的恼怒已经在朱泚的身体内熊熊燃烧起来，可是默不作声的他却不停地告诫自己一定要冷静、一定要镇定，因为段秀实的地位和作用目前是无人可以取代的！

虽然这次见面充斥着诸多不和谐的因素，可是朱泚却并没有放弃过将段秀实拉拢到自己阵营的努力，因为他始终认为段秀实与朝廷之间早就存在裂痕。朝廷无缘无故地削夺了他手中的权力，那种失去权力的痛苦滋味定然是难以忍受的，因为他也有同感。

既然朝廷曾经负过他，他对朝廷的忠诚肯定就不会牢固，只要自己耐心细致地说服，只要自己推心置腹地拉拢，他就没有理由不归附自己，可是朱泚却错了。

段秀实表面上不动声色，可是暗地里却在积极地策反。正如朱泚所料，段秀实的确在泾原军中拥有无人能及的影响力和号召力，不过却不是为了帮他，而是为了杀他！

段秀实振臂一呼，刘海宾、岐灵岳、何明礼等泾原将领全都欣然从命，不是为朱泚夺取天下，而是为朝廷平定祸乱。

他们一直密谋着一项针对朱泚的斩首行动，可是正当他们紧锣密鼓筹划的时候，正当他们翘首以待时机的时候，骤然紧张的形势却将他们的计划彻底打乱了，上天留给他们的时间已然不多了。

奉朱泚之命，泾原兵马使韩旻带领三千精锐兵马向着李适避难的奉天城进发了。由于此时的李适还对朱泚抱有最后一丝不切实际的幻想，所以这支打着迎接皇帝回京旗号的军队带有很强的欺骗性，加上小小的奉天城原本就防守空虚，大唐皇帝李适恐怕性命堪忧！

坐卧不安的段秀实被焦虑、烦躁和无奈的情绪包裹着。他不忍心眼睁睁看着自己所效忠的皇帝身首异处，不忍心看到自己所效忠的大唐灰飞烟灭，可是势单力孤的他又能做些什么呢？飞蛾扑火！只要能将这足以燎原的火扑灭，他情愿粉身碎骨，情愿自取灭亡。

段秀实交给岐灵岳一项艰巨的任务：伪造韩旻回军的调令。担任孔目官的岐灵岳本可以利用职务便利制作虚假调令，可是他却缺少一样重要的东西，那就是泾原节度使姚令言的印信。如果不加盖印信，那么调令就不过是废纸一样。

偷盖印信并不是不可能完成的事，但需要时间，可如今韩旻已经出发了，计时的沙漏每次微小的变化都会令段秀实感到恐慌、绝望，因为哪怕晚一分，哪怕晚一秒，都将会带来难以预料的可怕后果，不能再等了！

段秀实不得不盖上自己的司农印符，然后交给一个神行太保戴宗式的飞人。这个人带着他殷切的期盼飞一般地消失在远方。

段秀实知道韩旻班师回朝之日就是自己人头落地之时，可是他却仍旧盼着韩旻能够快些回来，否则自己所有的努力都将化为泡影。

韩旻率领军队刚刚抵达骆驿时便接到返回长安的命令，理由是与大队人马会合后再出发。

其实这是一个并不高明的骗局，可是却并没有引起韩旻的疑虑和警觉，这无外乎有两种可能：一种可能是头脑简单的韩旻的确太单纯了，另一种可能是头脑复杂的韩旻并不单纯。其实他心里并不想执行刺杀任务，因为这无疑会使他彻底无法回头。正巧遇到这个突发事件，给自己留条退路何乐而不为呢？

"你怎么回来了？"朱泚和姚令言一脸疑惑地问。

"不是您让人召我回来吗？"

"这是阴谋！一定要追查到底。"朱泚愤怒、不甘但又无可奈何。精心策划的偷袭计划居然因为这个小小的意外而流产了。唯一可以稍微缓解他内心愤懑的方式就是查出那个胆大妄为的人，然后将他碎尸万段。

追查工作进展得很顺利，因为线索很明确，唯一不确定的就是究竟有多少人会牵涉其中，或许只有最大的嫌疑人岐灵岳可以解开这个疑问。

"都是我一个人干的！"岐灵岳铿锵有力地说。

"好小子！有种！"

岐灵岳慷慨赴死，没有多说一句话，也没有牵连一个人。

自从岐灵岳死后，段秀实便陷入难以自拔的痛苦之中。"哀莫大于心死"，虽然他的心死了，可是他却并不死心，因为他想要死得有意义，死得有价值。

这一天，朱泚召集李忠臣、源休、姚令言以及段秀实等人商议称帝事宜。

正当大家相谈甚欢的时候，段秀实猛地站起来，突然夺走源休手中的象牙笏板，向前紧走了两步，将心中埋藏的所有愤恨全都唾在了朱泚的脸上。

段秀实大骂道："狂妄的叛贼！我恨不能把你斩为万段，岂肯跟随你造反？"话音未落，他就高高地举起手中的笏板，重重地砸向朱泚。朱泚情急之下举起手来慌乱地抵挡着。那个承载着国仇家恨的笏板重重地打在朱泚的额头，殷红的鲜血顿时喷溅到地上。

朱泚与段秀实一边呼喊着，一边撕打着。朱泚那帮侍从们因为事出仓促竟然惊慌得不知如何是好。

那个贪生怕死的刘海宾居然呆立在原地，趁着混乱逃走了。段秀实彻底陷入孤立无援的境地之中。

武将出身的李忠臣在关键时刻挺身而出，因为他早已将自己的命运与朱泚紧紧地联系在一起。朱泚借机匍匐着脱身逃走，虽然狼狈不堪，却幸运地逃过一劫。

看到朱泚离自已越来越远，段秀实彻底地绝望了。当这个微乎其微的希望之火被无情浇灭的时候，支撑他坚强活下去的精神力量也就彻底垮塌了。

段秀实用尽全身力气喊道："我绝对不会和你们一起造反的！为什么不杀死我？"

如梦方醒的侍卫们一拥而上将段秀实团团围住。

朱泚用手紧紧地捂着鲜血直流的伤口，可是此时的他仍旧挂念着那个刚刚还深深伤害他的人。

朱泚大声喊道："他是义士啊！不要杀他！不要杀他！"

在如此混乱的时刻，朱泚的话语已经失去了效力，因为那些人的手比他的嘴快！

当众人停手的时候，段秀实早已倒在一片血泊之中。

朱泚为什么要阻拦手下人杀死那个企图谋害他的人呢？史书记载是朱泚被段秀实视死如归的忠义精神感动了，其实这并不是主要原因。主要原因是朱泚始终觉得段秀实是他不可或缺的人。

企图夺取天下的朱泚身边缺乏有能力、有威望的将领。野心极大的朱泚此前只网罗了三个得力将领——泾原节度使姚令言，郁郁不得志的前淮西节度使李忠臣，还有前振武节度使、光禄卿张光晟。虽说李忠臣与张光晟也算是名噪一时的大将，可如今却都是担任闲职的下野节度使，手里并没有军权。段秀实虽然也是被剥夺军权的闲职官员，可他却同他们不一样。

在朱泚有限的支持者中，五千泾原兵是最让他头疼的部队，朱泚对他们既不能放弃，也无法倚重。透过姚令言在泾原兵变中的表现就可以看出姚令言对这支部队的控制力并不强，所以朱泚想要完全掌控这支部队必然要征服段秀实。如果段秀实真心归附，不光是这五千泾原叛军，就连泾原镇留守部队或许都会为他所用。

"秀实已死，（朱）泚哭之甚哀"①，这应该不是杜撰和虚构，而是朱泚此时此刻心境的真实写照。

随着段秀实的死，那个完全掌控泾原军的战略构想也随之破产了，朱泚

① （北宋）司马光主编：《资治通鉴·卷二百二十八》，改革出版社1995年版，第4857页。

唯一能做的便是叹息，为段秀实的执拗而惋惜，为自己的尴尬境地而可惜。

朱泚以三品官的丧礼埋葬了命运多舛的段秀实。他的人生原本可以更长久，可以更辉煌，却因过于坚持原则而被过早地削去兵权，不过却以另外一种方式实现了人生的另一种精彩。

比朱泚更为悲伤的是李适。他后悔自己没能早些起用这位忠臣，没有给他施展自身才华提供更为广阔的空间，可当他意识到这些的时候为时已晚，不过段秀实的死却使得李适彻底地看清了朱泚的真面目。

那个临阵脱逃的刘海宾穿着丧服踏上了逃亡路，还不忘祭奠一下以如此壮烈方式离去的老长官，当然他也为自己的胆怯和无能而感到懊悔，可是求生的欲望有时会将所有钢铁般的意志瞬间击垮。

然而无谓的逃避无异于掩耳盗铃，如今关中地区到处都是朱泚的耳目，到处都是朱泚的密探，企图逃之夭夭的他注定是无路可逃。仅仅过了两天，他就被缉拿归案，与其逃生却走投无路，还不如当初轰轰烈烈地就义，只可惜他再也没有重新选择的机会了。

不过刘海宾在生命的最后时刻还是捍卫了尊严，诠释了忠义。他至死都没有供出自己的同党何明礼，可是侥幸逃脱的何明礼早就做好了必死的准备，因为他眼睁睁地看着当初与自己密谋起事的战友一个接一个倒下，自己决不愿意独自苟活下去！

后来何明礼跟随朱泚攻打奉天的时候再次策划谋杀朱泚，势单力孤的他这么做无异于以卵击石，但他却为了当初的誓言而流尽了最后一滴热血。

伤势痊愈的朱泚气宇轩昂地步入宣政殿。他对这座气势恢宏的宫殿再熟悉不过了，但曾经的他却不过是一个冷眼旁观的看客，可是从今日开始他将会成为这里的新主人。

朱泚登基成为大秦皇帝，更改年号为应天，然后大肆加官晋爵，收买人心。姚令言为侍中、关内元帅，李忠臣为司空兼侍中，源休为中书侍郎、同中书门下平章事，册立弟弟朱滔为皇太弟。

虽然李忠臣地位最高，可真正掌控朝政的却是姚令言与源休。朱泚的诸多政策均出自源休之手，而源休的冷酷与残忍使得长安城内顿时就变得一片血雨腥风。没有来得及逃走的七十七名郡王、王子、王孙全都被源休推上了权力的祭台，用他们的鲜血来祭奠这个草创的新王朝。

当京城陷入一片混乱的时候，困守襄城的哥舒曜却在绝望中煎熬着，可是援军却迟迟没能赶来。

当粮食全都吃光的时候，哥舒曜知道自己和自己的部队再也没有勇气继续坚守下去了，万般无奈地离开了这座拼死坚守的城池，逃奔洛阳。

不过此时整个帝国关切的目光早已从襄城转移到了奉天，因为那里的惨烈厮杀决定着这个帝国的生死存亡。

大战将至的宁静

虽然表面上风光无限，可是朱泚却深知自己如今已经被迫置身于一个杀机四伏的危局之中。

由于他手中掌握的兵马实在有限，当务之急便是迅速扩充自己的部队，可是千里之外的幽州兵远水解不了近渴，而唯一可以给予他实际军事支援的只有近在咫尺的凤翔镇和泾原镇。

姚令言率军离开泾原镇时让兵马使冯河清担任泾原留后，主管军事事务；让判官姚况知泾州事，主管行政事务。

冯河清和姚况得知泾原兵变的消息后不仅没有坚定地站在姚令言一边，反而为帝国蒙受如此巨大的灾难而痛不欲生。他们不知道灾难深重的大唐遭受这致命一击之后究竟需要多久才能彻底恢复过来，可是他们却坚信自己心系的帝国绝对不会就此一蹶不振。虽然如今一切都还只是一个未知数，但冯河清和姚况却对此深信不疑，"尽人事，听天命"。

为了统一思想和维护稳定，冯河清和姚况立即对手下将士进行了一场特别的政治动员，希望他们恪尽职守，忠于朝廷，讲政治，顾大局，在大是大非面前保持正确的政治立场。

为了强化奉天的城防体系，他们还命手下人昼夜不停地押运着一百余车铠甲、兵器、器械等战备物资紧急运往奉天。这不仅解了燃眉之急，更振奋了守城将士的士气。

李适随即任命冯河清为安西北庭行营节度使、泾原节度使，姚况为泾原行军司马。

朱泚和姚令言三番五次地派人劝说泾原节度使冯河清归顺自己，可是这些使者还没有来得及张嘴便被冯河清推上了断头台。

遗憾的是冯河清手下那帮将士们却并不都像他这般坚定和忠诚，他们长期戍守在这片偏远荒凉而又战事频发的土地上，很多人早就丧失了信仰，泯灭了忠诚，甚至变得仇视社会，敌视朝廷，无视长官。这支军心早就散了的军队其实很不好带，此前频发的兵乱就是明证。

冯河清和姚况都是刚刚提拔起来的官员，自然难以驾驭这支成分复杂而又思想复杂的部队，况且朱泚与姚令言在泾原军中又都有不容小觑的影响力。这一切都为他们未来的前景蒙上了一层阴影。

朱泚对冯河清彻底失望了，可是他却不甘心轻易放弃，因为泾原是他环顾关中为数不多的几个可能会为己所用的藩镇，所以冯河清从他的拉拢对象变为清除对象。

泾原大将田希鉴利用军心浮动的混乱局势趁机杀害了冯河清，夺取了泾原镇的军政大权。志得意满的朱泚随即任命田希鉴为泾原节度使，可是田希鉴除了摇旗呐喊之外，并没有给予朱泚实质性的军事支援。

虽然朱泚对于凤翔镇仍旧保持着巨大的政治影响力，可是他的继任者凤翔节度使张镒却坚定地跟着朝廷走，朱泚一时间也无可奈何，但他却一刻都没有放弃过。

朱泚对幽州兵的政治感召力还是不容小觑的，幽州系将领张廷芝、段诚谏原本跟随陇右兵马使戴兰前去救援襄城，可是还没有来得及走出潼关便听到泾原兵变的消息。两人趁机率领手下数千人归附朱泚。

此时朱泚手下到底有多少人呢？《资治通鉴·卷二百二十八》只有一个模糊的记载："普润戍卒亦归之，有众数万。"

除了五千泾原兵外，再加上张廷芝、段诚谏带来的几千人，以及戍守京城的禁军和长安城外戍守普润等军镇的神策军，估计也就两到三万人，况且朱泚并不能自由地指挥泾原兵，只因这帮叛兵越来越不听指挥。

就凭这点军队，朱泚占得了长安，却夺不了天下，可是朱泚却并不是一点机会也没有。他虽然不是大唐的对手，可是势单力孤的李适目前却也不是他的对手！

占领奉天，抓住李适。群龙无首的大唐必定将会走到历史的尽头。

李适此时对于即将到来的危险仍旧缺乏足够的心理准备。他并没有像曾祖父李隆基那样逃亡剑南①，没有像祖父李亨那样逃亡灵武②，也没有像父亲李豫那样逃亡陕州③，而是逃到了与长安近在咫尺的奉天县。

他之所以没有走远是因为他觉得这场变乱很快就会被平息。其实如果不是因为朱泚的出现，局势很可能会朝着李适最初设想的方向发展，可如今这一切却都随着朱泚的出现而彻底改变了。

正当李适着手加强奉天城防守的时候，卢杞却做出了一个令人震惊的举动。

卢杞居然言辞恳切地说：“朱泚的忠贞群臣全都不及。陛下怎么能够轻信谣言而随意怀疑忠臣呢？这太让人心寒了！我以全家一百多口担保，朱泚绝对不会谋反！”

俗话说一物降一物，卢杞凭借三寸不烂之舌降住了李适。这或许就是李适执政初期最大的悲哀。

这时突然传来了一个好消息：朱泚正劝说拥戴自己的那帮大臣和将领们迎回皇帝。

这时勤王的各路援军已经陆陆续续地赶到了，轻信卢杞之言的李适居然命令这些部队在距离奉天城三十里外扎营，以此来向朱泚传递友善的信号。

眼看着李适将自己一步步推到绝境的时候，翰林学士姜公辅再度站出来规劝道：“如今城中防守薄弱，怎能不让各路勤王之师进城呢？如若朱泚真

---

① 治所位于今四川省广元市剑阁县以南的广大地区。
② 治所位于今宁夏回族自治区吴忠市区。
③ 治所位于今河南省三门峡市。

心奉迎陛下，又怎会对援兵有所忌惮呢？倘若朱泚果真心怀叵测，也可以保圣上万全。"

李适当即传召各路援兵全部入城，可是卢杞仍旧对朱泚的忠贞深信不疑，建议选派一位重量级的大臣前往京城安抚他。

这可是一项危险重重的任务，谁敢去呢？

正当李适为此愁眉不展的时候，金吾将军吴溆却主动站了出来。他不是外人，而是父皇李豫的亲舅舅，当年代宗李豫铲除专权的宦官鱼朝恩时便依靠赖吴溆的鼎力支持。

吴溆知道自己很可能有去无回，但他却必须要去，因为这是一个臣子必须要做的事情，也是一个皇亲国戚不可推卸的责任！

成功了，他可以挽救苍生；失败了，不过牺牲他一人。

吴溆带着皇帝的诏书一步步走向凶险莫测的长安城，留下的是一个极其悲壮的身影。

朱泚佯装接受诏命，将吴溆安置在客省，但不久便将其残忍地杀害了，因为他早就下定决心与大唐彻底地决裂。

李适因为嫌弃奉天县城过于狭小准备启程前往重镇凤翔府，他的祖父李亨曾驻跸在那里指挥收复两京的战役，可是户部尚书萧复却言辞激烈地反对。

"陛下大大的错了。如今戍守凤翔的将士大都是朱泚带到关中来的幽州兵，张镒此刻估计连他自己都保全不了，更别提保护陛下了！"

李适挥挥手，说："朕去凤翔的主意已定，不过因为爱卿的一席话，权且再留一日吧！"

正是这短短的一天将屡遭噩运的李适从一场灭顶之灾中解脱出来。

就在第二天，凤翔府便出事了。

张镒被逐出权力核心后心有不悦，来到凤翔担任节度使后有些不务正业。他是一个典型的时尚潮男，整天只专注于自己的个人形象，性情儒雅而无心政务，喜修边幅却不懂军事，追求生活品质却不关心将士疾苦。

张镒得知李适即将莅临凤翔的消息后着手准备接待工作，布置下榻之处，备办衣服用具，准备货物资财，可是这一切却注定是徒劳的。

忙着准备迎驾的张镒没有想到一场针对自己的阴谋即将上演。矫捷勇猛的后营将领李楚琳早就对这个文官出身的主帅心生不满，而且他与朱泚的关系也很不一般，于是他成为一颗随时都会起爆的炸弹！

行军司马齐映和幕僚齐抗已经强烈感受到来自李楚琳的威胁。他们一针见血地指出："若不除去李楚琳，必将酿成兵乱。"

虽然张镒最终采纳了他们的建议，可是他却对这个危险的对手缺乏足够的警惕。他只是命令李楚琳率部从凤翔府移驻陇州①。

"这分明是想把我支走！没那么容易！"李楚琳咬着牙说。

李楚琳借故有事，并没有按时出发，可张镒对李楚琳的异动居然缺乏足够的警觉，甚至连李楚琳有没有按时离开都不知道。

这是一个伸手不见五指的漆黑夜晚，李楚琳决定动手了。他纠集自己的亲信悄悄地潜入张镒的府邸，呼号声和号角声顿时就打破了夜的宁静。

张镒猛地从梦中惊醒，知道肯定是出事了。恐慌促使他一味地仓皇逃走，其实他可以召集忠于自己的兵马迅速扑灭这场叛乱，可是他却没有足够的自信，因为他不知道哪些将领才是值得信赖的。

张镒系上绳子越城逃走，可最终还是没能逃出魔掌，因为一味地逃亡只会丧失最后一线活下去的希望，倒不如拼死一搏！

张镒的死并不是叛乱的终结，而是血腥大屠杀的序幕。不过，幸运还是垂青了早有逃跑准备的齐映和齐抗。齐映从水洞中逃出城外，而齐抗扮成雇工化装逃脱，两人成为为数不多的幸存者。

朱泚出任凤翔节度使的时候，曾经派遣部将牛云光带领五百幽州兵前去戍守陇州，而牛云光如今也成为朱泚手中的一枚重要棋子。

安史之乱爆发后，吐蕃趁机大肆蚕食大唐陇右、河西的大片领土。陇右节度使的防区如今大多已失陷，所以陇右节度使的治所被迫迁徙到陇州，而陇州又是凤翔节度使的辖区，所以凤翔节度使一般都会兼任陇右节度使，可是凤翔节度使绝大部分时间都在凤翔府办公，仅仅指定一名陇州官员担任陇右留后。

---

① 治所位于今陕西省宝鸡市陇县。

朱泚担任凤翔节度使时曾任命陇右营田判官韦皋为陇右留后，可是在这个何去何从的关键时刻，韦皋却并没有顾念老领导的提携之恩，而是感怀朝廷的哺育之情。

韦皋的政治抉择引起了牛云光的不满，因为牛云光曾经跟随朱泚多年，铁了心继续追随老领导。牛云光开始紧锣密鼓地筹划着如何暗中除掉韦皋，可是这个阴谋却被韦皋发觉了。

怎么办？跑吧！逃到长安投奔朱泚。牛云光率领部下仓皇逃走，准备前往长安，可是走到半路的时候，他却遇到了一个彻底改变他命运的人。那个人就是朱泚派来的使臣苏玉，还携带着加授韦皋为御史中丞的诏书。

最高监察机关御史台的官职很受唐代官员们的追捧，特别是在唐前期。其实御史台官员的品级却并不高，御史大夫仅为从三品，不仅比三省的长官品级低，甚至比六部尚书的品级也要低。御史中丞仅为正五品上阶，而六部、九寺甚至国子监、少府监、将作监的二把手都是四品官。武宗于会昌二年才将御史大夫品级升为正三品，将御史中丞品级提升为正四品下阶。此外，侍御史为从六品下阶，殿中侍御史为从七品下阶，监察御史为正八品下阶。尽管如此，御史台的官员依旧惹人艳羡，只因他们权力大，威望高，升迁速度快。很多受到皇帝器重的官员都会兼任"宪衔"，但为了与真正承担监察职能的御史台正员官区分开，往往在官职前面或者后面多几个字。

如果是御史大夫或御史中丞必然在前面有一个"兼"字。如《授李鼎陇右节度使制》载："开府仪同三司、行凤翔尹兼御史大夫、充本府及秦陇兴凤成等州节度观察使、保定郡开国公李鼎。"李鼎在凤翔府①担任凤翔节度使，不可能同时在御史台主持工作。《授萧华中书侍郎同平章事制》载："正议大夫、前河中尹兼御史中丞、充本府晋绛等州节度观察等使、上柱国、嗣徐国公、赐紫金鱼袋萧华。"担任河中节度使的萧华也不能同时管理御史台的事务。"兼御史大夫"或者"兼御史中丞"除了充当代表品级的阶官作用之外，还可以为其增加威慑力。

如果是担任侍御史或者殿中侍御史必然在后面加上"内供奉"，《授袁重

---

① 治所位于今陕西省宝鸡市凤翔县。

光雅州刺史、李践方大理寺丞制》记载："前鄜、坊、丹、延等州观察判官、侍御史内供奉、赐绯鱼袋袁重光。"《授萧睦凤州周载渝州刺史制》记载："前剑南三川榷盐判官、殿中侍御史内供奉萧睦。"如果是担任监察御史必然在后面加上"里行"，如《辞监察御史表》记载："除臣监察御史里行，依前充山南东道节度参谋。"无论是观察判官、剑南三川榷盐判官还是山南东道节度参谋本身并没有品级，往往靠侍御史（从六品下阶）内供奉、殿中侍御史（从七品下阶）内供奉或监察御史里行（正八品下阶）来确定本身品级，当然也会在无形中增加官员本身的含金量。

"牛将军为何逃跑呢？一介书生韦皋有什么可怕呢？"苏玉反问道。

对呀？我怕他干什么呢？苏玉一连串的反问激起了牛云光心中蛰伏已久的雄心壮志，可是这不仅没能使他建功立业，反而误了卿卿性命！

"你不如与我一起返回陇州。如果韦皋欣然受命，他就是我们的人；如果他拒不受命，我们就设法除掉他！"

听苏玉这么说，牛云光点点头，跟随他返回了刚刚逃离的陇州城。

"你不事先禀报本官就擅自逃走，如今却又大摇大摆地回来了。你到底想干什么？"站在城头之上的韦皋厉声质问道。

牛云光说："过去我误会您了！我在半路上了遇到了您的任命诏书，我这才知道咱们原来是一路人！"

韦皋却并没有再说什么，似乎一切都朝着苏玉设想的方向发展着。

韦皋却提了一个要求：为了消除城中百姓的疑虑，请将铠甲兵器悉数交出来。

虽然韦皋将这个要求定义为检验真诚的试金石，但这无疑是一个很苛刻的要求，因为这等于将自己命运的主宰权拱手交给了别人。

经过一番内心的挣扎，牛云光和苏玉最终还是答应了，因为他们觉得文官出身的韦皋根本奈何不了自己！

韦皋的确是一介书生，但他却是一个很不好对付的书生，有着过人的胆识和魄力，也有着出众的谋略和智慧。他即将显露出文弱的外表下鲜为人知的一面：勇敢和干练。

次日，韦皋设宴款待苏玉和牛云光，这是一场非同寻常的宴会。从鸿门宴开始，宴会便成了杀机四伏的战场，不是自己就是对手，再也没有吃饭的机会了。

正当大家吃得尽兴、喝得酣畅的时候，伏兵四起，杀声震天。仅仅就在几天之前，牛云光秘密筹划但没有来得及实施的一幕就突然在自己的眼前上演了！

牛云光本来是这出大剧的导演，如今却沦为演员，而且还是头号反面人物。在他的人生旅程行将结束的时候，他的心中充斥着悔恨。有时旁观者比自己清楚，可是有时旁观者却比自己还糊涂。听信糊涂旁观者的话真是害死人啊！牛云光最终被乱刀砍死，真是生得渺小，死得憋屈！

韦皋随后对手下将士进行思想动员："李楚琳残害节度使，他既然敢如此血腥残酷地对待自己的上司，怎么能够怜恤部下呢？我们应该一起讨伐他！"

为了表彰韦皋的忠义，李适决定在陇州设立奉义军，任命韦皋为奉义军节度使。

朱泚却并没有放弃，仍旧派遣使者以凤翔节度使为诱饵进行劝降。韦皋索性将使者斩杀了，以此来彻底断绝与朱泚的关系。

书生出身的韦皋其实很有手腕，也很有韬略。他后来曾担任剑南西川节度使长达二十一年的时间，与劲敌吐蕃几度较量，几度交手，展现出非凡的战略谋划能力和军事指挥才能"（韦）皋治蜀二十一年，数出师，凡破吐蕃四十八万，禽杀节度、都督、城主、笼官千五百，斩首五万余级，获牛羊二十五万，收器械六百三十万，其功烈为西南剧"①。

自古以来，史书对韦皋褒贬不一，褒扬他功绩卓著，指责他阴谋割据。这一切或许都因为他太有能力了，但毋庸置疑的是他在当地深得民心。他去世后，蜀地的老百姓见到他的遗像就拜，甚至见到石碑上刻着"皋"这个字都会凿掉，来避尊者讳。

---

① （北宋）宋祁、欧阳修等纂：《新唐书·卷一百四十·韦皋传》，汉语大词典出版社2004年全译本，第3217—3218页。

鲜血染红的城池

危如累卵的奉天城一直未被叛军攻破，李适却依旧感到前所未有的恐惧与无奈。

朱泚亲自率领声势浩大的军队前来攻打奉天城，而他对于即将到来的这场惨烈的血战却充满了信心，因为对手实在是太弱了，奉天实在是太小了。

朱泚特地派遣使者给弟弟朱滔送去了一封信。他乐观地认为关中地区很快就会平定，希望弟弟平定河北，挥师河南。兄弟两人便可会师洛阳，问鼎天下。

这幅雄伟壮丽的战略构想实在太过诱人了，可是小小的奉天却使得朱泚亲手描绘的那幅蓝图最终变为了泡影。

邠宁留后韩游瑰、庆州刺史论惟明和监军翟文秀带领三千兵马昼夜兼程赶来勤王，但李适却并未让其进城，而是诏令他们驻扎在便桥抵御朱泚。

韩游瑰与翟文秀因到底该何去何从而产生了严重分歧。韩游瑰主张移驻奉天，因为他们人少，而叛军人多，叛军可以分兵牵制住他们，然后大部队绕过他们进攻奉天，那样天子可就危险了。翟文秀却主张坚守便桥，因为他担心叛军会尾随他们攻击奉天，无异于将战火烧到皇帝那里。

在韩游瑰的据理力争之下，他们率领部队前往奉天，因为那里更需要他们，不过翟文秀的话也很快就应验了。朱泚的部队尾随着他们一路杀到了奉天城。

叛军与官军围绕着城门展开了激烈而又血腥的厮杀，战斗持续了一整天。

浑瑊命人将城门内事先摆放的几辆草车拖过来堵塞在城门口，然后点燃了草车，浓烟顿时呛得叛军睁不开眼。虞侯高固率领一队身穿铠甲的士卒手执长刀冲杀过来，无不以一当百，锐不可当。韩游瑰也挥舞着手中的利刃，奋力地砍杀，直到鲜血溅满了他的盔甲。

夜幕悄然降临，朱泚在奉天城东三里扎营。

　　打更的木梆敲击声传遍了奉天城外空旷的原野，仿佛一切都恢复了往日的宁静，可是这却不过是暂时的。

　　朱泚在西明寺找到了一个名叫法坚的僧人。这个僧人虽然出家了，却尘缘未了。如今他将自己的身家性命全都压在了这个名不正言不顺的伪皇帝身上，毅然决然地决定告别吃斋念佛的日子，展现出自己残酷血腥的一面。

　　虽然法坚并不会亲自去杀人，可是他制作的云梯、冲车等一系列的攻城器具却犹如一台台绞肉机，吞噬了无数人的生命。

　　浑瑊与韩游瑰却找到了破解这些设计精妙的工程器械的方法，那就是火攻。用于制造攻城器具的那些木材干燥易燃，每当云梯和冲车靠近的时候，官军将士们便将手中的火把扔过去，刹那间就燃成一片火海。

　　无论是白天，还是黑夜，战斗都未曾停息过。守城的将士们不得不昼夜奋战，不断有人倒下，不断有人冲上去。

　　恼羞成怒的朱泚甚至在夜间从东、西、南三面攻打奉天城，可是却仍旧未能得逞。他原以为很快就会结束的战争却变得愈加胶着，愈加惨烈。

　　建中四年（公元783年）十月二十日，守城将士暂时打退了叛军的进攻，不过却付出了惨重的代价。左龙武大将军吕希倩战死沙场，他成为奉天保卫战中牺牲的第一位高级将领，可是次日的战争却变得更加血腥，因为这一天战斗的惨烈超过了以往。

　　将军高重捷与朱泚手下的猛将李日月在奉天城外梁山的一个角落中激烈地厮杀着。这是一次火星四溅的碰撞，更是一次你死我活的比拼。渐渐支撑不住的李日月最终败下阵来。

　　李日月的溃败引发了叛军的大逃亡。品尝到胜利滋味的高重捷身先士卒，乘胜追击，可是却不慎落入敌军的埋伏圈。

　　高重捷被叛军擒获了，但他手下十几名部将见状奋不顾身地冲杀过来。这让叛军感到巨大的心理压力，索性砍下高重捷的头颅，丢下他的躯体，策马远去。部下们怀着极其悲痛的心情将高重捷的尸体收起，带进城中。

　　李适亲手抚摩着高重捷那具没有头颅的尸体，悲痛的泪水滴落在冰凉的尸体上。此时他唯一能做的便是让高重捷风风光光地走，命人用香蒲结扎成头颅将他好好地安葬，还追封他为司空。

朱泚见到高重捷的头颅，也含着泪感叹道："真是一位忠臣啊！"

朱泚用香蒲结扎成躯体，风风光光地埋葬了他。

一个人居然同时被安葬了两次，堪称令人咋舌的奇观。

李日月也没能从这场惨烈的厮杀中逃脱，这使得朱泚也陷入无限的悲愤之中。他命人将李日月的尸体送回长安厚葬，可是李日月的母亲却并没有因为老年丧子而痛苦不已，人们反而从她的眼中看到了浓浓的怒火。她对着宝贝儿子的尸体大声骂道："你这个奚人奴才！朝廷哪里辜负了你，你却非要造反？你死得太晚了！"李日月的母亲因为深明大义事后并未受到牵连。

在奉天城打得不可开交的时候，灵武留后杜希全、盐州①刺史戴休颜、夏州②刺史时常春会同渭北节度使李建徽率领着一万之众前来救援。

这支部队的到来无疑将会极大地增强守城部队的力量，可是在即将抵达奉天的时候，唐军内部却因为行军路线而发生了激烈的争吵，而路线的选择也决定着这支部队的存亡。

宰相卢杞要求援军走漠谷，这样行军速度更快，就算遭到伏击，奉天城内的唐军也可立刻出兵接应，最为关键的是这样不会惊动先帝陵寝。

身经百战的浑瑊看到了险要狭窄的漠谷之中蕴藏着的巨大风险，一旦被敌军拦击恐怕将会凶多吉少，于是建议援军从乾陵北面经过，贴着柏城行进，既可以与城中军队呼应，又可以缓解守城的压力。

就在双方争论不下之际，那位得过且过的不作为宰相关播这次却不再保持缄默，破天荒地公开反对卢杞。或许是他意识到正是因为大唐上下充斥着像他这样漠视大唐命运的官员，大唐才会再次被推到了生死存亡的绝境之中。明哲保身的代价是葬送帝国的前途命运，可是"覆巢之下焉有完卵"！

"自从朱泚攻打奉天城以来，夜以继日地砍伐乾陵的松柏。既然先皇的陵墓寝庙早已被惊动，况且我们如今已经到了生死存亡的关键时刻，我们又何必墨守成规呢？"

"贼军可以惊动，但是我们绝对不能惊动陛下的先祖！"卢杞近乎声嘶

---

① 治所位于今陕西省榆林市定边县。
② 治所位于今陕西省榆林市靖边县。

力竭地说。

这一刻，卢杞的丑恶嘴脸再次被定格成历史的永恒。正是一个又一个历史的瞬间绘成了他丑恶的形象，其实他却不过是李适的代言人而已。

李适严令杜希全等人从漠谷进军。正是他的这个决定令这支风尘仆仆赶来救援他的军队遭遇灭顶之灾。

十一月初三，当援军行至漠谷的时候，突然间伏兵四起，杀声震天，浑瑊的担忧也终于变成了严峻的现实。

无数的巨石从山顶滚落下来，令人胆寒的弩箭带着风声射向官军，位于山谷之中的官军俨然成了被动挨打的活靶子，一片一片的官军应声倒下，哀号着，呻吟着，呼喊着，可是这一切却都无济于事。这场原本可以避免的灾难却因不得惊动皇陵这个荒唐的理由而突然降临在他们的身上。

奉天城守军原本想要出城救援那些原本是来救援自己的援军，可是事到如今，一切都无能为力，一切都无可奈何。

当一缕晚霞洒向这个血腥山谷的时候，官军再也没有能力和勇气抗争下去了，其实他们与位于山顶的敌军进行的这番殊死抗争原本就是一场不对称的战争，只有被动挨打的份儿。

杜希全率军溃退到邠州①，但戴休颜却并未放弃，整顿兵马，趁叛军喘息之际昼夜奔驰奔赴奉天。戴休颜出身尚武世家，自幼从军，在名将郭子仪麾下效力，素以胆识谋略著称。他的到来也使得李适身边又多了一员可以信赖的大将。

大胜之后的朱泚变得更加狂妄、更加自负，叛军的攻势也变得更加犀利。

守城的士兵们又冷又饿，既缺乏武器，又缺乏装备，而他们之所以还会顽强地坚持下去就是因为心中难以磨灭的信仰。

奉天城仍旧巍然屹立在前方，无边的焦虑始终包裹着朱泚，让他有一种近乎窒息的感觉。他仿佛是一个与时间赛跑的人，担心远在河北的官军会迅速回援，担心形势复杂的长安会生出变乱。

———————————

① 治所位于今陕西省咸阳市彬县。

那个僧人法坚的确是一个机械高手，制造了一种巨型云梯，长宽各有数丈，外面包裹着坚硬的牛皮，可以极大地提升防御能力。下面安装着巨大的轮子可以自由移动，而上面安装着一个包裹严密的顶棚，足足可以容纳五百名勇士。当云梯靠近城墙之后，勇士们可以从棚子中冲出，跳上城墙。

城中的将士们望见这个庞然大物一步步靠近的时候突然有些不知所措了，因为他们觉得狭小的奉天城根本抵御不住这种大家伙的攻击。

"我们该怎么办？"愁容满面的李适焦虑地问。

"云梯势必甚为沉重，沉重就容易下陷。微臣请求迎着云梯的来路开凿地道，积蓄柴火与火种，等待着它的到来。"信心满满的浑瑊早已找到了克敌之策。

神武军使韩澄也安慰道："靠云梯来攻城，这种小小伎俩，不足以让圣上劳心费神，请让我们来应对吧！"

十一月十四日，叛军疯狂攻打奉天南城。韩游瑰看穿了这不过是叛军声东击西的诡计，奉天城的东北侧将会成为叛军的主攻方向。

韩澄也提前预判到了叛军云梯的前进方向，于是将奉天城东北角拓宽了三十步，而且在上面储备了大量的膏油、松脂、柴火以及芦苇等易燃物。

第二天，呼啸的北风猛烈地吹打着满目疮痍的奉天城，骤雨般的战鼓声和着风声传得很远很远。

叛军推着体型庞大的云梯距离城墙越来越近。无论是乱箭、飞石还是火把都阻挡不了这个大家伙进攻的步伐。敌军合力进攻奉天城东北角，顿时箭石如雨，城中死伤的人不计其数。就在防守出现混乱的那一刹那，叛军已经有人登城了。

李适与浑瑊这对君臣相对而泣。李适将一千余份高级官员的告身（即空白委任状）和御笔赐给浑瑊，目的就是让他募集敢死之士进行最后的抵抗。根据立功的大小，只要填写上名字就予以委任。

临别之际，李适说了一句意味深长的话："今便与卿别！"这个"别"字也许并不是简单的分别，可能将是彻底的永别。

浑瑊跪在地上痛哭流涕。李适轻轻地抚摸着他的后背，并没有说什么安慰的话，因为李适此时已经哽咽得说不出任何话。

夜幕降临了，可是黑夜仍旧没能阻止叛军进攻的步伐。这注定是一个不眠之夜，也是一个惊恐之夜，叛军射来的箭簇落到距离李适三步远的地方，这使得置身绝境之中的李适陷入极度惊恐之中。任何微小的声响都会刺激他那根几近崩溃的神经。

云梯恰好辗压过刚刚挖掘的地道，一只轮子偏倒陷落，动弹不得。就在这时，浓浓的烈焰突然从地道中冒出来，大风也往回吹，城上的将士纷纷投下芦苇火把，撒上松脂，浇上膏油，欢呼之声，震动大地。

云梯和云梯上的将士在熊熊烈火中化为灰烬，燃烧所散发的焦臭之气连数里以外都可以闻得到。

望着葬身火海的同伴们，叛军开始胆怯了，退却了，溃退了。

在这个关键时刻，奉天城东、南、北三座城门同时打开，城中的将士如下山的猛虎般冲杀出来。战士们之所以如此视死如归地战斗是因为天子就在他们身后。他们没有理由迟疑，也没有理由迟滞。

在这场决定战争走向的关键一战中，官军胜了，不过却胜得如此惊心动魄，如此跌宕起伏。

李适终于熬过了最为艰难的那段日子，希望如今已经在向他招手。只要河北的援军赶来了，关中战场的局势将会发生翻天覆地的变化。

云开雾散的晨曦

朱泚已经包围奉天达一个月之久。这座狭小城池中的物资和粮食都已消耗殆尽，一场空前的饥饿席卷全城。

李适望着碗中的几粒粗米不禁流下了悔恨的泪水。其实有的吃已经很不易了。

每当夜深人静的时候，城中身手敏捷的将士们就会趁着叛军疲惫休息的时候偷偷地顺着绳索跑到城外，冒着生命危险去找寻食物献给李适。

身陷绝境的李适将官员和将领们召集起来，声泪俱下地说：“朕因无德，自陷于危亡之中，实是咎由自取。诸位没有罪过，最好及早投降，以便救出身陷囹圄的家人。”

在场的将领和官员们全都伏地叩头，痛哭流涕，相互约定要竭尽所能保卫皇帝，拱卫帝国。

即使置身于困苦危急之中，驻守奉天的将士们锐气也没有丝毫的衰减。他们苦苦支撑下去的唯一希望就是正在赶来支援途中的河北、河南地区的唐军主力部队。只要援军赶到了，那么笑到最后的人就会是他们。

正在河北征战的唐军将领们得知都城失陷的消息后，不禁悲痛万分，为皇帝的悲惨遭遇而痛哭，更是为大唐的命运多舛而痛哭。

最先到达奉天的是星夜兼程赶来的神策军将领刘德信率领的那支神策军。这支部队率先收复东渭桥，使得从四面八方运来的粮食可以囤积于此。刘德信部还曾经数次长驱直入到长安望春楼下，叛军数次企图伏击这支部队，却都没能成功。这支部队的存在给叛军造成了巨大的心理威慑。

各路援军相继抵达。神策兵马使尚可孤从讨伐李希烈的前线赶来增援，河东节度使马燧派遣行军司马王权带领五千兵马前来增援，镇国军节度使骆元光带领两千兵马前来增援。

骆元光并不是中国人，而是安息人①的后裔。他的养父就是曾经逼反仆固怀恩的大宦官骆奉先。在那个“拼爹时代”，骆元光的仕途因为有了一个原本没有生育能力的养父而变得豁然开朗。

由于华州②是屏蔽长安的门户，朝廷于上元二年（公元761年）在华州设置镇国军节度使，李怀让成为首任节度使，同时推荐骆元光为副使。虽然史书并没有明确记载骆元光任职的具体时间，但肯定在广德元年（公元763年）之前，因为在这一年六月李怀让因畏惧程元振的构陷而自杀。

接替李怀让的新任节度使周智光骄横跋扈，擅杀大臣，肆意截留地方上贡财物。在郭子仪讨伐大军的威慑之下，周智光被部将所杀。朝廷决定废置

---

① 治所位于今伊朗人。
② 治所位于今陕西省渭南市华州区。

镇国军节度使，降格为镇国军。华州刺史兼任镇国军使，但刺史往往是不懂军事的文官，骆元光这个镇国军副使就成为实际主持军队事务的主官。

镇守华州二十余年的骆元光在军中享有崇高的威望。一直貌似沉寂的骆元光其实在静静等待着机会的到来，如今机会终于来了。

朱泚派遣部将何望之突袭华州，吓破了胆的华州刺史董晋仓皇逃走。战略重镇华州可是进出关中的门户，华州一旦失陷将会对整个战局产生巨大影响，不仅可以阻断河北、河南的官军回援关中的道路，而且也会使得关中与关外的反叛势力联手对抗朝廷。

虽然长官跑了，可此时正镇守潼关的骆元光却坚定地留了下来，因为他深知华州重要的地缘战略意义。骆元光趁何望之立足未稳之际，成功地将华州城夺了回来。何望之只得带着无尽的失落和愤懑逃回了长安。他不解为什么得到如此之快，失去也如此之快！

重新夺回华州的骆元光在短短的几日之内就招募了一万余人的新军，足见其在当地巨大的影响力和号召力。

朱泚却并不死心，多次派兵进攻骆元光，可最终却都以失败而告终。华州得而复失使得叛军东出的战略彻底破产，这使得困守关中的朱泚俨然成了困守瓮中的鳖！

彻底改变关中敌我力量对比的却是李怀光率领的朔方军的到来，可《资治通鉴》中却有这样一段记载。

李怀光率军日夜兼程地返回河中府①。他觉得自己的部队人困马乏，决定让士兵修整三天。虽然河中尹李齐运全力设宴犒劳，可是李怀光却仍旧拖延不行。

在这个关键时刻，担任后勤部长（即粮料使）的崔纵将白花花的银子、金灿灿的金子摆在黄河对面，然后故意挑逗说："谁率先到了河西，这些金银财宝就是谁的了！"

在巨大的诱惑面前，将士们争先恐后地渡河哄抢，李怀光拖延不前的阴谋也彻底破产了。

---

① 治所位于今山西省永济市。

这段记载无非是想揭露李怀光首鼠两端的丑恶嘴脸，可是如果李怀光真想阻挠进军，即使过了黄河依旧可以借故停下前进的步伐，但实际上李怀光却并没有那么做。

根据《奉天录》的记载，李怀光抵达与长安城近在咫尺的泾阳十天之后，同样在河北战场厮杀的神策河北行营节度使李晟才开始率军东返。当然李晟有两个冠冕堂皇的理由：生病和阻挠。

李晟此前的确一直饱受疾病的困扰，经过很长时间的休养才得以痊愈。此外，遭受朱滔和王武俊联合打击的张孝忠不希望他离开，势单力孤的张孝忠太需要他留下来了。

李怀光率领五万之众不远千里如此迅速地返回关中其实说明了一个不容否认的客观事实：此时忠君爱国的思想在李怀光的心中仍旧占据着主要地位，绝对不像《资治通鉴》描写得那样阴险，那样狡诈。《旧唐书》无疑可以印证这一点："（李）怀光率军奔命，时属泥淖，（李）怀光奋厉军士，道自蒲津渡河。"

正是因李怀光领导有方和指挥有度，他的部队才得以在如此短的时间内完成这次远距离的兵力投送。正是他率领的五万朔方将士风尘仆仆地赶来，才将正处于绝境之中的李适成功地解救出来。他不畏艰险，不惧疲劳，因为他知道哪怕晚回去一天都可能会带来灾难性的后果！

李怀光派遣兵马使张韶穿着普通百姓的衣服抄小道先行前往奉天城。当张韶来到奉天城的时候，叛军正向危如累卵的奉天城发动着潮水般的进攻。叛军仔细打量着张韶这个穿着破衣烂衫的陌生人，根本就不会想到他竟然会是李怀光手下的兵马使。

叛军驱使着张韶与那些穷苦老百姓一起填塞壕沟，从而为叛军发动下一轮更为猛烈的进攻铺平道路。

张韶一直苦苦地等待着进城的机会。瞅准叛军防备松懈之际，他突然越过壕沟跑到城下，大声地呼喊道："我是朔方军的使者！"

由于时间紧急，守城将士并没有多少时间来核实这个陌生面孔的真实身份，况且这个孤零零的人也不会给城防构成多大的威胁，于是从城头之上扔下了绳子。

城下的叛军却被眼前突然发生的这一幕惊呆了。他到底是什么人？他到底想干什么？经过短暂的停顿之后，一个如梦方醒的将领大声喊道："放箭！射死他！射死他！"

张韶紧紧地攥着绳索用力向上攀爬，可雨点般的箭簇却向着他射了过来，深深地扎进他的肉里，鲜血顺着冰冷的箭簇向外流淌着，染红了他爬过的每一块墙砖。他没有时间理会身上巨大的疼痛，唯一能做的便是加快速度，一定要把那封重要的表章送进城里去。他艰难地爬进城里，此时他的身上却已扎满了密密麻麻的几十支箭，犹如一只受伤的刺猬。

他顾不上疗伤，也顾不上休息，用颤抖的手从怀中拿出那颗蜡丸，交给翘首以盼援军到来的李适手中。

那是一颗希望的火种，足以燃起那些濒临绝望的将士们心中继续抗争下去的希望之火。李怀光终于来了，最艰难的日子终于要熬过去了。

李适久久地凝视着孱弱的张韶，可此时的张韶却连站立的力气都没有了。

张韶的到来对于全城守军来说无疑是一针兴奋剂。李适尽情地释放着心中堆积已久的郁闷和恐慌。他知道此时需要宣泄的绝对不止他一人，于是命人抬着张韶在城中游行。凡是他所经过的地方，无不欢声雷动，无不喊声震天，是向那段已经过去的艰难日子告别，更是向即将到来的美好明天招手。

倘若李怀光再晚来三天，小小的奉天城肯定就会失陷。这是大家的共识，也是历史的共识！

建中四年（783年）十一月二十日，李怀光率领的大部队在醴泉①与叛军遭遇，将其打得落花流水。惊恐不已的朱泚得到这个消息后领兵火速逃回长安，只得龟缩在长安城里。他隐隐听到了袅袅的丧钟在耳畔响起。

虽然李怀光的到来将大唐从灭亡的边缘成功地拉了回来，可是他自己也正在不知不觉间一步步走向毁灭的边缘。

---

① 今陕西省咸阳市礼泉县。

独木难支的河北局势

李怀光走了，李晟走了，马燧走了，李芃也走了，该走的都走了。偌大一个河北战场，刹那间显得寂静而又落寞，虽然李抱真也有走的理由，因为昭义节度使的治所位于河东地区的潞州^①，可势单力孤的他却选择了留下来，

其实李抱真也曾动摇过。怎么办？留还是守？他觉得自己必须坚守下去！他的坚守不仅是保卫昭义镇在河北地区所剩无几的地盘，更重要的是让大家看到一丝微弱的希望。

李抱真、张孝忠与康日知无疑是大唐在河北地区播下的三个火种，可是张孝忠与康日知却刚刚归顺朝廷，一直都在密切关注着他的一举一动。一旦他退缩了，他们很可能马上就会变节，那么朝廷在整个河北地区的势力将会被清除殆尽。这对于大唐而言是一个巨大的灾难！

决心已下的李抱真退守临洺县^②，但此时的他却只得无奈地沦为叛军的众矢之的。田悦积极撺掇王武俊与朱滔的部将马寔共同围剿李抱真，李抱真感受到前所未有的生存压力。

此时的李抱真只得静静地等候着暴风雨的来临。他唯一的希望就是贾林能够再次凭借自己的三寸不烂之舌挽救危局，而贾林居然再次神奇地做到了。

贾林每次出马都会取得奇效，他能随时随地准确捕捉到王武俊最强烈的渴望。谁要是掌握了这些，便无异于找到了蛇的七寸之处。

"如今临洺县防守严密，您是绝对不会轻易得手的。即使在付出惨重的代价之后，您侥幸攻克了临洺县，也不过是成人之美而已。您只是帮助田悦完成了他一直想干，却一直都干不成的事情。这对于您而言注定是一桩赔本的买卖。易州、定州、沧州、赵州原先都是成德镇的地盘，那里才是值得您

①　治所位于今山西省长治市。
②　治所位于今河北省邯郸市永年区。

大动干戈的目标！"

贾林触动了王武俊敏感的内心，恢复昔日成德镇的疆域是他心中最强烈的渴望。贾林使得他心底深处那个沉睡已久的梦想再次苏醒了。

建中四年（公元783年）十月十八日，本来正值硕果累累的金秋时节，可是失落的田悦却为两手空空的自己而感到难以名状的痛楚。可他却不能将内心的感受表露在脸上，因为他不想失去王武俊这个政治盟友。

田悦拉着王武俊的手洒泪送别，虽然有着太多的不舍，可是却无可奈何，因为落花有意流水却无情。

既然道不同，那就各走各的吧！可是王武俊毕竟曾经在自己最困难的时候解救过自己，田悦怀着一丝感恩之情，拿出大量的金银财宝赏赐王武俊手下的那帮将士。

王武俊踏上了北返的路，那是一条回家的路，更是一条回归的路。

临洺县的战争警报暂时解除了，因为战场再次回到了势均力敌的状态。李抱真这种舍人救己的做法虽说有点不太仗义，这么做无疑是将敌人引向了自己的战友，可是从整个河北战局来看，这是促使战争双方形成新的战略均势的唯一有效的方法。

在此之前，为了断绝李怀光的运粮通道，王武俊特意招来骁勇善战的回纥骑兵，可是如今李怀光却已率军西去，这无疑断了回纥人的财路。打仗是他们的职业，战争的远去会使得他们面临着失业的危险。回纥首领达干只得率领自己的队伍失落地踏上了返回故地的归途。

不过很快，达干就遇到了赏识自己和自己这支队伍的人，只因回纥骑兵的品牌效应太深入人心了。在安史之乱中，回纥骑兵曾经缔造了不朽的传奇，以至于安史叛军听到回纥骑兵来了便会吓得魂飞魄散，丢盔弃甲。

虽说如今达干率领的这支部队与那支具有传奇色彩的回纥骑兵有着天壤之别，那支回纥骑兵是整个回纥汗国最为精锐的机动部队，而达干手下的那帮人却只是一支由职业军人、牧民以及小商贩组成的职业雇佣军，其中有一千人是纯正的回纥人，而剩余的两千多人则是由各民族混编在一起的杂牌军。

"跟我一起攻取东都洛阳怎么样？"朱滔的话不会不让回纥人动心，因为他们父辈中的很多人都曾经在洛阳创造过一夜暴富的神话。

当初为了迅速平定安史之乱，大唐皇帝曾经与回纥有过一个肮脏的政治交易：土地男子归我，金银女子归你。虽说这个肮脏的协议背后有着太多的无奈，可这却是赤裸裸的出卖。那些本来盼着官军能够前来解救自己的善良百姓们却不幸陷入了更大的浩劫之中。

在巨大的诱惑面前，回纥人甘心成为朱滔的鹰犬。为了拉拢回纥兄弟，朱滔迎娶了回纥女子当偏房。这样他便成了回纥人的女婿，而回纥人也亲切地称呼他为"朱郎"。

王武俊与朱滔之间的裂痕越来越明显，贾林对此看在眼里，对王武俊的政治攻势和心理战一刻都未曾停止过。

贾林对王武俊说道："朱滔自从当了盟主以来，越来越看不起你们这些与他共同起事的人。如今朱滔在西边依赖他的哥哥，从北边招引回纥，意图将整个河北地区都据为己有。虽然大夫可以向他称臣，但大夫如此骁勇善战，岂是朱滔所能比拟的？大夫素怀忠义，仅仅是因宰相处理失当，加之受到朱滔诓骗和蒙蔽才走到如今这步田地。朱泚之乱过不了多久就会被平定，大夫不如与昭义军联手攻取朱滔，这或许是您转祸为福的唯一途径。等到天下平定了，大夫才幡然醒悟恐怕就为时已晚了！"

王武俊当即捋起袖子，铿锵有力地说："对于享有两百年国祚的天子，我都不能给他做臣属，我又怎么能给朱滔这个乡下穷小子做臣属呢！"

王武俊的政治态度开始迅速逆转，暗中与李抱真和马燧联络，还约定互为兄弟，但这一切都是在暗地里进行的。王武俊表面上还是小心翼翼地与朱滔周旋着，不让朱滔发觉一丝的异样。

王武俊还派遣使者前去拜见朱滔，祝贺朱泚加称皇帝尊号。其实他心里想的却是枪打出头鸟，不知踏上这条不归路的朱泚最终会如何收场。

王武俊邀请朱滔手下的悍将马寔与自己共同进攻赵州的康日知，像模像样地打了一阵，最终却无功而返。

十一月初，马寔再也耗不下去了，决定回瀛州①去。王武俊假惺惺地相

---

① 治所位于今河北省河间市。

送，居然送出了五里地，犒赏和赠送给马寔的物品更是不计其数。这出连环计唱完之后，王武俊带着一丝得意返回了恒州。

义武节度使张孝忠的日子也不好过。他原本管辖易州、定州、沧州三州，可是沧州与易州和定州却并不接壤，朝廷虽说将沧州划归他管辖，可当时的沧州刺史李固烈却是李惟岳的大舅哥。张孝忠派遣下属程华前去办理交接沧州的事宜，李固烈不仅不予阻挠，反而迫不及待地想着要离开，因为他感到一股针对他的暗流正变得日益汹涌。

其实李固烈早就为自己日后的生活盘算好了。由于他的妹夫李惟岳如今已经死了，所以他的仕途生涯很可能也就此终结了。面临着再就业压力的李固烈决意为自己和家人留下一笔丰厚的积蓄，保证一家人未来的生活，于是将军府内的珍宝财物和绫罗绸缎全都运走，因为他觉得这些东西原本就是属于他的！

他足足装了数十车，这种招摇的举动顿时就吸引了无数将士关切的目光。

准备启程了。正当他憧憬着未来美好的生活，将士们却开始骚动了。将士们义愤填膺地说："李刺史将库存财物全都带走了，我们以后可怎么办呢？我们日后岂不是要挨饿受冻了吗？对，不能让他走，把东西留下！"

将士们的情绪逐渐失控了，开始哄抢财物。一旦贪念占据了人的心灵，多么疯狂的事情都做得出来！

"别抢！这是我的！"

"谁抢到算谁的！让你领教一下我们的厉害！"

兵变的士兵们杀死了李固烈和他的家属。突如其来的变乱吓得程华钻进了孔道。他急切地希望能够早些离开这个是非之地，可是却事与愿违。仓皇逃生的程华最终还是被手持刀枪的士兵发现了。

要么去死，要么成为我们的领导！程华别无选择，只得硬着头皮答应成为他们的领导。

张孝忠听说此事后也顺水推舟地任命程华代理沧州刺史。程华平素待人宽和厚道，推心置腹，迅速赢得了将士们的信任，沧州的局势也很快就平定了。

很快，朱滔与王武俊的反叛使得河北地区的形势发生重大逆转。坚定地跟着朝廷走的张孝忠无疑成了众矢之的。朱滔与王武俊两人轮番派人传召程华，程华却一概不肯从命。

当时，张孝忠驻军定州，从沧州到定州去，必须要经过瀛州，而瀛州则隶属于朱滔的幽州镇，两处往来的道路阻隔不通。

沧州录事参军李宇劝说程华，向朝廷上表陈说利害，请朝廷在沧州另设一个军，程华听从了这一建议，派遣下属带着表章去见李适。此时流亡在外的李适当即任命程华为沧州刺史、横海军副大使，代理节度使事务，赐名"日华"。为了补偿张孝忠，朝廷命程日华每年上交义武镇租税钱十二万缗。

王武俊竭力拉拢程日华，因为他觉得原属成德镇的沧州本就应该属于他。当时程日华的军中缺少马匹，程日华欺骗王武俊的使者说："如果王大夫果真希望沧州能够隶属于他，就请派两百骑兵来援助我。"

大喜过望的王武俊当即调派了一支数百人的部队前往沧州。程日华却将马匹悉数留下，而将他的士兵全都打发回去了。

王武俊大怒，但当时他正与马燧等人兵戎相见，无暇顾及程日华，程日华因此才得以保全。后来王武俊内心的天平逐渐偏向朝廷一边，程日华的处境才真正地得以改观。

初现曙光的政治乱局

在外无援兵、内无粮草的不利局面下，李勉顽强地坚守了几个月，但最终还是无奈地放弃了。

建中四年（公元783年）十二月二十七日，李勉带领手下残存的一万多兵马逃奔宋州①。从逃离的那一刻起，汴州这座繁华的都市便再也不属于

---

① 治所位于今河南省商丘市区。

他了。

李勉上表请求朝廷的惩处。此时仓皇出逃的李适还在奉天艰难度日，还有什么资格责怪李勉呢？李适特地派遣使者告诉他一句话："朕如今连供奉祖宗的宗庙都丢了，你不要为此而自责，泰然处之吧！"

《资治通鉴》记载："（李适）待之如初。"①虽然李适的确对李勉多有回护，却再也不像之前那样重用他了。李勉请求辞去都统之职，李适也顺水推舟地提拔刘玄佐为都统副使，并全权主持都统事宜。

李勉黯然神伤地望着眼前这片狼烟四起的土地，离开了任职近十二年的永平镇，回京检校司徒、同中书门下平章事。李勉回朝后，身穿白衣，向朝廷请罪，虽然得到皇帝的赦免，但李勉却仍旧自觉惭愧，虽身在宰相之位，却再也没有了昔日虎虎生风的气势，渐渐淡出了历史舞台。

在战争初期，虽然李希烈在南线接连丢掉了蕲州、黄州和沔州，北面的汝州又得而复失，但李希烈却渐渐站稳脚跟，四面出击并且屡有斩获。

淮西将领封有麟攻占邓州，一下子就切断了通往南方的交通咽喉，李适被逼无奈只得修治上津县的山路，并设置通邮的驿站，勉强维系着南北间政令的畅通。

李希烈最引以为傲的就是重新夺回了水陆要地汴州，汴州是永平节度使的治所。汴州失守，李勉出逃，原属永平镇的郑州和滑州也被李希烈纳入囊中，至此淮西镇实际控制的地域多达十二州。

李希烈久久地凝视着眼前这座雄伟瑰丽的汴州城。在他的眼里，谁掌控了这座水路枢纽谁就可以成就帝业。一百多年后，一个名叫朱温的人也是这么想的，而且他最终将梦想变为了现实，可是李希烈的梦想却注定是一个遥不可及的梦。

汴州城下的百姓们正运送着用于修筑营垒通道的土木石料。他们艰难地迈着沉重的步伐，咬着牙，龇着嘴，呼喊着，吼叫着。虽然时值隆冬时节，可是如雨的汗水却仍旧接连不断地滴落在他们脚下这片冰冷的土地上。

---

① （北宋）司马光主编：《资治通鉴·卷二百二十九》，改革出版社1995年版，第4877页。

可是李希烈却仍不满意，按照目前的进度，工程根本无法按期竣工。李希烈愤怒了，将辛苦劳作的百姓们无情地推进坑道。

李希烈咄咄逼人的攻势使得长江、淮河一带大为震惊。淮南节度使陈少游本来准备领兵前去讨伐李希烈，可是泾原兵变却使得他停下了出征的步伐，开始重新思索未来的路到底该怎么走。在巨大的威胁面前，陈少游决定背离自己的信仰，背弃自己的誓言，背叛自己的帝国。

李希烈派人向颜真卿询问有关登基的礼仪，可是颜真卿却冷冰冰地说："虽然我曾经担任过掌管礼仪的官员，可如今却只记得诸侯朝见天子的礼仪！"

李希烈越发觉得这个耄耋之年的老头就像茅坑里的石头又臭又硬。

公元784年正月初一，李适抛弃了已经使用了四年的"建中"年号，因为这个年号带给他的是无尽的烦恼和悔恨，将这一年改为兴元元年，希望这一年能够成为复兴的开始，他颁布《罪己诏》，深刻检讨自己犯下的错误，这样有勇气主动承认错误的皇帝的确不多。

他给予李希烈、田悦、王武俊、李纳改过自新的机会，而且说他们的反叛完全是因为自己安抚驾驭无方才导致的恶果，而且还撤销了名目繁多的附加税。

这道诏书立即在大唐上下引起了巨大的反响。多年后，李抱真入朝时对李适说："微臣宣布陛下赦文的时候，士兵们全都感动得流下了眼泪，从那时开始，我便知道平定叛乱的日子已经不远了！"

看到朝廷主动抛来的橄榄枝，王武俊、田悦、李纳全都识趣地去除了王的称号，纷纷上表认罪。

朱滔觉察到在朝廷的政治攻势之下田悦也开始动摇了，急忙派人去做他的思想工作。朱滔遣人对田悦说："当初为了你，我不惜拼死一战。如若你还顾念这种情分，就请与我一同南下！"

此时的田悦也陷入巨大的彷徨之中，不愿轻易割舍那段同生共死的情谊，更不愿拱手放弃这个千载难逢的宝贵机遇。

这时，幕僚许士则说："朱滔不过是一个反复无常并且心狠手辣之人。他杀害了自己的上司李怀仙，谋害了自己的同族朱希彩，甚至连自己的亲哥哥都算计。您怎么能相信这种人的话呢？如果您贸然出城迎接，一旦被他趁机擒获，后果将会不堪设想啊！"许士则的一番话使得田悦内心的天平发生了倾斜。

忧虑迅速爬上了田悦的脸庞，惶恐不安地说："既然如此，我该怎么办呢？"

许士则走到他身边耳语几句，田悦会意地点点头。

朱滔频繁的公关活动引起了王武俊的警觉，急忙派人去见田悦，并传话："这是一个大是大非的原则问题，千万不能追随朱滔南下，只需坚守即可！"

朱滔率领那支规模庞大的军队浩浩荡荡南下了。幽州步兵、骑兵共计五万余人，还有一万多临时招募的私兵，回纥兵三千人，辎重前后连绵四十余里。

一路之上，朱滔得到是恭维和称赞，鲜花和掌声，佳肴和美酒，尤其是进入魏博镇的疆域后，田悦派去问候的使者一时间络绎不绝。这让朱滔顿感自己的南征之路是那么光明，那么美好，可这却不过是表象。

兴元元年（公元784年）正月初五，朱滔派使者会见田悦，约定在馆陶县会面，商讨南征事宜。

看着朱滔的使者，田悦却满面愁容地说："我南下的决心很坚决，可是我手下的那帮将士不听我的话啊！这也怪不得他们，这些年光打仗了，而且也没打过什么胜仗，尤其是最近一年多的时间里被死死地困在魏州城中，缺吃少喝，物资匮乏。我早晨离开魏州，晚上肯定就会出事！我已经安排五千人跟随五哥（即朱滔）前去干些放马喂马的杂活。"

为了表示歉意，田悦专程派人前去向朱滔谢罪。朱滔知道自己这回被田悦要了，五雷轰顶的朱滔咆哮道："田悦这个叛贼！当初你身陷重围命悬一线，而我却冒着背叛国君和抛弃兄长的危险马不停蹄地前去救援你，你才得以侥幸存活下来。你给我贝州，我不要，你尊奉我为皇帝，我不当，可如今你却负恩背德，骗我远来，又不肯出兵！"

朱滔派遣手下人四处劫掠，四处攻伐，一时间生灵涂炭，一时间硝烟四起。

田悦无心，也无力阻止朱滔的报复行为。你爱打哪里打哪里，你爱抢哪里抢哪里，我只需守好魏州城就好。

为了扭转河北战局，李适加封李抱真、张孝忠、王武俊为同中书门下平章事，田悦检校尚书左仆射。

康日知被调离河北，改任同州刺史、奉诚军节度使，远离了河北的烽火，也淡出了历史的舞台。

王武俊成为新任成德节度使，恒冀观察使和深赵观察使也同时撤销。王武俊管辖恒州、冀州、深州、赵州四州。朱滔北返幽州后，其占领的原属于淄青镇的德州、棣州也随即被王武俊所占领，朝廷不得不于次年正式下诏准许成德镇增领两州。此时王武俊的管辖地域已经接近于成德镇全盛时期。

德州、棣州两州位于黄河以北，与淄青镇其他属州被黄河所阻隔，因此失去两州对于李纳来说并无大碍，加上此前失去的徐州，此时李纳手中的地盘已经比其父亲李正己在位时缩减了三州，但淄青镇仍旧是管辖十二州之地的大藩镇。

唯独执迷不悟的李希烈依旧向着心中的皇帝宝座不断迈进。

这年正月，在春节的喜庆气氛之中，李希烈终于迫不及待地登上皇帝的宝位，更改国号为大楚，更改年号为武成，此时这场"两帝四王"的闹剧也达到了最高潮。

李希烈让手下人给颜真卿捎去了一句话："既然你不肯失去臣子的气节，你就自焚以谢天下吧！"

在颜真卿居住的院中堆起柴火，浇上油脂。他毫不犹豫地走向熊熊燃烧的火堆，因为他想在烈火中永生，可是却被拦了下来，因为让他继续活下去还有价值。

淮西将领杨峰携带着新皇帝李希烈的赦文前去会见淮南节度使陈少游和寿州刺史张建封。陈少游迎接他的是丰盛的酒席，而张建封迎接他的却是冰冷的屠刀。

张建封自幼就喜文章，能辩论，有气节。安史之乱后期，名将李光弼坐镇河南，一伙盗贼常常出没在苏州、常州间，残掠乡县，祸害百姓。代宗皇帝派遣宦官马日新前去督导剿贼之事。就在战事一触即发之际，那时只有二十七岁的张建封主动求见马日新，恳请准许他前去劝说那伙贼人，以免大动干戈。

得到马日新准许之后，张建封孤身前往贼人巢穴，其实那伙乱民并非恶贯满盈的亡命徒，原本只是普通百姓，因饱受饥荒之苦才被逼上这条路。他凭借三寸不烂之舌对他们晓以利害，成功地说服了那伙打家劫舍的贼人，一日投降者竟达数千人，从此名声远播，以至于令狐彰、刘晏、马燧等朝廷高官纷纷聘请其作为自己的幕僚。

张建封与马燧的关系最为亲密，马燧一直在不遗余力地向朝廷举荐他。宰相卢杞原本很厌恶他，可原来的寿州刺史崔昭暗中与李希烈勾结，必须要马上撤换，卢杞又找不到其他合适的人选，才心有不甘地举荐张建封出任寿州刺史，而张建封也的确没有辜负马燧对他的期许。

在众目睽睽之下，在寿州最为繁华的闹市区，李希烈派来的使者杨峰被腰斩了，为自己主子的野心殉葬了。

李希烈之所以处心积虑地拉拢前后两任寿州刺史只因寿州四通八达的战略枢纽地位，《读史方舆纪要》称寿州"控扼淮颍，襟带江沱，为西北之要枢，东南之屏蔽"。

大唐皇帝李适闻听此事之后龙颜大悦，随即提升张建封为濠州[①]、寿州[②]、庐州[③]三州都团练使。这三州原本都属于淮南节度使管辖，朝廷此举可谓一石三鸟，一是对张建封临危不惧、忠贞不渝的奖赏，使其从地厅级干部一举跻身省部级干部的行列；二是从北、西、南三面将淮南镇紧紧包裹住，成为朝廷抵御李希烈侵袭的重要屏障；三是在一定程度上阻隔李希烈与陈少游之间的暗中勾结。

张建封的公然挑衅让李希烈出离愤怒。陈少游也为此而惶恐不安，他一直游走于朝廷和李希烈之间，而张建封又熟知其中的内幕，他的存在无疑成为陈少游的一个致命威胁。李希烈和陈少游都有着一个共同的心愿：让张建封赶紧死。

---

① 治所位于今安徽省滁州市凤阳县。
② 治所位于今安徽省淮南市寿县。
③ 治所位于今安徽省合肥市区。

　　李希烈手下大将杜少诚带着两人的殷切希望出征了。张建封敢于与李希烈公开决裂不仅仅是因忠诚而坚守，也不仅仅是因自信而执着，而是因为他具有自保和自卫的能力。

　　张建封派遣他的部将扼守战略咽喉，也就是位于霍邱县的秋栅。秋栅成为淮西大将杜少诚难以逾越的屏障，只得转而南下侵扰蕲州、黄州二州，从而断绝来自江、淮地区的赋税运往京城的通道。

　　江西节度使嗣曹王李皋急忙派遣蕲州刺史伊慎领兵七千前去抵抗。两军在永安戍①展开激战，伊慎设立三个栅垒，相距四里，将鼓角放置在中间的那个栅垒之中。杜少诚分别派兵将三个栅垒团团围住，还没有来得及部署到位，就听到震天的鼓声，三个栅垒之中的官军一起杀出，叛军顿时就慌了神，也乱了阵脚。官军斩首一万余级，杜少诚只身逃走，而他手下的部队却几乎损失殆尽。

　　李皋又乘胜领兵围安州②。不久前，荆南节度使张伯仪曾在安州惨败，而如今安州又将迎来一场血战。

　　安州城外有涢水阻隔，防守异常坚固，官军久攻不下。为了保住来之不易的安州，李希烈让外甥刘戒虚率步骑兵八千余人前去救援，谁知年纪轻轻的刘戒虚不仅未能救得了别人，反而葬送了自己。

　　刘戒虚带兵走到应山的时候，一时间杀声四起，锣鼓喧天。李皋早已命李伯潜埋伏在那里守株待兔。惊慌失措的刘戒虚赶紧组织部属进行防御，却为时已晚。经过一阵厮杀，刘戒虚被俘，与其一同被俘的还有其手下两员大将和二十员裨将。李皋将五花大绑的刘戒虚押到城下，给城中负隅顽抗的叛军带来巨大的心灵震撼，然后派遣说客进城劝降，但城中的叛军却说："如果李公能派遣一两位手下的大将和宾佐作为凭信，我等就立刻投降。"

　　于是，李皋派遣自己的幕僚王锷和部将马彝顺着绳子爬入城内，城中的叛军见到二人之后不禁大声欢呼，随即打开城门，让官军进入城内。

---

① 治所位于今湖北省黄州市境内。
② 治所位于今湖北省安陆市。

在平定李希烈之乱中，李皋与刘玄佐一南一北，一文一武，使得李希烈首尾难顾，四面受敌，居功至伟。李皋率军夺取了蕲州、黄州、沔州和安州四州之地，历经大小战斗十余次，无一败绩。

在李皋的感召和威慑之下，淮西将领李惠登献出隋州投降，而他也得以继续留任隋州刺史。李惠登生性朴素，虽然没有什么学识，却深谙为政之道，"利人者因行之，病人者因去之"①，治理隋州二十年，百姓安居乐业，歌舞升平。

李希烈手下骁将董侍招募了七千敢死队袭击位于长江中游的鄂州②。鄂州刺史李兼放倒旗帜，停止击鼓，关闭城门，静静等待着董侍的到来。

董侍误以为李兼因怯懦而不敢应战，于是明目张胆地命人将从房屋上拆下来的木材全都堆在城门口，准备点火焚烧。恰在此时，城门却突然开了，李兼突然率领众将士从城中杀了出来，杀董侍一个措手不及。

兴奋不已的李适随即任命李兼为鄂州、岳州、沔州三州都团练使，这一仗也打出了李兼的威名。

李希烈手下那帮骄兵悍将屡屡受挫，以至于东边担忧张建封，南边畏惧嗣曹王李皋，西边害怕李兼，不敢再有窥伺长江、淮河的企图了。

兴元元年（公元784年）五月，李希烈亲率五万兵马围攻战略要地宁陵③，舟乘相继，绵延七十里。此时刘玄佐手下大将高彦昭与刘昌共同防宁陵，而他们手中此时只有区区三千人，自然感受到空前的压力。

眼见形势越来越危急，高彦昭立在城头之上按剑而立，毫无惧色。他手下的将士们见到主帅在如此危急的时刻仍旧胜似闲庭信步，也就不似先前那么紧张了，但刘昌却对于这场惨烈的战斗缺乏信心。

刘昌对众人说："按照兵法，切勿与成倍的敌人作战。如今敌众我寡，我们不如先行撤退，从而麻痹敌人，使其变得更加骄狂，而骄兵必败！到那时我们再从宋州带领精兵出其不意，攻其不备，则大事可成！"

---

① （后晋）刘昫等纂：《旧唐书·卷一百八十五下·李惠登传》，汉语大词典出版社2004年全译本，第4149页。
② 治所位于今湖北省武汉市武昌区。
③ 治所位于今河南省商丘市宁陵县。

高彦昭却说："刘君先稍稍等一等，先让我等尽力拼杀一阵，看看结果到底如何？"

高彦昭随即登上城楼，高声喊道："刘中丞想要主动示弱，然后再乘机杀他个措手不及。这固然是个好计策，但我们那些受伤的弟兄们可怎么办？我们一旦撤退，伤者必然死于城内，而逃者或许也会死在城外，到那时我们恐怕就真的完了！"

将士们闻听此言，泣不成声，一边下拜一边说："高公在这里，谁还敢离开！"

见到此情此景，刘昌不禁羞愧难当。

高彦昭将自己家的牛宰了犒劳手下将士，而那些跟随他一起出生入死的弟兄们一边吃着牛肉一边暗下决心与叛军拼死一战。虽然他们屡屡挫败叛军的攻势，但形势却没有得到根本性改变，宁陵仍旧是一座随时可能会陷落的危城。

刘昌见状又开始动摇了，力主向宣武节度使刘玄佐请求支援，还命人写好了告急文书。高彦昭看后不悦地说："君为何如此轻视我们呢？"他随即拿过纸笔，洋洋洒洒写下数百言，字里行间满是自信，也透着乐观。

刘玄佐收到书信后不禁大喜过望，感慨道："如今健将守在那里，我还有什么值得忧虑的呢？"

高彦昭和刘昌率领手下士卒死守宁陵，以至于四十五天都不曾脱下铠甲。即使李希烈疯狂攻城，即使李希烈引水灌城，他们都未曾放弃过，因为他觉得自己的坚守是有价值的，是有意义的。做人要做有意义的事，不抛弃，不放弃！

就在战事陷入胶着之际，镇海军节度使韩滉派来的援军已经悄然抵达城外，数千强健的弩手趁着浓重的夜色游过汴水进入宁陵城。

当朝霞再次洒向大地的时候，这些来自江南的弩手们扣动弩机。一支支弩箭带着仇恨"嗖嗖嗖"地射向李希烈的帐幕。

由于身材相对矮小在近身肉搏中往往会处于劣势，于是他们便寄希望于依托弓弩等远程打击武器在远处射杀敌军。江南制造弩机的技术水平在整个大唐都处于领先水平，能够从城上射到敌军主帅的营帐足见其射程之远，力度之大。

惊恐不已的李希烈呼喊道："不好，江南的弩手到了！"

就在这时，城门却突然开了。在强有力的弩箭掩护之下，高彦昭率领手下那帮早已看淡生死的弟兄们如下山猛虎般冲杀过来。叛军对此显然缺乏心理准备，顿时就溃不成军，此一战损失一万余人。

江南弩兵的到来无疑成为改变战争走向的关键。韩滉虽然远在江南，却一直牵挂着前方的战事，一直牵挂着困守奉天的皇帝李适。

为了韩滉，李适将原本已经分立的浙江东道和浙江西道重新合并，而且将其由观察使升格为节度使。朝廷对韩滉的格外赏识是因为他成为朝廷的钱袋子。如果他像那些割据一方的节度使一样，肆意截流上交朝廷的赋税，估计朝廷很快就会面临断炊的危险。

韩滉准备派使者去进献绫罗四十担，幕僚何士干主动请缨。韩滉满脸喜悦地说："你若能够替我去，再好不过了。请先生今日就渡江远行吧！"何士干随即爽快地答应了。

当何士干回家去向家人告别时，韩滉已经让人将他家中所需的柴米油盐全都摆放在门口和庭院之中，免除了他的后顾之忧。何士干登船时，韩滉早已命人将需要运输的物资装船，航行期间的用具也一应俱全，甚至给每个担夫都配发了一块用于系在腰间的银牌，就连清除粪便的拭秽之具，他都亲自过问。船上用具之周全，之详备，让何士干钦佩不已。

后来，韩滉运送一百艘船的粮米给李晟充作粮饷。贵为封疆大吏的他却亲自前去背米，他手下的将佐们见状都争着去背米袋，不一会儿，就把船装完了。韩滉还为每艘船配备了五名弩手，防备打劫，互相声援，有盗贼时，便敲击船舷，互通警报，直至运到渭桥，都不曾有盗贼敢于靠近。

遭受重创的李希烈主动撤兵了。就在宁陵之战打得难解难分的时候，李希烈的后方却出事了。

当初汴州失陷，永平节度使李勉回朝，滑州刺史李澄眼见大势已去只得无奈地以城降贼，但他很快就发现李希烈绝非成事之人，暗中派遣部属走小路前往奉天向李适表达甘愿反正之意，此时的李适正处于一生之中最为艰难的时刻，并未责备他背叛朝廷的过往，反而对其嘉许一番，将诏书封在蜜丸之中让使者带回，授李澄为永平节度使。

李澄却并没有立即起事，一边加紧操练人马，一边在观察周边形势。李希烈很快就觉察到了他的异动，于是调来六百养子亲军监视他。由于宁陵久攻不下，李希烈只得向李澄求援。李澄密令焚烧军营故意营造仓皇逃走的假象，李希烈派来的那些养子们见有机可乘，趁机大肆劫掠。李澄随即率领大军将其全部斩杀，并将此事上报李希烈，李希烈虽然憋了一肚子火，却也无法怪罪李澄，毕竟是他派去的那些养子亲兵擅自违反军纪劫掠一方。

当时淮西大将翟崇晖正率精兵进犯陈州还未回军，驻守汴州的叛军兵力并不多，李澄料定叛军奈何不了自己，恰巧李适派来的宦官持节前来加封李澄为武威郡王。李澄心一横，当即烧毁李希烈赐给他的旗帜符节，表示归顺朝廷。

李希烈接连收到一个又一个坏消息。李澄归顺朝廷，而陈州之战也陷入胶着状态。

见陈州危急，宣武节度使刘玄佐派遣马步都虞侯刘昌与邠宁、陇右行营节度使曲环领兵三万人前去援救陈州①。

曲环是参与过平定安史之乱的老将，西南战事刚刚平息，曲环又率兵马不停蹄地赶往泾州②，前去镇压泾原将领刘文喜发动的叛乱。曲环因屡立战功而升任邠宁、陇右行营节度使。

唐代，军队有时会离开防区外出作战，这时往往会组建行营，如果节度使随军出征，那么节度使就需要任命节度留后。留后在节度使外出期间暂行节度使职权，指挥防区内的留守部队。如果节度使仍旧留在防区，那么便会任命行营节度使指挥出征部队。两支或者两支以上互不隶属的部队组建的行营也会设立行营节度使统一指挥，有时还会设立地位更高的都统，甚至是副元帅。曲环统帅的这支行营部队就分别来自邠宁和陇右两镇。

---

① 治所位于今河南省周口市淮阳县。
② 治所位于今甘肃省平凉市泾川县。

一直南征北战的曲环如今又奉命来到河南战场，等待他的又将是一场恶战。

兴元元年（公元784年）十一月初六，在曲环与刘昌的奋力搏杀之下，官军在陈州西面收获了一场酣畅淋漓的胜利。淮西将领翟崇晖被擒，三万五千淮西军战死沙场，这一仗也使得淮西军元气大伤。

随着战场形势急转直下，李希烈顿时觉得这座繁华的汴州城刹那间杀机四伏，危机重重，因为这座通过暴力和血腥夺取的城池原本就不属于他。

李澄率军率先抵达汴州城，却因心存畏惧而不敢贸然进军。他身为永平节度使，汴州原本是他的属州，如今就因他的迟疑，在不经意间将水陆枢纽汴州拱手让与他人。

十一月二十一日，汴州守将田怀珍打开城门。刘玄佐以胜利者的姿态大摇大摆地率军进城，此时距离汴州失陷近一年的光景。

次日，李澄才进入汴州，但两军将士每日都会发生争斗。适逢李希烈任命的郑州守将孙液向李澄投降，李澄于是引兵在郑州驻扎。他自知刘玄佐实力强劲，对汴州早就垂涎三尺，而他也识趣地退避三舍。

汴州再次回到了朝廷的手里，准确地说是回到了刘玄佐的手里。次年六月，宣武节度使刘玄佐兼任汴州刺史，而他也将节度使的治所搬进了繁华的汴州城，而这个诞生时间不长的小藩镇也得以迅速成长为一个足以影响政局发展甚至影响历史进程的举足轻重的强藩。一百二十三年以后，曾经繁华一时的大唐被它无情地吞噬了。汴州也从此取代长安和洛阳成为新的政治中枢。

翻看着从汴州城中缴获的记录李希烈每天衣食住行的《李希烈起居注》，刘玄佐的脸上露出了得意的笑容，因为他有了一个惊人的发现，上面居然赫然写着："某月某日，陈少游进上表章，表示归顺。"

陈少游知道自己变节的事情泄露了，又惭愧，又恐惧，又后悔，又愤懑。

十二月初八，惊恐过度的陈少游死了，可是朝廷却并没有对他犯下的罪行进行彻底的清算，而是让他带着荣耀走了。朝廷追赠他为太尉，还专程派人送去抚恤金，可是他却被永远地钉在历史的耻辱柱上，他的名字也因此被列入叛臣列传。

陈少游一死，淮南大将王韶打算自称留后，还准备借机大肆劫掠一番。镇海军节度使韩滉得知后派出使者警告他说："倘若你胆敢犯上作乱，当日我便带领全军渡过长江去讨伐你！"王韶因畏惧韩滉而只得作罢。李适听闻此事后兴奋地说："韩滉不仅经略江东有方，还安定淮南，真乃难得的人才！"他当即加授韩滉同中书门下平章事，朝廷又多了一个使相。

正是韩滉的坚守，江淮地区的粮食布帛源源不断地运抵长安，一日也不曾停歇，维持着朝廷的正常运转。

自持兵多将广的李希烈顿时就陷入四面楚歌的绝境之中，惊慌失措地逃回老巢蔡州①。回到原点的李希烈觉得自己仿佛做了一场跌宕起伏的梦，当梦醒的时候，他却不得不面对残酷的现实，只因他再也回不到从前了。

---

① 治所位于今河南省驻马店市汝南县。

第五章

毁灭与重生间的轮回

风云再起的悲凉

奉天之围终于解除了，经历了劫后余生的将领们纷纷前去道贺。一直陷入精神高度紧张之中的李适终于可以放松一下。正当李适陶醉在胜利的喜悦中时，不和谐的音符却出现了，而这个声音来自汴滑行营兵马使贾隐林。

"陛下性情急躁，没有海纳百川的气魄。如果陛下还不有所改变，即使朱泚败亡，或许您还会遭遇新的劫难！"

要是在从前，李适听到这样的话肯定会勃然大怒，可他这次却表现得出奇理智，因为这段艰难的日子使得他不断地反省着自己曾经的所作所为。

贾隐林尖锐的话语虽然直刺李适的痛处，可是他却不得不钦佩贾隐林目光的敏锐，因为人有的时候最不了解的反而是自己。

贾隐林本是滑州牙将，曾在前后两任永平节度使李勉、李澄麾下效力。听闻泾原兵变，长安失陷，皇帝出逃，他带领本部兵马星夜兼程地赶到奉天来救驾，几度以性命相搏才使得李适死里逃生，侥幸脱险，因此李适并未嗔怪于他。

经此一劫，李适一直都在反省，一直都在改变，可是他反省得不到位，改变得不彻底，所以贾隐林的预言竟然在不久的将来变为了现实。

朱泚灰头土脸地返回了长安，以前是他围着对手打，而在接下来的日子里是对手围着他打。

困兽犹斗的朱泚仍旧没有忘记舆论宣传和心理威慑。他时常派人从长安城外匆匆跑进城，绕着城墙大声呼喊："奉天城攻破啦！"

然而这种政治伎俩渐渐失去了效力，种种迹象也显示朱泚的末日快要到了。

为了能够继续生存下去，朱泚只得用大把的黄金白银来笼络人心，守城的将士获得大量的封赏，城中的官员家属们获得高额的俸禄，甚至对敌人留在城中的家属都能按时足额供给粮食。

朱泚俨然成为一个慈善家，因为这些钱过去不是他的，所以他花起来并不心痛；这些钱以后也未必是他的，所以他花起来毫不吝惜。

就是这么毫无节制地花，直到长安光复后，国库中仍旧留有大量钱财，可见李适手下那帮主管财政的官员们横征暴敛的程度！

朱泚所能指挥的只有跟随自己多年的幽州兵以及归降的戍守长安的禁军。那群骄横跋扈的泾原兵根本就不听从他的指挥，他们终日守护着自己劫掠来的钱财，丝毫没有外出作战和心思。

当朱泚几近绝望的时候，希望却出人意料地照进了现实。

"生性粗疏"的李怀光是一个大大咧咧的愤青。他不仅舍生忘死地平定祸乱，而且一直在思索祸乱之所以会发生的原因。卢杞、赵赞、白志贞被李怀光认定为这场劫难的罪魁祸首，他不止一次地说："一旦见到圣上，我一定奏请圣上杀了那些罪魁祸首！"

"一定不能给李怀光面见天子的机会，否则自己就性命堪忧了！"宰相卢杞不断地提醒着自己。在他的心中，李怀光比朱泚更为可怕，因为朱泚或许还会给他留一条活路，而李怀光留给他的只有死路一条！

老谋深算的卢杞自然不甘心坐以待毙，竭尽所能地阻止李怀光与李适见面。

"如今朱泚军队因为刚刚打了败仗而士气低落，军心动摇，如果陛下诏令李怀光一鼓作气攻克长安，那么这场变乱很快便会结束。一旦给叛军以喘息之机，那么再想攻克长安可就困难了！"

李适点点头，他在不知不觉间又犯了急躁冒进的错误，欲速则不达！

李怀光怀着激动的心情等待着李适的召见。他不断幻想着李适会用何等隆重的礼节来迎接他这位再造社稷的大功臣。

他热切期盼的圣旨终于到了，可是却令他大失所望。他和他的部队刚刚经历了艰辛的长途行军，刚刚经历了惨烈的血腥战斗，如今却被自己效忠的皇帝再次推到了战争的一线，居然还限期攻克长安！

这个有些不近人情的命令强烈地刺激着李怀光的神经，不满的种子在他的心底深处开始生根发芽。

沸腾的热情顿时被彻骨的寒意冷却了。刚刚走过的数千里路显得那么短，是因为他有一颗急切热烈的心；如今要走的区区上百里路却显得如此之长，是因为他有一颗哇凉哇凉的心。

李怀光逐渐猜到了其中的隐情，知道肯定有人从中作梗。他将胸中满腔肺腑之言都化作奏章上洋洋洒洒的文字，这封奏章犹如一颗威力巨大的炸弹在群臣中间炸响。他说出了许多官员敢怒而不敢言的话，引起了强烈的反响。

皇帝什么都不怕，但是一怕上天，二怕舆论。自称上天之子的皇帝不可能不顾及上天的示警，自称万众归心的皇帝不可能不顾忌大众的感受。李适终于撑不住了，一狠心将处于舆论风口浪尖的卢杞、赵赞、白志贞全都贬到偏远州县出任司马。这其实不失为对他们的一种保护，毕竟退一步海阔天空，让一步风平浪静。

不依不饶的李怀光又弹劾宦官翟文秀。当初邠宁留后韩游瑰率兵救援奉天，想着立刻进城加强城中防守，而翟文秀却执意要求部队坚守便桥。李怀光因此对他怀恨在心。李适索性将翟文秀杀了，因为奴才有的是！

李适算是给足了李怀光面子，可李怀光对李适的猜忌却反而更重了。据《资治通鉴》记载："李怀光既胁朝廷逐卢杞等，内不自安，遂有异志。"①

这未免太匪夷所思了吧！其实真正将战功显赫的李怀光推上反叛这条不归路的是李晟。顶着耀眼光环的名将李晟一直受到世人的顶礼膜拜，可是他却有着鲜为人知的另一面。

李晟部与先期抵达的刘德信部一同驻扎在东渭桥。刘德信部在此前的战斗中屡立战功，相比之下，李晟要显得黯淡许多。

那天，毫无心理防备的刘德信来到李晟的大营。李晟那张冷峻阴森的脸使刘德信感到一阵恐慌与不安，尤其是那双透着杀气的眼睛。

"你想干什么？"

"你知罪吗？"李晟历数刘德信犯下的种种罪行（欲加之罪，何患无辞），仿佛一位宣读判决书的审判长。

"拉下去斩了！"

刘德信就这样稀里糊涂地死在了战友的手里，李晟随即兼并了刘德信的

---

① （北宋）司马光主编：《资治通鉴·卷二百三十》，改革出版社1995年版，第4885页。

部队。

刘德信东征时的职务是神策制将行营兵马使兼御史大夫，而李晟东征时的职务是神策先锋都知兵马使兼御史中丞。要论本职，李晟的都知兵马使自然要比刘德信的行营兵马使要稍稍大一些；要论兼职，刘德信的御史大夫却要比李晟的御史中丞高。总体而言，两人的地位并没有太大的差异，可是由于李晟在河北战场屡立战功很快便被提升为神策河北行营节度使。李晟此时的地位此已明显高于刘德信，但两者却并不存在隶属关系。

李晟为何要在大敌当前之际斩杀原本并不隶属于自己的大将呢？《新唐书》的解释是："时刘德信自扈涧败归，亦次渭南，军嚚无制。"①刘德信治军无方致使麾下将士四处劫掠，所以李晟才对他动了杀机。如若真是如此，李晟这么做也情有可原。

这场变乱的见证者，生活于德宗时期的赵元一所著《奉天录》却给出了不同的解读。"初，刘德信军礼不备，失仪于公，公斩之。"刘德信仅仅因为对李晟礼数不周便惨遭杀戮，这确实有些骇人听闻。其实失礼仅仅是个表象，深层次的原因则是刘德信比李晟率先返回关中，成功牵制了叛军，抢了李晟的风头。

正史对这件事大多轻描淡写，而且竭力阐述李晟兼并刘德信的必要性。这一切不过是为了维护李晟的正面形象。"刘德信事件"无疑彻底暴露了李晟内心的阴暗面。其实正是在李晟的算计下，李怀光一步步走向了一条不归路。

李怀光在胜利曙光初现的时候，却甘愿走向朝廷的对立面。难道不耐人寻味吗？除了李怀光偏执的性格之外，李晟的步步紧逼或许就是关键因素之一。

李晟上奏李适请求将军队转移到东渭桥，这分明是对友军心存疑虑。李适有时昏庸得像个呆子，有时却精明得像个圣人，他并没有批准李晟的请求，可一波未平一波又起的局势最终还是超出了他的预期。

---

① （北宋）宋祁、欧阳修等纂：《新唐书·卷一百三十三·李晟传》，汉语大词典出版社2004年全译本，第3071页。

神策军与朔方军的待遇水平存在着很大差异。李怀光上奏李适希望尽快解决"同工不同酬"的问题。李怀光这个举动被认定为企图制造事端，借机损害李晟在军中的地位，可是事情却并没有那么简单！

一个重要且极易被忽略的细节需要重新解读。李怀光手下的将士们常常掠夺百姓的牛马，而李晟军却秋毫无犯。表象是李晟治军有方，军纪严明，深层次原因是神策军将士有的吃、有的喝，还用得着抢吗？

一向治军严整的李怀光严厉得几乎不近人情。这才使得泾原将领们对于他接任泾原节度使反应异常强烈，最终酿成刘文喜之乱。李怀光的部队来到长安城下却突然变得无组织、无纪律，其中肯定另有隐情。

自古以来"不患寡而患不均"，待遇的落差肯定会使得将士们出现情绪波动。以前大家不在一起，你不太清楚我挣多少，我也不太清楚你挣多少，京城的生活成本确实要比边疆地区高，自然不会如此强烈感受到彼此的差距竟然会如此之大。

如今却不同了。大家都在京城附近驻扎，都在干同样一件事，而且都是以生命为代价的高风险工作，凭什么你比我挣得多。

这实际上是李怀光在向朝廷反映朔方将士们一个强烈诉求：平等。

李适确实也有难处。随着各地税收源源不断地运来，那些不堪回首的忍饥挨饿的日子彻底一去不复返了，可是李适却对供养长安附近如此庞大的军队还是感到有些力不从心。如果都按照神策军将士的标准统一发放军饷粮食，朝廷肯定承受不了这笔巨大的开支，因为朔方军的规模达到五万之众。

李怀光自然理解朝廷的难处。其实他并不是想提高自己部队的待遇，而是希望降低神策军将士的待遇，这样大家就平等了。

李适对此一时间犹豫不决，特意派遣自己的亲信陆贽到前线调研，召集李怀光和李晟商讨可行性方案。

"待遇不一样怎么能让将士齐心合力呢？"李怀光开门见山地说。

陆贽并没有表态，而是将目光投向了李晟。

"您是主帅！您自己看着办吧！"李晟将这个难题重新抛给了李怀光。

如果李怀光执意坚持下去，他将会成为神策军将士们的众矢之的，况且两军的关系一直以来都不太融洽。李怀光曾经为了示好主动将劫掠的牛羊分给神策军将士，可是自视高傲的神策军将士却并不领情，将友军送来的礼物拒之门外。

陆贽轻轻地走了，正如轻轻地来，带走了李晟的殷切希望。神策军降薪的事就此搁置下来，可是双方的裂痕却越来越大。

神策军是中央禁军，皇帝和朝臣对于这支部队有着本能的呵护和关爱。朔方军则是一支让皇帝既倚重又猜忌的部队，有过赫赫的战功，也有过反叛的经历。由于郭子仪和代宗皇帝李豫结下了特殊的情谊，朔方军迎来了一个前所未有的黄金时期，可随着李豫的去世，一切都在悄然发生着变化。

李适上任之初便免去了郭子仪的兵权，然后将朔方镇进行了拆分。这一切都说明新皇帝对这支有着复杂背景的部队心存疑虑。

陆贽内心的天平会不自觉地偏向禁军将领李晟，加上李晟的公关工作做得又很有成效，陆贽自然有所偏袒。

正是因为朝中有人为自己说话，李晟才敢于在没有得到皇帝诏命的情况下擅自率军脱离大部队将自己所率的兵马单独移驻东渭桥。

这给李怀光带来的心灵震撼可想而知！一个统帅竟然无法预知所属部队的动向，这场仗还怎么打？

更为重要的是李怀光无从知晓这是李晟的个人行为，还是皇帝的旨意。这更是加深了他对朝廷的不满，明摆着就是不信任他！

李晟却还不满足。他还是希望陆贽能够成功劝说李适，让鄜坊节度使李建徽和神策行营节度使阳惠元脱离李怀光的控制，移驻东渭桥。陆贽也的确长篇大论地论证李建徽和阳惠元应该脱离李怀光的理由。

李适显然被说动了，可是他也知道由此带来的巨大负面影响。他担心李怀光再也经受不住这种刺激了，只能再等等看。

尽管如此，他最为担心的事情还是发生了。

难以收拾的残局

李晟上奏李适恳请任命自己的三名亲信副将分别担任洋州、利州、剑州三州刺史。洋州是关中通往山南东道的门户，而利州和剑州则是山南东道通往剑南的门户，他这么做的目的是保证李适南下道路的畅通。这当然又是为了防范手握重兵的李怀光。

虽然这个建议再次被李豫否决，可是随着李晟与李怀光的矛盾不断升级，刚刚从一场灭顶之灾中挣脱出来的大唐再次被推到了危险的边缘。在此千钧一发的时候，李适一个不经意的举动将之前所有的努力都化为了泡影。

李适决定前往咸阳前线视察，他这个突然的举动让李怀光和他手下的那帮将领们顿时绷紧了神经，因为之前发生的种种不快使得李怀光与朝廷的关系变得微妙而又敏感。

"这分明是汉高祖巡游云梦泽的计策！"一个将领愤愤不平地说。

"对，这应该是一个阴谋！"在场的将领们纷纷附和道。

此时的李怀光正在那条不归路上越走越远。李适自然感受得到他的变化，一直在试图挽救，可那些挽救的措施反而成了变乱的催化剂。

兴元元年（公元784年）二月二十三日，李适晋升李怀光为太尉，还特意赐给他铁券。

传达圣旨的人不是宦官而是神策右兵马使李卜。禁军将领带着升官的诏书和免死的铁券突然出现在李怀光面前带，这给他的并不是荣耀，而是不安。

当着朝廷使者的面，李怀光竟然将铁券重重地摔在地上，愤愤不平地说："难道皇上猜忌我李怀光吗？"

一块本来可以免罪的铁券怎么会引起李怀光如此之大的反感呢？因为许许多多铁券的拥有者最终都难逃厄运，安禄山如此，仆固怀恩也是如此！

李怀光居然得出这样的结论：我本来不想造反，如今赐给我铁券，这是想逼我造反啊！

李怀光用如此直白的、赤裸裸的方式与朝廷对抗无疑体现出他在政治上的稚嫩。安禄山当年发动叛乱时假称奉皇帝密旨诛杀杨国忠。这为他起兵披上了一件合法的外衣，即使那些跟随他走上叛乱之路的将士们后来渐渐醒悟了，也没有了退路。

不仅政治策略上李怀光与安禄山相差甚远，驾驭能力更是有着天壤之别。一个军事统帅对军队的控制力取决于将领们对他人身依附关系的强弱，而这无疑需要时间的累积。李怀光是安史之乱后快速成长起来的将领，他出任节度使不过才短短四年多的时间，而且他始终生活在老帅郭子仪的阴影之下。

李怀光依靠治军严整才得以迅速巩固自己手中的权力，可是这一切都来源于他权力的合法性，也就是他手中的权力来自朝廷的授权。一旦他与朝廷走向对立面，那么他手中的权力自然也会失去了合法性，那种依托于威权的统治方式自然也就会变得脆弱不堪。

李怀光的出言不逊使得他手下的很多将领都看不下去了，这也成为貌似强大的朔方军分裂的开始。

朔方左兵马使张名振在军营大门口大声喊道："太尉按兵不动，侮辱使者，难道果真要造反吗？如今你轻易舍弃荣华富贵，反而成就了别人建功立业的梦想。这对您又有什么好处？末将不惜一死也要拦着你。"

李怀光顿时无言以对，只得敷衍道："我是绝对不会造反的。目前叛军兵锋日盛，我们必须积蓄锐气，等待时机。"

李怀光知道此时还不能和朝廷公然决裂，以修筑咸阳城的名义将军队移驻咸阳城。

张名振依旧不依不饶地责问道："你口口声声说不会造反，你为什么不进攻长安？你为什么不杀掉朱泚？你为什么把军队调到咸阳来？"

一连串的责问使得李怀光有些喘不过气来。他索性不再理他，愤愤地说："张名振得了精神病！"

李怀光命令侍从人员将张名振拉到外面，最终将他折磨致死。

朔方右武锋兵马使石演芬是一个西域胡人。由于他作战骁勇，李怀光一直把他当儿子看待，可是就是这个视同己出的部将暗中派人告诉大唐皇帝李适：李怀光正在暗中与朱泚勾结，请求罢免李怀光的兵权。

李怀光的儿子李璀此时正在李适的身边。身为监察御史的李璀一直深受李适的恩宠，在李适最困难的时候，他也一直陪在李适的身边。

石演芬的小动作自然没有逃过李璀的眼睛，李璀很快就将这件事密告自己的父亲。这其中有一个颇为值得玩味的细节，就是这个李璀在随后不久便密奏李适，自己的父亲肯定会辜负陛下，希望陛下早做准备。

同一个人在不同时刻为何会判若两人呢？李璀此时还不认为自己的父亲真的会反叛，可是随着父亲与朝廷的隔阂越来越深，父亲反叛的迹象越来越明显，他才渐渐相信。

李怀光有着与前辈仆固怀恩相似的心路历程：一切都是被逼出来。当然这其中有着他们内在的性格因素，更是因为朝廷处理不当。隔阂一旦产生，如果不妥善处理，便会越积越深，直到无法回头。虽然后人会觉得有些不可思议，可是最后那根稻草确实可以压垮一头健硕的骆驼。

李怀光召来石演芬，愤怒地责问："我一直把你当作儿子，可你却恨不得我家破人亡！既然你辜负了我，那么你死有余辜！"

石演芬振振有词地说："既然太尉辜负了圣上，我又为什么不能辜负太尉呢？我是一个直来直去的胡人，如果能够摆脱叛贼的恶名，即使死了也甘心！"

李怀光命人将石演芬切成碎块，因为他恨不得吃他的肉。

凌迟行刑是一门颇有讲究的艺术。如果想让你死得舒服一点，行刑的人会首先割断喉咙，那么之后所有的痛苦就都不存在了。如果想让你死得悲惨一点，行刑的人会让你生不如死，尝遍所有的痛苦后才奄奄一息地死去。行刑的人觉得石演芬是一位义士，所以让他以最小的痛苦离开了这个世界。

返回奉天的李卞并没有带回李适期望的消息，而是无限的惊恐。李怀光造反的迹象已经十分明显了，请陛下早做准备！

望着神色紧张的李卞，李适知道局势已经严峻到无法收拾的地步。他难以理解为什么会这样，可他却没有时间思考这些问题，因为危险随时都有可能会到来。

奉天再次进入高度戒备的状态，城外每一个微小的变动都牵动着李适那颗不安的心。

此时禁军将领李晟成为帝国皇帝李适最坚强的依靠，所以李适火线提拔李晟为河中节度使，加授同平章事，成为万众瞩目的"使相"。

李适身边的官员们开始悄悄地收拾行囊，因为他们觉得李适不会再停留在这个不安全的地方，可李适此时却仍旧在纠结着。他不想再失去李怀光，因为他的手中掌握着战斗力极强的五万朔方军。他的祖父肃宗李亨正是凭借这支军队收复两京，平定叛乱；他的父亲代宗李豫正是凭借这支军队抗击吐蕃，稳定边陲。这支军队对于他而言实在太重要了！他实在不忍心轻易放弃。

手下的将领们为什么会一个接一个地走上背叛道路的残酷现实告诫他，没有任何一个将领是值得信赖的。

走还是留？在这个关键时刻，一个关键人物出现了，那就是李怀光的儿子李璀。李璀铿锵有力地说："微臣的父亲肯定会辜负陛下，希望陛下早做打算。陛下对微臣的父亲恩重如山，微臣不忍心不说啊！"

李适没有想到李璀居然也会说出这样的话，反问道："你怎么能这么说呢？爱卿应该弥补朕和令尊之间的裂痕。"

李璀说了这样一番话："臣之进言，非苟求生；臣父败，则臣与之俱死矣，复有何策哉！使臣卖父求生，陛下亦安用之！"[①]

这席话说得慷慨激昂，也感人肺腑。我爱我的父亲，我爱我的家人，但我更爱我的国家！我这么做不是为了独自苟且偷生，我会和父亲共存亡！如果我真是卖父求荣之人，陛下又怎会安心地任用我呢？！

他是这么说的，最终也是这么做的，这才是他的难能可贵之处。

李适此时仍在试图挽回，派遣李璀前往咸阳进行最后的努力，可李怀光却说了一句发自肺腑的话："主上无信，吾非贪富贵也，直畏死耳，汝岂可

---

① （北宋）司马光主编：《资治通鉴·第二百三十二卷》，改革出版社1995年版，第4927页。

陷于入死地邪！"①

史书按照统治者的要求重构了李怀光的历史形象，其实很多记载都是失实的，可是这句话无疑是最接近李怀光真实心境的话语。李怀光反叛不是为了荣华富贵，不是为了政治野心，就是为了能够活下来，因为他愈加强烈地感受到自己的生命受到了威胁。

李怀光并没有将李璀扣留在自己的身边，而是允许李璀又回到了李适的身边，因为他希望李适理解自己的处境，体谅自己的苦衷，否则他怎么会忍心让自己的亲生儿子回到政治对手的身边呢？

如果李怀光真的像史书描写得那样蓄谋已久和阴险狡诈，此时他只需派出一支奇兵便可以将李适扣为人质，这样他便可以"挟天子以令诸侯"，可是他却并没有那么做。

事到如今，李适才知道李怀光再也无法回头了，自己必须尽快离开奉天。

这个消息传到身在梁州②的山南西道节度使严震的耳中。他派遣使者到奉天迎候李适，又派遣大将张用诚率领五千兵马前去迎驾，可是李适却对这个张用诚并不怎么放心。

史书众口一词地认定张用诚接受李怀光指使企图谋害李适，可是如果李怀光真的想这么做用得着费半天劲秘密联络远在梁州的张用诚吗？即使朔方军发生了内讧，李怀光毕竟还有一帮坚定的支持者。

在生死攸关的关键时刻，李怀光一系列的举动让人感到有些捉摸不定。他既一步步地与朝廷走向决裂，又没有果断地采取行动。他眼睁睁地看着手中的优势一步步地流逝，直到主动权彻底转移到对手的手中。

这一切都说明此时的李怀光正陷入无限的纠结之中，因为李适是一个让他爱恨交加的人，而自己又是一个过于感性的人。

张用诚不太可能是李怀光的人，但却肯定是一个让李适不安心的人，所以史家才会将这两个人联系在了一起。

---

① 同上。
② 治所位于今陕西省汉中市区。

适逢严震派遣牙将马勋进献表章，李适向他说出了自己的担忧。

马勋请求道："陛下不用忧愁，微臣现在迅速返回梁州去取兵符，传召张用诚即刻返回梁州。如果张用诚不接受传召的命令，请让我将他杀掉。"

"好，不过你什么时候回来？"

"微臣速去速回！"

马勋知道李适要的是准确日期，因为李适每在这里多待一天，危险就会成倍地增加。他硬着头皮承诺了一个时间，可是他却知道要想兑现承诺何其艰难，稍有不慎便会粉身碎骨。

在五名勇士的簇拥下，马勋带着严震的兵符前往张用诚的兵营。张用诚对于即将发生的一切丝毫没有任何心理准备，率领数百骑兵迎接马勋。马勋若无其事地与张用诚一同走向驿站，张用诚不会想到这里即将成为自己最终的归宿地。

由于天气寒冷，马勋在驿舍外面用禾秆点燃了许多火堆，士兵们都到火堆前烤火去了。马勋从容不迫地从怀中拿出兵符给张用诚过目说："严大夫传召你回去。"

张用诚顿感大事不好，下意识地站起身就要逃跑。

想跑没门！马勋带来的几个骁勇的将士早已埋伏在张用诚的背后，将他擒住。张用诚的儿子就站在马勋的背后，他急忙抽出刀向马勋的头部砍去。幸亏躲闪及时，马勋只是被砍伤了，并没有性命之忧。

马勋的手下冲过来斩杀了张用诚的儿子，然后将张用诚按倒在地，骑在他的肚子上，用刀架在他的喉咙前面，比画着说："你要是敢吱声，我就杀死你！"

驿站外，张用诚带来的那几百名士兵仍旧在悠闲地烤着火，并不知道他们的长官已经被控制了。

马勋的手下先解决了那几百人，可是还有五千人仍旧驻扎在不远处的营房中。

听说主帅被抓，士兵们已经穿好铠甲，拿好兵器。只要一声令下，他们就会冲出去，斩杀马勋，解救主帅。

正在这时，他们的敌人马勋却大摇大摆地走了进来。这绝对是一招险棋，因为这是一场力量对比严重失衡的较量。马勋不光四肢发达，而且头脑也不简单。他知道将士们最牵挂的是什么，而这也成为他手中最有力的武器。

马勋向将士们喊道："你们的父母妻儿如今都在梁州，你们忍心为了张用诚而舍弃你们的家人吗？如今严大夫让我来捉拿的只是张用诚一人，不会牵涉到你们，你们不要自取灭亡！"

即使张用诚再得军心，将士们也不愿意为了他而牺牲自己的性命，牺牲家人的生命。

张用诚最后那一线希望被马勋无情地扑灭了。他手下的五千将士没有闹出任何动静就乖乖投降了。此刻摆在他面前的只有死路一条，唯一的变数就是死在哪里，怎么死。

马勋将张用诚押送到梁州，等待他的是无情的棍棒，打得皮开肉绽，打得血肉模糊，打得撕心裂肺地号叫，打得痛彻心扉地呻吟。

提到棍棒，人们首先想到的是它是钝器，自然没有刀剑这些锐器摄人心魄，可是钝器杀人却是最痛苦的，因为它会让你死得很有节奏感。

马勋将张用诚的头包裹起来送到奉天，完成了一个几乎难以在短时间内完成的任务。他不仅兑现了当初的承诺，而且比当初承诺的时间仅仅晚了半天。他为李适争取到了最宝贵的时间，也为大唐争取到了最宝贵的时间。

犹豫良久的李怀光终于要出手了，不过他却已错过了最佳时机，但此时的他却仍然有机会，可是他却选错了攻击方向。

在茫茫夜色掩映下，李怀光率领的朔方军向曾经的友军李建徽部和阳惠元部悍然发动了偷袭。这两支并无多少戒备之心的部队瞬间便崩溃了。李建徽和阳惠元全都仓皇逃跑了，唯一的不同就是李建徽得到上天的眷顾成功逃脱了，而阳惠元则被追上杀死了，而且死得很壮烈。他披头散发，殷红的鲜血从眼中流了出来，然后袒露着身体与叛军力战身死。他的两个儿子藏于井中被叛军搜出后惨遭杀害，父子三人一同为国捐躯。

逃跑有时会成为人最重要的本领，因为但凡立下大功勋的人都会有几番死里逃生的经历，虽然其中包含着运气成分，但是上天却总是偏爱有逃跑准备的人，逃跑是为了活着，而活着必须学会逃跑！

李怀光公开宣称："吾今与朱泚连和，车驾且光远避！"①我要和朱泚联合了，皇帝最好躲远点！

这无疑是赤裸裸的挑衅，而此时的李怀光也彻底的没有后路了。与朝廷彻底撕破脸的李怀光决定使出一招撒手锏，他给掌管奉天城防务的韩游瑰写了一封密信。

曾经一同在朔方镇效力的韩游瑰与李怀光既是兄弟，又是战友。那种在战场上结下的战斗友谊无疑是刻骨铭心的。李怀光升任邠宁节度使后，一旦离开本镇，往往让韩游瑰出任邠宁节度留后，足见他对韩游瑰的信任。

在关键时刻，韩游瑰会感念兄弟之情帮助他吗？不会！韩游瑰将李怀光的来信原封不动地交给了李适。李适第一次真切地感受到李怀光的威胁如今就在自己身边。

"我们该怎么办？"李适对于自己掌控危局的能力感到很不自信。

"李怀光的跋扈来自他的强大，唯一的办法就是孤立他。邠宁有张昕，灵州有宁景，河中有吕鸣岳，振武有杜从政，潼关有唐朝臣，渭北有窦觎，让这些将领全都脱离李怀光的管辖。"

"一旦免除了李怀光的兵权以后，怎么对付朱泚呢？"

"重赏之下必有勇夫。只要陛下承诺荣华富贵，将士们一定舍生忘死地为国效力。朱泚之乱根本就不值得忧虑！"

李适深深地叹了一口，因为这或许是目前唯一的办法。

兴元元年（公元784年）二月二十六日注定成为一个可以改写大唐历史的特殊日子。李怀光手下将领赵升鸾带着主帅的嘱托来到奉天城，因为他们的阴谋将在这个月明星稀的夜晚实施。

到时候，朔方别将达奚小俊会放火焚烧乾陵。当熊熊的火光传到奉天城的时候，他便可以动手了。他的任务就是接应李怀光的大军进城，那时李适将会彻底沦为他们手中的猎物。

朔方出身的将领数量众多而又盘根错节。很早就成名的浑瑊虽说如今不

---

① （北宋）司马光主编：《资治通鉴·卷二百三十》，改革出版社1995年版，第4891页。

如李怀光官大，可是他却比李怀光资历更老，因此他在朔方军中有着连李怀光都不可小觑的影响力。赵升鸾主动将李怀光的阴谋全都告诉了浑瑊，顿感事情严峻的浑瑊立即通知了李适。

危险再度降临到李适的头上，而如今的他却根本没有抵御风险的能力。当初前来勤王的各路队伍，除了一些嫡系部队外，其他部队陆续返回驻地。

李适命令浑瑊全城戒严，可是浑瑊还没有布置妥当，早就吓破胆的李适便迫不及待地逃跑了，就像当初逃离长安那样狼狈不堪。戴休颜奉命继续留守奉天。

戴休颜与李怀光相识多年，如今孤军困守奉天，李怀光派出多名使者前去劝降，但他派出去的那些使者却都有去无回。

戴休颜对部下们慷慨激昂地说："如今李怀光已经造反，我等誓与叛贼不共戴天！"戴休颜随即下令加固城防，严防死守，准备迎接又一场腥风血雨般的战斗。虽说如今皇帝已经走了，但这座战略意义极其重要的城池也绝不能随意落入敌手。

见戴休颜不肯归附于己，李怀光一时间也无计可施。

戴休颜很快就升任奉天行营节度使，继续捍卫着奉天这座曾经举世瞩目的小城，但他预期的那场战争却并未打响。

李适逃亡梁州①的路注定充满了艰辛。李怀光派遣部将孟保、惠静寿、孙福达率领精锐骑兵紧追不舍，可是他们却遇到了改变他们命运的诸军粮料使张增。这个主管粮草的后勤军官出人意料地改变了这支追兵的运动轨迹。

三员将领对张增悄悄地说："李怀光让我们去做背叛圣上的事情，我们便报告他说，没有追赶上圣上。他不过不让我们领兵就是了。"

他们示意张增说："我们的士兵还没有吃早饭，怎么办呢？"

心领神会的张增欺骗他们说："从这里向东走几里地就有座佛祠，那里有的是吃的！"

---

① 治所位于今陕西省汉中市区。

三员将领率领部众向东而去，听任士兵去抢劫掳掠。正是追击者主动偏离了追击方向，李适一行人等才得以安然前往梁州，可是前面的路却依旧不平坦。

孟保、惠静寿、孙福达等人一无所获地返回了军营。

正如他们所料，李怀光也没有太为难三人，只是罢免了他们的兵权。

何去何从的彷徨

得知皇帝仓皇逃亡梁州的消息后，痛苦不已的李晟并没有南下追赶，因为他觉得这里更需要他。长安是大唐的根本，只有他留下来，收复长安的希望才不至于完全破灭，可是他也知道未来的日子将会异常艰难，因为他将要面对来自李怀光和朱泚的双重压力。

这支孤立无援的军队，没有军饷，没有粮草，没有援军。在如此困难的环境下，唯一支撑他们坚持下去的或许只有信仰了。

李晟主动致信李怀光，措辞谦卑恭顺，可是李怀光在犹豫许久后还是决定向李晟发起进攻，但李怀光却出人意料地遇到了重重阻力，不是来自对手，而是来自内部。

朔方军本来就是一支成分复杂、思想复杂并且不好带的队伍，而且任职时间并不算长的李怀光只是凭借杀戮建立起个人的威权统治。在关乎个人命运的生死时刻，很多将领纷纷向李怀光的权威发起了挑战。

如果攻击叛贼朱泚，我们战死也在所不惜；如果造反，我们誓死不能从命！

李怀光连续下达了三次军令，可是却都遭到将领们的抵制。不知所措的李怀光急忙向幕僚询问破解目前僵局的计策。

节度巡官李景略跪在地上，一边流着泪一边言辞恳切地说："攻取长安，诛杀朱泚，解散军队，返回各道。您单枪匹马前去面见天子，既保住了臣子的操守，也保住了大帅的功名。"

李怀光也知道这或许是自己与朝廷和解的唯一机会，可是失去军权的他却犹如随波逐流的浮萍，随时都有可能会被风浪所吞噬。

正当李怀光犹豫不决的时候，他的亲信将领阎晏却站了出来，说："与其僵持在这里，不如挥师东进，防守河中，从长计议。"

李怀光点点头，对手下将士们说："现在我们姑且屯驻泾阳。我派人将咱们的妻子儿女从邠州接来，然后一同前往河中府。那里可是一片富庶的土地，我们在那里可以过上富足的生活。如果诸位还想建功立业，整顿完毕后仍旧可以进军长安！"

李怀光说服了将领们，却不能带上李景略一起走，因为他一直是主战派将领的眼中钉，而李怀光也希望给他留一条活路。

"你赶紧走吧！迟了会招来杀身之祸！"

为了保证他安然离开，李怀光特意派出几个骑兵护送着李景略离开。

李景略久久地伫立在军营大门前，痛不欲生地说："可惜这支骁勇善战的军队在不久的将来要遭遇灭顶之灾了！"

李怀光派遣的使者悄然来到邠州。使者并不是一个人来的，而是在刘礼率领的三千骑兵簇拥下来的。他们的任务就是要求或者胁迫留守邠州的一万多士卒及其留守家属前往泾阳。

此时已经返回邠州的韩游瑰知道不能再沉默下去了，对邠宁留后张昕说："李太尉自取灭亡而您却可以自寻富贵，我愿意率领部下追随您！"

可张昕却没有独当一面的魄力，当然他也难以忘却李怀光对自己的提携之恩。他愁眉不展地说："我出身寒微贫贱，靠李太尉不遗余力的提携才有今天，我不忍心有负于他啊！"

韩游瑰失落地走了。他从此称病不出，可是他却并没有闲着，而是暗中与将领高固、杨怀宾等人一直紧锣密鼓地筹划着。他们的目的只有一个：拦住张昕。

韩游瑰深知势单力孤的自己是不可能完成这个任务的，只能借助吐蕃人的帮助。

此时大唐与吐蕃的关系融洽许多，长期战斗在抗击吐蕃一线的浑瑊与许多吐蕃将领都不打不成交，成为很好的朋友。

韩游瑰假托浑瑊的书信请求吐蕃人办一件事：入侵。

当吐蕃人突然出现在邠州城下的时候，张昕彻底慌了，因为他们离开的路被堵死了。虽然张昕走不了，却一刻也没有停止过为离开做准备。他想要清洗那些不肯听从自己的将领们，可是还没有来得及实施，韩游瑰就突然出手了。

张昕不可能不对与他存在政治分歧的韩游瑰有所防备，可是他却没有想到高固居然会成为韩游瑰的刺客，所以这场刺杀得以顺利实施，而张昕也最终沦为李怀光的牺牲品。

韩游瑰再次成为邠宁留后，急忙派遣杨怀宾带着表章上奏朝廷。

李怀光的儿子李旻此时正好留在邠州，可是韩游瑰却干了一件让人不可思议的事情：他居然将李旻放走了。

"您为什么不杀了李旻？这样才能向朝廷表明你的忠心啊！"诸将不解地问。

"你们想想，一旦杀了李旻将会是什么后果？恼羞成怒的李怀光必然会回师邠州，那时我们可就危险了！"韩游瑰深知立足未稳的自己根本不是李怀光的对手。

如果领兵打仗，李怀光未必比李晟差，可是论政治较量，他却和李晟相差甚远。

楚汉之争时，项羽遭遇过一场真正的失败，可是却输了天下；刘邦只取得过一场真正的胜利，可是却得了天下。项羽并不是输在军事上，而是输在了政治上，军事胜利不仅没有消灭对手，反而使得对手越来越多，越来越强。

李怀光手下的将士接二连三地投奔李晟，而且李怀光怎么禁止却都无济于事，因为这是一场直达人心底深处的政治较量。

众叛亲离的李怀光渐渐感到自己的力量越来越弱，就连此前一直对他格外恭敬的朱泚居然也用臣子的礼节对待他，这让李怀光很受不了。

这时李怀光做出了一个惊人的决定：东撤。李怀光烧掉营房，向东而去，可是远离了李晟却并不能真正阻止将士的逃亡，尤其是大将孟涉、段威勇的变节更是使得李怀光黯然神伤了许久。

对于河中守将吕鸣岳而言，李怀光的突然到来成为困扰他的一个难题。拒之门外还是迎接入境。兵力薄弱的吕鸣岳最终还是屈服了，因为他没有勇气与势力依旧雄厚的李怀光为敌。

李怀光顺利地过了蒲津桥。他那颗一直悬着的心终于落下来，终于可以为自己赢得一块栖身之地。

颠沛流离的岁月

兴元元年（公元784年）三月十九日，这天成为流亡途中的李适最为苦楚难耐的一天，他的长女唐安公主突然离他而去。幸亏还有翰林学士陆贽陪伴在他的身边，给他那颗屡遭创伤的心一丝慰藉。

李适对陆贽的宠信甚至超过了宰相。无论大事小事，总让陆贽献言献策；无论走到哪里，总让陆贽陪伴左右。陆贽让翰林学士这个体制外的职务变得格外耀眼，翰林学士被人尊称为"内相"。

在南下梁州的过程中，李适一行人需要穿越险峻的秦岭山脉。在高耸入云的群山掩映之下，人显得太过渺小了。就在茫茫的崇山峻岭之间，李适与陆贽失散了。夜幕降临的时候，陆贽仍旧没有回来，李适因为牵挂陆贽而伤心落泪。

赶紧找！挖地三尺也要把陆贽找出来。谁找到了陆贽就赏赐一千金！李适之所以许诺重金寻人是因为他离不开陆贽。

陆贽终于安全回来了，李适那颗一直悬着的心也终于落了下来。虽然陆贽成为李适流亡生涯中不可或缺的人，可是李适却对他重而不用。

吏部郎中刘从一、翰林学士姜公辅等中低级官员都被破格提拔为宰相，深受宠爱的陆贽却迟迟没能拜相。这是因为陆贽耿直的性格阻碍了他受到重用，也注定了他悲剧性的人生结局。

虽然李适迫于压力将宰相卢杞贬官了，可是李适的心中却仍旧挂念着他，因为卢杞是一个特别会讨皇帝欢心的人。陆贽却毫不顾及李适的内心感受，慷慨激昂地指责卢杞是导致这场变乱的罪魁祸首。虽然李适表面上并没有说什么，可是他的内心深处却充斥着不悦。

李适之所以能够在惨烈的奉天之战中侥幸活下来，两人功劳最大，一个是浑瑊，一个就是韩游瑰，但韩游瑰却依旧没有得到什么封赠，于是他特地在北衙六军设置统军之职，其实六军原本设有正三品的大将军和从三品的将军，但李适却认为三品官有些低，于是在其上设立从二品的统军，而在奉天"靖难之役"中功勋卓著的韩游瑰、论惟明、贾隐林被任命为统军，分别统领禁军，拱卫皇帝。

李适后来又在十六卫设置从二品的上大将军，但那时的六军统军和十六卫上大将军都已经没有什么实权了，这只是为了妥善安置那些被夺去实权的将领们。十六卫除了左右金吾卫之外，早就沦为没有什么兵员的空架子。曾经煊赫一时的六军也早已风光不再，渐渐沦为皇帝的仪仗队，而左、右神策军也已成为禁军的绝对主力。

兴元元年（公元784年）三月二十一日，经过一路颠簸，李适的车驾终于到了梁州①。

梁州是山南西道的治所。山南西道一向土地贫瘠，百姓困苦，尤其是安史之乱以来，山南西道的户口骤减了一多半。虽然山南西道管辖着十五个州，可是这十五个州的税收却赶不上中原几个富庶的县。

这里困顿的生活使李适产生了继续南下成都府的想法，那里无疑更加富庶，但严震却拦住了他，因为只有他留在这里，才会给前方的将士带来希望，如同李亨当年留在灵武和凤翔那样。

可是这里的条件实在太差了，而且这里也不太安全。正在这时，李晟的表章来了，也劝他留下来。

---

① 治所位于今陕西省汉中市区。

李适知道自己必须留下来，因为如果自己走了，那么收复长安或许就彻底变得遥遥无期了！

为了改善李适的生活，严震千方百计地增加地方财政收入，可是他却颇为注意度的把握。征少了，朝廷没吃的；征多了，百姓没吃的。如履薄冰的严震谨慎地维持着这种微妙的平衡。

严震的确是一个理财高手，李适的生活条件渐渐改善了，而百姓的生活状况也没有实质性下滑。这就是平衡的艺术。

生活逐渐安顿之后，李适将关切的目光投向了与梁州近在咫尺的凤翔府①。

当初，奉天之围解除后，善于见风使舵的李楚琳派遣使者入朝进贡。李适无奈地任命他为新任凤翔节度使兼陇右节度使，其实朝廷对他任命与否对李楚琳并没有什么实质性影响，因为他早已控制了凤翔。

其实李适的内心之中对李楚琳无疑也充满了猜忌和仇视，因为李楚琳是一个反复无常的人。群臣一致认为，一旦形势有变，李楚琳肯定会伺机而动！此时此刻的李适又犯了急躁冒进的老毛病，不仅不再接见李楚琳派来的使者，而且将他们悉数扣留，决心用浑瑊替代李楚琳。

陆贽再次站出来反对。替换反复无常的李楚琳太正确了，可是现在还不是时候。如果此时进行如此重大的人事变动无异于雪上加霜。一旦激起变乱，陛下恐怕就危险了！

李适渐渐领悟到如今稳定才能压倒一切，于是好好地款待了李楚琳的使者，还颁诏对李楚琳好言安慰一番。

李适随后进行了史无前例的大封赏，宣武节度使刘玄佐、行在都知兵马使浑瑊、西川节度使张延赏、淄青平卢节度使李纳全都加授同平章事，成为"使相"。

自从李隆基首创"使相"之后，使相数量的多少居然成为社会安定的"晴雨表"。由于每位皇帝在位时间不一样，我们引入"使相指数"这个指标，也就是某位皇帝任命的使相数量除以在位时间，顺宗仅仅在位一年，使

---

① 治所位于今陕西省宝鸡市凤翔县。

相指数自然会偏高，如果将其忽略不计，那么我们可以发现安史之乱爆发后，使相指数呈明显的上升趋势，局势日趋稳定后，使相指数又渐趋下降，等到晚唐时，使相指数又急剧上升。

　　李适即位的前五年，屡遭磨难，国都沦陷，流离失所，他在短短的五年时间里居然任命了十五位使相，在其后的二十年时间里，他基本上都是在波澜不惊中度过的，仅仅任命了五位使相。

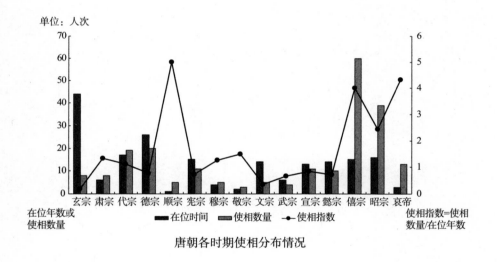

唐朝各时期使相分布情况

第六章

鲜血与刀锋间的抗衡

突如其来的兵变

穷兵黩武的田悦屡屡碰壁，他手下的那帮将士们都成为他权力欲望的牺牲品，以致"士卒死者什六七"。他的部下再也不愿意这样漫无目的地打下去了。

魏博宣慰使孔巢父带着李适的嘱托来到了魏州①。一直沐浴在战火之中的魏州城终于闪现了一丝和平的曙光。

田悦担任了五年节度使，却与朝廷打了四年仗。几度死里逃生的田悦再也不愿意像过去那样在刀尖上行走了。能言善辩的孔巢父趁机深入浅出地将叛逆招来的祸和归顺得来的福说得明明白白、清清楚楚。田悦和他手下的那帮将领们渐渐领悟到了许多以前无暇思考的东西。

兴元元年（公元784年）三月初一，田悦与孔巢父酣畅淋漓地喝着酒，痛快地聊着天。

为了表示归顺朝廷的诚意，田悦竟然将自己的警卫们都支得远远的，可是他们却不会想到，危险正在一步步地向着他们靠近，因为田悦的堂弟田绪（田承嗣第六个儿子）即将露出令人意想不到的狰狞面目。

为了报答叔父的提携之恩，田悦一直颇为善待自己的堂兄弟们。正是源于这种信任，田绪一直执掌着魏博镇最为精锐的部队牙军，可是田绪与田悦的关系却不断恶化，由不满到怨恨，由怨恨到仇恨，由仇恨到不共戴天。

"父死子继"一直是封建社会的政治常态，可是田承嗣却将节度使的宝座传给了自己的侄子，田绪一直对父亲当初的这个决定耿耿于怀。他看中的不是节度使带来的名，也不是节度使带来的权，而是节度使带来的钱。

虽然田绪在当地也属于中高收入阶层，可是他的收入却仍旧无法支撑他穷奢极欲的生活。他吃好的、喝好的、穿好的、用好的，有限的收入与无限的欲望之间的矛盾越来越明显。"月光族"田绪经常抱怨钱不够花，因为在

---

① 治所位于今河北省邯郸市大名县。

他的眼中这里所有财富都是他们田家的，都可以用来挥霍，可是田悦却并不是这么想的。

田悦是一个有抱负的野心家，对精神世界的追求远远超过对物质生活的追求，为了自己的野心宁愿过着苦行僧的生活。他始终觉得物质是用来实现抱负的，而不是用来挥霍的。

田绪与当时许多"官二代"一样认为所谓的军纪国法都是用来约束别人的。在他们的眼中，军纪国法是由他的父辈们制定的，所以他们有着与生俱来的豁免权，可田悦却偏偏是一个治军严整的人。生性随心所欲的田绪经常因触犯军规而受到鞭打，当皮鞭狠狠地抽在他身上的时候，浓浓的亲情也渐渐在田绪心中消散，剩下的只有仇恨。

尽管如此，田绪却只得将所有的仇恨都深深地埋藏在心底，因为他觉得势单力孤的自己根本不是大权在握的堂兄的对手。

可一个突发事件却将田绪推到了无法回头的绝境之中，要么毁灭，要么重生！

就在田悦与孔巢父开怀畅饮之际，田绪也在喝酒，不过他喝的却是苦涩的闷酒。他一边喝一边像往常一样宣泄着对堂兄的种种不满。

田绪不满地说："这个田悦擅自起兵害得我们田家差一点就遭受灭门之祸。他宁肯把金银财宝送给别人花，也不肯给我们花！"

见到田绪的情绪越来越激动，一个族侄急忙跑过来劝解，可那些话不仅没能消除田绪心中的怨气，反而激起了他更大的怒火。

"你们居然都向着田悦，我让你看看我的厉害！"田绪一时间被怒火吞噬了理智，居然拿起刀，残忍地杀害了这个原本无辜的族侄。

在尖锐的号叫声中，殷红的鲜血强烈地刺激着田绪的神经，他知道自己闯下了大祸。原本被满腔怒火占据的心灵逐渐被无边的恐惧所吞噬。

田绪在心里嘀咕着："怎么办？一旦田悦知道了，自己恐怕将会凶多吉少啊！与其等死，不如拼死一搏，或许还有一条生路。"

夜已深，醉醺醺的田悦迈着踉跄的步子返回寝室睡觉。这个特殊的夜晚让他彻底沉醉了，因为从这一夜开始，他将彻底地告别过去那种打打杀杀的日子，去追求一种全新的生活，可是他却不知道自己短暂的生命历程即将走到尽头。

在夜色的掩映下，田绪带着几名亲信翻过田悦府邸的后墙，庆幸没有被巡逻的卫兵发现。他们蹑足潜踪地来到田悦的寝室，拔出闪着慑人寒光的尖刀，向着堂哥疯狂地砍杀着，发泄着这些年来压抑已久的愤懑和仇恨。

年仅三十四岁的田悦就这样惨死在堂弟的屠刀之下。他不会想到自己数度身临绝境都能幸运地化险为夷，可是当和平安宁的日子即将来临的时候，他却倒在了黎明的前夜。

田绪却并不肯收手。挣的钱多了，钱就会成为一个数字；杀的人多了，人也就会成为一个数字。

在田绪仇恨的目光中，眼前一个个活生生的生命仿佛都是一堆草芥，包括田悦的母亲在内的十几个田悦的亲属全都倒在血泊之中。

这场血腥的杀戮结束后，一脸漠然的田绪在夹道上持刀而立。此时他的脑子里却是一片空白，只知道刚才干了什么，却不知道接下来该干什么。

趁着别人没有发现，赶紧跑吧！这是田绪想了半天才想出的最好的对策，因为他对于自己驾驭复杂局面的能力一点信心也没有。

他带领数百名亲信急匆匆地逃出了魏州城，因为那座阴森森的魏州城让他感到压抑得喘不过气来。

如果他真的走了，那么他的人生结局无非有两种：要么像一株无人知道的小草那样自生自灭，要么像一株招风的参天大树那样被人拦腰砍断。

正在这时，一个决定田绪未来命运的人却追了过来，他就是老将邢曹俊。

"你跑到哪里才是你的容身之处啊！"

田绪一脸茫然地看着邢曹俊，因为稚嫩的他根本回答不了这个如此深刻的问题。

"权力才是你的护身符。有了权力，无论你走到哪里都可以安身；失去权力，无论你逃到哪里都无法避祸。跟我回去！"

田绪别无选择，因为此时此刻邢曹俊在他的心中幻化为一盏指路的明灯，按照他的指引走下去才会赢得希望！

田绪又回到了军府衙署，此时田悦的死讯仍旧被严密地封锁着。田绪要做的就是在接下来很短的时间之内将田悦的亲信们全都清除掉。虽然田悦继任节度使之位已有五年了，但他的铁杆儿亲信也不过行军司马扈崿、判官许士则、都虞侯蒋济、亲信将领刘忠信四人而已。

天边渐渐泛起一丝红晕，田绪知道决定自己一生的一天已然拉开了帷幕。黑夜可以掩盖一切的罪恶，而阳光却可以使得这些罪恶无所遁形。

对于颇为可疑的征召，许士则和蒋济却丧失了起码的警惕，像往常一样匆匆地赶来，唯独狡猾的扈崿迟迟没有贸然前来。

率先赶来的许士则和蒋济对于骤然而至的危险一点心理准备也没有，况且两人都是文官，一切的反抗都是无谓的。一阵疯狂的乱劈乱砍之后，许士则和蒋济就倒在了一片殷红的血泊之中。

两人的死并没能缓解田绪心中的恐慌，因为他最畏惧的那个人还活着。

天渐渐亮了，田绪匆匆走出门来，正巧遇到田悦的亲信将领刘忠信。他重复着年复一日的工作——准备仪仗、安排属官参见主帅。一切都那么井然有序，只可惜这一切如今都是多余的了。

田绪突然对着将士们大声喊道："刘忠信与扈崿阴谋造反，昨天夜里，他们杀害了大帅！"

这个令人震惊的消息顿时使得现场鸦雀无声。短暂的安静之后是震天的嘈杂声、震天的喊叫声。

武将出身的刘忠信没有什么辩论的功底，而且事出突然也来不及组织反击的话语，更为重要的是田绪可是田悦的堂弟，他的话自然使得在场的绝大多数人对此深信不疑。

百口莫辩的刘忠信根本来不及解释，因为上天不会给他这个机会，同僚更不会给他这个机会！

在场的将士们纷纷举起了手中的刀枪，要让刘忠信这个"叛贼"血债血偿。刘忠信就这样稀里糊涂地成了主子的陪葬品。

令田绪一直牵肠挂肚的扈崿终于现身了，但他绝对不是一个轻易就范的对手。走到军府列戟门的时候，扈崿敏锐的直觉告诉自己出事了，而且是出大事了！

"大家不要乱，大家不要慌，跟随我前去平定叛乱！"扈崿振臂一呼，很多将士就站到了扈崿的身旁。

顿感事态严峻的田绪急忙登上军府牙城，对着城下的将士们大声喊道："我田绪是先公（即田承嗣）的儿子。诸位深受先公恩惠，如果今天你们能够拥立我，兵马使赏钱两千缗，大将赏钱一千缗，普通将士赏钱一百缗，我就是倾家荡产也会在五天之内兑现承诺！"

政治感召与经济激励的双重效应使得将士们纷纷倒戈一击，杀死扈崿，归附田绪。田绪情急之下的这番政治演说无疑是他一生中最值得骄傲的事情。其实他之所以能在与扈崿的对决中胜出，很大程度上依赖于独特的出身，因为他的父亲田承嗣在魏博镇的影响实在太大了。

扈崿具有奉命于危难之际的魄力，却缺乏挽狂澜于既倒的能力，因为这场政治对决从一开始就不是一场对称的较量。身为"官二代"的田绪有着与生俱来的优势。

田绪知道自己还必须得到一个人的支持，那就是朝廷派来的使者孔巢父。孔巢父不禁感慨生命的脆弱，他刚刚还和田悦把酒言欢，如今却阴阳两隔。孔巢父不想再激起不必要的变乱，很快就承认了田绪的地位。

时间总会让真相水落石出，田绪残忍杀害堂兄的罪行逐渐暴露。

沉重的叹息声中带着惋惜，带着愤懑，带着无奈。敢怒而不敢言的将领们不得不黯然接受了这个残酷的现实，因为如今的田绪已经牢牢地控制了权柄，而他们根本撼动不了田绪的地位。

田绪对此自然心知肚明，薛有伦等二十多名亲近田悦的将领都被他送上了断头台。在一片腥风血雨之中，魏博镇的权力更迭完成了，也使得和平之光初现的河北战场的形势有了诸多不确定性。

原本准备援救贝州①的李抱真和王武俊得知这场变乱后只得停下了进军的步伐。

最兴奋的人当属朱滔。他对背叛自己的田悦充满了仇恨，认为这是上天在帮助自己。可此时的他却高兴得太早了。

朱滔想要趁着魏博内乱一举攻下魏州。围困魏州城的幽州兵激增到一万

---

① 治所位于今河北省邢台市清河县。

两千人，这座坚固的城池顿时就变得岌岌可危。为了提高军队的战斗力，马寔放任本部骑兵和回纥兵四处抢劫掳掠。

城外该抢的都抢了，不如到城里去抢！朱滔仍旧没有放弃政治笼络的希望。

在大兵压境的关键时刻，田绪屈服了，因为在他的眼中本就没有正义可言，只要能够生存下来就行。

李抱真与王武俊密切关注着田绪的一举一动，不遗余力地想要将田绪拉到自己的政治阵营。

李抱真与王武俊派来使者承诺一定履行田悦在世时定下的盟约，肯定会前来援救。

田绪一时间也没了主意，因为政治上略显稚嫩的他面对波谲云诡的政治风云感到彷徨和无助。正当他踌躇的时候，他的两个幕僚曾穆和卢南史发挥了关键作用。

他们劝说道："虽然用兵崇尚威武，但也要遵循仁义。穷兵黩武的幽州兵肆意屠杀掳掠，搞得民怨沸腾，虽说朱滔如今兵锋日盛，可是末日却为期不远了！我们不能因为眼前的危急而走上反叛的不归路。如今皇上正流亡在外，如果听到魏博归顺的消息一定会龙颜大悦，高官厚禄定然是转瞬即来！"

田绪唯一比堂兄田悦强的地方就是不犹豫，不彷徨，当断则断。魏博使者带着归顺表章踏上了西行的路。田绪望着城下的幽州兵，知道一场前所未有的暴风雨即将向他袭来。

翻天覆地的逆转

朱滔被一股强烈的烦躁包裹着，因为战事一直陷入胶着状态。他率军进攻贝州已经一百多天，进攻魏州已经四十多天，可是仍旧迟迟没有进展。

在决定战争未来走向的关键时刻，贾林再次找到王武俊，施展自己的公关能力。

"朱滔的野心想必您比我更为清楚，您应该能够预料到魏州失陷的后果。一旦田绪投降，义武节度使张孝忠必然投降；张孝忠投降，昭义节度使李抱玉必然撤回河东。那时的朱滔将会成为河北的霸主，如若真的到了那时，恐怕您可就危险了！与其坐以待毙，不如联合昭义和义武反戈一击，不仅可以洗刷掉您身上的污点，还可以建立不世之功！"

唇亡齿寒的隐忧和建功立业的梦想促使王武俊下定决心不再继续充当一个旁观者。

兴元元年（公元784年）四月二十八日成为改变河北战局的关键一天。王武俊和李抱真的部队相继在南宫县东南相距十里的地方分别安营扎寨。

曾经兵戎相见的两支部队充斥着成见，也充满了猜忌。李抱真深知两军只有真正地形成战斗合力才会彻底地扭转河北的战局。

冰冻三尺非一日之寒，可是李抱真却希望迅速融化两军心中多年来形成的坚冰。这无疑是一次风险巨大的赌博，但他却执意要这么做，因为风险永远和收益成正比。

李抱真对行军司马卢玄卿动情地说："我这一去关系到天下的安危，如果我真的回不来，你就统领全军为我报仇！"

话音未落，李抱真便向着王武俊的军营坚定地走去。谁也不知道接下来将会发生什么，可是他却必须义无反顾地走下去，因为他心中的理想不允许他有丝毫的懈怠。

对于李抱真的突然造访，王武俊命令手下人严加防备，不知道他葫芦里到底卖的是什么药。

让王武俊出乎意料的是李抱真就带着区区几个随从来了。李抱真握着王武俊的手，泪流满面地诉说着社稷蒙难和皇帝流亡的苦难岁月。他的悲伤感染了王武俊，也感染了王武俊身边的每一个人，因为那是李抱真的真情流露，而真诚最能打动人！

王武俊动情地说："十哥（即李抱真）名扬四海，承蒙十哥指点，我才得以弃暗投明，避免了粉身碎骨的结局。十哥又不嫌弃我是胡人，屈尊与我结为兄弟，我没有什么可以回报的，唯有一鼓作气打败朱滔！十哥就拭目以待吧！"

李抱真与王武俊结为兄弟，发誓共同消灭叛贼。虽然目的达到了，可是李抱真却没有匆匆离去，他旁若无人地走进王武俊的营帐酣睡了很久。李抱真的人格魅力彻底地征服了王武俊，王武俊对天发誓："我已下定决心为十哥而死了！"

李抱真与王武俊共同驻扎在距离贝州三十里的地方。这大大出乎朱滔的意料，因为他如何也想不到在如此短的时间内，此前还兵戎相见的两人居然如此之快就会冰释前嫌，携手对抗自己。

不是自己不明白，是时局变化得快！

朱滔急忙征调围困魏州的部分部队前来增援。信心倍增的朱滔决定次日与对手决一死战，可是正是这种盲目的自信使得他马上就会体会到轻敌的苦楚滋味。

好在朱滔的军中还有对战场形势有着清晰判断的将领，部将马寔就是其中之一。

"将士们冒着酷暑连续作战，请先休息几天，再战不迟。"虽然马寔的建议暂时打动了朱滔，可是杨布和蔡雄的到来却使得朱滔心中刚刚熄灭的战斗意志再次燃起，因为他们是同回纥首领达干一起来的。

达干竟然大言不惭地说："与邻国交战时，我们常常用五百骑兵便可以将数千敌军打得落花流水。大王一直用好酒好菜款待我们，拿金银布帛赏赐我们，我们一直想替大王立点儿功。我们苦苦等待的时机如今终于来了！"

朱滔笑了，可是他每每回想起这个笑容总会有一种撕心裂肺的痛。

五月初六清晨，王武俊率领骑兵位于战阵的前端，而李抱真率领步兵位于战阵的后端。王武俊手下的兵马使赵琳带领五百精锐骑兵埋伏在桑林之中。正是这支部队即将在战争中发挥决定性作用。

回纥人纵马杀过来。如果换作别的部队，遇到这种犹如排山倒海般的阵势肯定会感到恐慌，可是王武俊手下的那支骑兵却没有表现出一丝的慌乱，因为这支骑兵之中要么是胡化的汉人，要么是汉化的胡人。

尽管如此，回纥骑兵的锋芒还是要暂且躲避一下。王武俊手下那帮战争经验丰富的骑兵识趣地向两侧散去，中间让出一条足以让回纥人自由驰骋的道路。回纥人一下子就冲到了王武俊部的身后，一时兴起居然冲过了，赶紧往回跑吧！

休想，想来就来，想走就走，你以为这里是你们家的赛马场吗？王武俊带领手下人向回纥人冲杀起来。回纥人毕竟保持了先辈优良的杀人传统，面对任何人都不会胆怯，一场惨烈的厮杀就此拉开了序幕。

这是一场胜负难料的战斗，可是这种胶着却随着赵琳的出现而被彻底打破了。从树林中冲出来的赵琳部将回纥人拦腰截击，陷入包围圈的回纥军顿时就慌了，因为他们一切的自信都建立在来去如风上，一旦自己的后路被切断了，他们也会感到恐慌，因为他们也怕死！

回纥人顿时就崩溃了，而且回纥人的溃败很快便传染了朱滔手下的那帮骑兵。骑兵们的溃逃使得步兵遭了殃，因为数不胜数的步兵丧生在骑兵战友的马蹄之下。一支忙于逃命的骑兵怎么还会在乎战友的死活，因为他们自己能不能活下去还是一个未知数！

朱滔试图阻止这场大溃败，可是如若真的到了兵败如山倒的时候，将领的权威就会变得微不足道。朱滔率领的三万将士之中，死亡一万余人，逃散的也有一万余人，朱滔仅仅带领数千人逃入营垒坚守。

正赶上天刚刚黑，雾气也变得越来越浓重，前来追击朱滔的两支军队只得停下了前进的步伐。李抱真在朱滔营地的西北面驻扎下来，王武俊在朱滔营地的东北面驻扎下来。就在这天夜里，朱滔烧掉营垒，丢下堆积如山的财物仓皇逃走了。

在返回幽州的路上，朱滔的内心是纠结的，既惭愧又担忧，忧的是留守范阳的刘怦会不会乘自己兵败之际拒自己于城门之外。

让他始料未及的却是刘怦居然夹道列队二十里，风风光光地将朱滔迎入城中，仿佛朱滔并不是惨败而归，而是凯旋而来。

次年六月，悲愤交加的朱滔在病痛中结束了自己的生命。他三十岁的时候便达到了许多人或许一生都不曾达到的高度，可是高处不胜寒的他却想爬得更高，最终却从高处重重地摔下。

对权力的过度追逐不仅会吞噬一个人的理智，更会毁灭一个人的一生，可惜朱滔与朱泚兄弟意识到这些的时候都已经太迟了，因为有些错误犯下了或许还会有改正的机会，可是有些错误犯下了却永远都没有回头的机会。

朱滔郁郁而终之后，幽州将士们拥戴刘怦主持军务。尝够了颠沛流离滋味的李适很快便承认了刘怦的既定地位，任命他为新任幽州节度使，但他的节度使生涯仅持续了三个月就戛然而止了。刘怦病逝后，刘怦的儿子刘济成为新任节度使。

刘济此后镇守幽州二十五年，深得军心，却家门不幸，诸子不和，争权夺利，以致最终祸起萧墙。

光复长安的战斗

为了尽快收复国都，平定叛乱，李适任命浑瑊为朔方、邠宁、振武、永平、奉天行营兵马副元帅，任命李晟为鄜坊、京畿、渭北、商华副元帅。别看只是副元帅，却是实际上的军事统帅，因为唐代实际工作往往由副手主持。

浑瑊开始陆续集结部队东进，可崔汉衡却觉得此时的浑瑊还有些势单力薄。他曾经以正使或者副使身份数度出使吐蕃，与吐蕃高层的很多官员都颇为熟识。他前去劝说吐蕃人出兵援助大唐，可吐蕃大相尚结赞却心存忧虑地说："邠宁军一直都没有出兵，我担心他们会从背后袭击我们。"邠宁节度使韩游瑰得知此事后当即派遣将领曹子达领兵三千人前去与浑瑊部会合。既然后顾之忧解除了，吐蕃人也没有食言。吐蕃将领论莽罗依领兵两万跟随在曹子达部身后。

为了表示归顺的诚意，凤翔节度使李楚琳也派遣将领石镇带着七百凤翔兵赶来助战，可是他却在不经意间帮了一个倒忙。

浑瑊率诸军穿行在斜谷①之中，此谷有两个出入口，南面叫"褒"，北面叫"斜"，故也称褒斜谷。在全长四百七十里的斜谷之中，两旁山势峻险，沟谷幽深。斜谷扼关陕而控川蜀，自古就是兵家必争之地。浑瑊从容地通过斜谷，向着长安方向进发。

浑瑊率军浩浩荡荡地杀奔武功②，不费吹灰之力就攻破了武功城。朱泚自然知道武功乃是长安门户，急忙派大将韩旻前去争夺。

兴元元年（公元784年）四月初十，一场惨烈的战事在武功上演。

石锽原本就在朱泚麾下效力，感念旧主恩情，居然临阵倒戈。这一突如其来的重大变故使得唐军顿时就乱了阵脚。浑瑊见状急忙收拢部队，屯驻在武功城的西原之上。

正在这时，西北泛起滚滚烟尘，曹子达领着吐蕃大军杀到了。战场态势瞬间就发生了巨大逆转，彻底粉碎了韩旻和他手下将士的心理防线。唐军在武亭川③给予韩旻致命一击，一万多叛军殒命沙场，韩旻只身逃脱。

浑瑊从此屯驻在奉天城，与屯驻东渭桥的李晟东西相互呼应。两个副元帅对长安展开了东西夹击的态势。

朱泚被压缩到长安城内，可是他手中还掌握着一个诱人的砝码：李晟以及他手下许多将士的家属如今都被扣在长安城中充当人质。

李晟的手下人自然挂念着家人的安危，私下里一直讨论着家人这个话题，恰巧被李晟听到了。其实李晟全家一百多口如今也全都攥在朱泚的手中，可是他却不能流露出哪怕一丝的担忧，因为这种忧虑会像瘟疫一样在军中迅速蔓延开来，极大地损害军队的战斗力。

李晟哭着说："如今还不知道皇上现在身在何处？哪敢谈论自己的家室！"

朱泚希望通过善待这些人的家属来软化他们的战斗意志，还让李晟的一个朋友给他捎去一封家信：你的家人目前平安无事，您大可不必为此而

---

① 治所位于今陕西省宝鸡市眉县进入秦岭处。
② 治所位于今陕西省咸阳市武功县。
③ 治所位于今陕西省宝鸡市麟游县境内的漆水河，在今咸阳市武功县白石滩汇入渭河。

忧虑！

李晟见到这封信后，不仅没有喜上眉梢，反而勃然大怒。那个前来捎信的朋友被眼前这不可思议的一幕惊呆了，因为他此前还认为李晟肯定会对自己感恩戴德，可是李晟却莫名地目露凶光。

"你竟敢替贼寇充当奸细！"李晟咬着牙说，因为他知道这么做的代价会是什么。

这个给他送信的朋友居然被他残忍地杀了。虽然这么做未免有些太过残酷，但是一个无辜生命的逝去，却会让千千万万的人从战乱中逃脱出来，李晟不愿意看到不计其数的人在这场旷日持久的战争中继续倒下。

李晟谢绝了朱泚的好意无异于宣判了家人的死刑，可是他却觉得自己必须要这么做，因为这一切都是朱泚为他和他手下的那帮弟兄们布下的局。一支顾念着家人安危的部队怎会向操控着家人生死的敌人痛下杀手呢？

李晟毅然决然地断绝了家人的生路，因为只有这样做才能彻底断绝朱泚的活路！

长安周边广大区域内的各支军队统一归李晟指挥。屯驻邠州的邠宁节度使韩游瑰部，屯驻奉天的奉天行营节度使戴休颜部，屯驻昭应的镇国军节度使骆元光部，屯驻蓝田的商州节度使尚可孤部全都受李晟节制，意气风发的李晟从此军威大振。韩游瑰部和戴休颜部很快就转隶浑瑊；但李晟却显然要比浑瑊更为了解长安，更为了解长安之敌。

五月二十日，旗幡招展，炮火连天，蛰伏已久的官军排列成整齐的队列，等待着李晟的到来。李晟当即宣布了一个将士们期待已久的命令：收复长安。

在此之前，惶恐不安的姚令言屡次派遣探子前来刺探官军情报，而他们却都被巡逻的官军骑兵俘虏了。李晟领着这些俘虏们观看整装待发的部队，对他们说："你们回去告诉每一个贼兵贼将，让他们卖命地防守吧！"

这些被放回城中的探子成为一粒粒恐惧的种子，在叛军将士心中生根发芽，而这正是李晟所希望看到的！

李晟手下的将领们都习惯遵循老套路，先夺取外廓，占领坊市，然后再向北攻打宫苑。李晟对此却并未认同，坊市颇为狭窄，倘若叛军在那里设下埋伏，官军将会陷入艰苦卓绝的巷战之中，况且那样也会惊扰长安城内的百姓，如今叛军主力全都聚集在宫苑之中，如若从宫苑北面进攻他们，一旦将其主力击溃，叛军恐怕就会穷途末路。如此一来，宫苑不会残破，坊市不受骚扰，百姓也不必惊慌。

五月二十六日，李晟正在指挥着将士们修筑营垒时，朱泚手下骁将张庭芝、李希倩居然主动领兵前来挑战。这个李希倩就是李希烈的弟弟。

李晟对将领们说："最初我还担心贼军躲藏着不肯出战，现在居然主动跑出来送死，这是上天助我，机不可失啊！"

骆元光的镇国军在营垒北面，由于兵马较少，叛军合力攻打骆元光部。李晟随即命牙前将李演率领精锐兵马前去援救骆元光。在李演等人的奋力搏杀下，叛军才渐渐退却。

夜幕降临后，李晟等人隐隐听到城中传来悲痛的哭声，既是为殒命沙场的官兵们而哭，更是为自己未来悲惨的命运而哭。

次日，李晟决定再战，但将领们却纷纷建议暂缓进攻，等待西面的浑瑊军赶到后再合力夹攻敌军。

李晟却说："屡战屡败的贼军如今早已吓破了胆。如果不乘胜攻取，一旦他们做好防备，我们进攻的难度将会大大地增加。"

李晟的坚持使得他又收获了一场酣畅淋漓的胜利。

五月二十八日，李晟又摆开战阵，让牙前将李演、牙前兵马使王佖带领骑兵，让牙前将史万顷带领步兵，逐步向前推进到宫苑的宫墙边，极大地压缩了叛军的活动范围。

此前李晟已经派人趁着夜色在宫墙上凿了一个大缺口，足足有两百多步宽，可官军攻到这里的时候，叛军却已经在宫墙缺损处竖起了栅栏，堵塞了官军前进的道路。困兽犹斗的叛军依托栅栏负隅顽抗，向官军疯狂地刺杀，拼命地射箭，官军前进的脚步突然间停滞了。

怒不可遏的李晟对将领们吼道："你们放纵叛军居然到了如今这般地步，我要先斩了诸位！"

史万顷这下可吓坏了，因为他知道李晟可不是一个只说不做的人。走投无路的史万顷只得身先士卒，拔除栅栏，冲了进去，王佖、李演带领骑兵相继掩杀过来。叛军一时间四处奔逃，作鸟兽散。

李晟之所以会屡奏凯歌，在很大程度上是因为张光晟的暗中策应。当时张光晟率五千精兵奉命驻扎在九曲，距离东渭桥十余里，那里堪称进出长安的门户。张光晟眼见大势已去，秘密派遣使臣求见李晟，表示自己无心为逆，渴望反正。对于他的请求，李晟并未拒绝，官军也得以兵不血刃地长驱直入。

抵达白华门的时候，数千名叛军骑兵突然从官军背后杀了过来，此时李晟身边仅仅有一百多名骑兵。就在双方激烈厮杀的时候，李晟身边的人急中生智大声喊道："李相公来了！"惊慌失措的叛军顿时就溃散了，足见李晟在叛军心中的赫赫威名。

虽然姚令言等人仍然在拼命抵抗，朱泚却深知大势已去。

此时张光晟的内心无疑是最为纠结的，既不愿为朱泚陪葬，也不忍将昔日盟友出卖，于是建议朱泚等人速速逃亡远遁。朱泚、姚令言、源休等人见抵抗无望，也只得率领一万余人的残兵败将匆匆踏上了漫漫逃亡路。

张光晟原以为自己充当内应，立下大功，可以逃过此劫，谁知命运却跟他开了一个大大的玩笑。

李晟爱惜其才，一直想着找个合适的机会上奏皇帝赦免他的死罪，最好皇帝还能不计前嫌重新起用他。李晟将其安置在自己的私宅之中，每有大宴会，张光晟总会成为他的座上宾。

那日，镇国军节度使骆元光见到他之后愤愤不平地说："我岂能与反贼同席！"话音未落，他就拂袖而走。李晟此时才意识到继续收留他或许会有损自己的声誉，于是将张光晟囚禁在自己的私宅中。

李晟后来得到皇帝诏书，张光晟罪不可赦。李晟只得背弃当初的承诺，无奈地将其斩杀。

在生命的最后一刻，张光晟高喊着："第一莫作，第二莫休。"一旦做了就不要停手，否则收手之时就是遭殃之日。这是他用生命得出的血淋淋的教训，是在怨恨言而无信的李晟，更是在怨恨冷酷无情的皇帝，可事到如今又何必当初呢？！

城中的战事渐渐平息了。李晟让京西兵马使孟涉在白华门驻扎，让尚可孤在望仙门驻扎，让骆元光在章敬寺驻扎。李晟亲自率牙前兵三千人在安国寺驻扎，守护着京城长安的安宁。

李晟手下大将高明曜抢占敌人的歌妓，尚可孤的将士擅自牵走敌人的马匹。一向治军严整的李晟毫不留情地将他们统统斩杀，观看行刑的官军将士们惊恐得连大腿都在发抖。正是将士们对国法军规的畏惧，才使得官军对百姓秋毫不犯。

在李晟收复长安的同时，浑瑊也攻占了咸阳，听说朱泚已经向西逃走，于是分兵前去阻击。

朱泚策马一路向西，发觉身边的人越来越少，谁也不想再继续这种毫无希望的逃亡。

《太平广记·报应二十一》曾有这样一段颇具神话色彩的记载：

朱泚逃亡泾州途中突然昏迷不醒，一时间分不清方向，只得向一个种田的老人问路。那个老人仔细打量了他一番，问："你不是朱太尉吗？"源休急忙阻止道："这是汉皇帝。"老人冷笑两声，不屑地道："天不藏奸，即使天网恢恢，也会疏而不漏！"恼羞成怒的朱泚想要杀了这个如此无礼的老头，可这个老头却突然间消失得无影无踪。

等到离泾州还有一百多里的时候，马上的朱泚不知为什么口中连喊饶命，手脚也随即乱踢乱舞，仿佛正在跟谁打架，随后从马上坠落。过了很久，他才苏醒过来，心有余悸地说："我刚才看见段司农（即段秀实）了。"

在朱泚的心中，泾州或许是唯一可以让他稍事休整的地方。当泾州进入他视野的时候，朱泚清点人数，身边仅仅剩下区区一百余名骑兵。朱泚的心中掠过一阵悲凉，然而更让他感到绝望的是泾州的城门居然一直都关闭着，而且没有一丝开启的迹象。

饥渴难耐的朱泚大声呵斥道："田希鉴，你的节度使旌节是我授给你的，可是如今你却如此对我？"

城中依旧没有任何回应，忍无可忍的朱泚命人烧毁泾州城门。这或许是他唯一能表达愤慨的方式，却丝毫没有意义。

在滚滚的浓烟之中，田希鉴终于露面了。他举起手中的旌节，恶狠狠地扔进熊熊燃起的烈火之中，冷冷地说："还你的旌节！"

　　走投无路的朱泚与部下们抱头痛哭，因为他们不知道哪里才会是自己的归宿。

　　此时朱泚身边所剩无几的几个部下居然又发生了分裂。那些泾原兵不想再走了，因为他们对于前面的路感到彷徨和不安，而家乡就在自己的眼前。这些思家心切而又走投无路的泾原兵将满腔的怒火全都撒向了上司姚令言，不知此时的他们是否还会记起姚令言当时劝诫他们的话："这次东征是一个千载难逢的立功机会。难道你们还愁得不到富贵吗？你们怎会干出这种满门抄斩的事情呢？"他们之所以会走到今天这般田地完全是因为他们被贪念蒙蔽了双眼，如今却将一切的罪责都推给了自己的长官。

　　那群泾原兵将手中的刀砍向了姚令言，然后提着姚令言的首级前去投降新主子田希鉴。他们此时不过是想要有一个温暖的家，一个稳定的归宿，可是就连这个如此简单的愿望如今都成了奢望。田希鉴此时还犹如过河的泥菩萨，连自己的安危都难以保证，更别提普度众生了。

　　望着突如其来的血腥一幕，朱泚没有时间伤感，也没有时间悔恨，因为他知道哪怕再迟疑一秒都有可能成为那群暴徒的刀下之鬼。

　　此时朱泚身边仅仅剩下为数不多的几个范阳亲兵以及一些族人和幕僚。这或许是唯一能够使得他聊以慰藉的。

　　他狠狠地抽打着自己的坐骑，只有奔向远方才会稍稍缓解他内心的彷徨，可是他可以栖身的远方又在哪里？

　　惶惶如丧家之犬的朱泚觉得此时整个大唐都不会再有自己的容身之处，为今之计就是前往驿马关！只要通过了这道关口，前面便是吐蕃人的领地，而吐蕃人或许是目前唯一可以收留他的人，但宁州刺史夏侯英却拦住了他们的去路。朱泚最后一丝逃生的希望也随即破灭了。

　　更可怕的是这种绝望吞噬了一切道德和信仰。死神近在眼前的时候，便再也没有什么可怕的，再也没有什么可顾忌的。

　　走到彭原县西城的时候，跟随朱泚多年的梁庭芬突然举起手中的弓箭残忍地射向了自己的主子，朱泚挣扎了几下便跌落到土坑之中，朱泚的生命也永远地定格在四十三岁。其实这一切原本是可以避免的。

　　跟随朱泚走上不归路的源休仓皇逃到凤翔，可李楚琳岂肯为了他而得罪朝廷，于是将其诛杀。

眼见大势已去的李忠臣逃到樊川①的别墅之中。樊川因西汉名臣樊哙曾在此修建园林而得名。樊哙曾在鸿门宴上持剑闯入，英勇盖世，而李忠臣也曾南征北战，血溅沙场，可樊哙英雄一世，而李忠臣却自觉英雄气短而走上反叛之路。

惶惶不可终日的李忠臣终被李晟部下擒获，囚禁在狱中，不久，依律被处斩。六十九岁的李忠臣就这样顶着叛臣的骂名踏上了黄泉路，儿子被处死了，家产被查抄了。曾经笏满床，如今却沦为陋室空堂；曾经歌舞升平，如今却一片衰草枯杨；曾经门庭若市，如今蛛丝却结满雕梁。

犹如墙头草的田希鉴之所以对走投无路的老上司朱泚如此冷酷无情只因他一直为自己的后路盘算着。他渴求得到朝廷的认可，既然同样有过变节经历并且擅自诛杀宰相张镒的李楚琳都可以被朝廷接纳，那么他为什么不试着恳求朝廷的宽恕呢？可是他会像李楚琳那么幸运吗？

投机者的噩梦

翘首以盼的李适终于等到了收复京城的好消息。李适不禁流着眼泪说："天生李晟，以为社稷，非为朕也。"②李适认为李晟的降生并不是为了他，而是为了江山社稷，而是为了黎民苍生！

这不禁让我们想起李适的爷爷肃宗李亨拉着郭子仪的手说的那句话："吾之家国，由卿再造。"虽然说得感人肺腑，可郭子仪却因受到李亨的猜忌而被削去兵权，而李晟也在不久的将来步了郭子仪的后尘。

---

① 位于今陕西省西安市长安区少陵原与神禾原之间。
② （北宋）司马光主编：《资治通鉴·卷二百三十一》，改革出版社1995年版，第4911页。

兴元元年（公元784年）七月十三，在浑瑊、韩游瑰、戴休颜如众星捧月般护卫之下，李适的车驾缓缓地驶向已经阔别一年多的大唐都城长安。

李晟、骆元光、尚可孤整顿兵马等待着李适的到来，很有政治头脑的李晟并没有因为立下大功而有丝毫的傲慢。李晟先为平定朱泚之乱而道贺，然后为自己收复京城太迟而道歉，他跪在道边恳请皇帝恕罪。

李适勒住缰绳，凝视着这位再造家国的名将，不禁掩面而泣。李适自然对李晟安慰了一番，然后命侍从人员将他扶上马。

李适的生活似乎又回到了正轨，如果不是经过这场突如其来的变乱，他仍会觉得自己目前拥有这一切都是理所当然的。其实只有失去的时候，才会懂得如何去珍惜，而且没有人会无缘无故地对他好。

每逢不上朝的日子，李适经常会宴请这些有功之臣，李晟位居功臣之首，浑瑊位居功臣之次。其实第一功臣的位置原本应该属于李怀光，可如今的他却沦为第一叛臣。

虽然李适将李晟捧得很高，可是他却不希望李晟继续统领禁军了。一方面是因为皇帝们对于那些功高盖主的将领们有着天然的猜忌心，另一方面是因为李晟刚烈而有时又近乎残暴的性格。虽然李晟一直都在试图改变，可是他擅杀禁军大将刘德信的行径无疑成为李适心中永远都难以抹去的阴影。

李适决定以提拔重用的名义将他外派出去，于是给他安排了一个更能体现他人生价值而且大唐又迫切需要他的地方。

兴元元年（公元784年）八月初四，司徒、中书令、合川郡王李晟出任凤翔兼陇右节度使，赐爵西平王。原凤翔兼陇右节度使李楚琳调任左金吾大将军。李楚琳迫于李晟的威名只得乖乖地离开凤翔，交出兵权，怀着惶恐与不安前往杀机四伏的长安，不知等待他的将会是什么！

李晟还有一个职务，就是安西、北庭、泾原行营副元帅。位于大唐西部边陲的重镇泾州仿佛受到诅咒般一直都不太安宁，要想彻底根除叛乱，必须要派出一个强势人物，整治一下那帮越来越桀骜不驯的泾原兵。只有泾原镇安定了，才能有力地抗衡吐蕃，虽然吐蕃人不像前些年那样咄咄逼人了，可他们却仍旧是大唐最大的外来威胁。

田希鉴很快便派人来参拜李晟这个新任的副元帅，心里没底的田希鉴不知道大唐还能否接纳自己。

田希鉴与李晟曾经在泾原镇共事多年，虽说李晟如今大红大紫，可他初识李晟的时候，李晟却并不得志。那时的李晟因太过显眼而受到时任泾原节度使马璘的猜忌和排挤。

李晟接待了田希鉴派来的使者，既没有责问田希鉴的政治变节，也没有追问田希鉴的历史问题，而是关切而又忧愁地问："泾州与吐蕃近在咫尺，一旦吐蕃人入境，泾州兵能够抵御吗？"

使者带回来的无疑是一个好消息。田希鉴那颗惴惴不安的心顿时就释然了，因为他认为这是李晟念及旧情有意放自己一马，果然是好兄弟！

田希鉴果然上奏请求增兵，而李晟派遣亲信将领彭令英等人戍守泾州。事态按照李晟所希望的那样发展着，当所有准备工作都完成后，李晟以检查工作的名义来到泾州。

诚惶诚恐的田希鉴急忙出城迎接，因为今非昔比的李晟操控着他的命运。田希鉴很热情，而李晟也很友善。两人并马入城，一路上，谈笑风生，共叙友谊。一个好的开端却未必都能收获一个好的结果，因为一个起点往往通向着若干条路径。

为了能够为丈夫谋取一个好前程，田希鉴的妻子李氏也出马了。她用对待叔父的礼数来款待李晟，当然李晟也给足了田希鉴面子，称他为"田郎"。

"田郎，不用忙活了，你只需为我备办三天的伙食。巡视完毕，我马上就要返回凤翔。"李晟的话彻底打消了田希鉴心中最后一丝疑虑。田希鉴此时还没有意识到放松警惕对于他而言将会是致命的危机！

李晟设宴款待田希鉴和他手下的那帮将佐。丝毫没有防备之心的田希鉴欣然赴约，因为这种吃吃喝喝对于田希鉴来说太过平常了。

酒足饭饱之际，有些微醺的李晟说："我与诸位分别久了感到有些陌生了，烦劳诸位通报一下自己的姓名。"

这些喝得有些面红耳赤的将领们争相报上自己的姓名，因为他们巴不得在这位新任副元帅的心中留下哪怕一丁点印象，也好为自己日后的升迁提供便利，让他们想不到的却是每一个深深印在李晟心头的人都离死期不远了。

悉石奇等三十多个将领的名字就像石头一样压在李晟的心头，因为这些人就像一粒粒罪恶的种子，也像一个个暴力的因子，一旦遇到合适的土壤就会生根发芽，一旦遇到合适的环境就会彻底爆发。

李晟决定将这些人清除殆尽，所以他首先要做的就是将眼前活生生的形象与那些抽象的名字画上等号，让这些背负着重重罪恶的将领们无所遁形。

当所有人都通报完自己的名字，李晟脸上那丝微笑突然凝固了，怒火迅速爬满了他的脸庞，斥责道："你们这些胆大妄为之徒屡屡背叛朝廷，残杀忠良，真是天地难容啊！"

埋伏在廊庑之下的伏兵顿时就冲了进来，将那些两手沾满鲜血的将领们拖出去斩了，而今晚的这顿酒宴其实就是他们的践行酒。

望着眼前惊人的一幕，田希鉴顿时就惊呆了，因为他没有想到刚才还充斥着欢笑愉悦的宴会瞬间便变得残酷而又血腥。

李晟将锐利的目光投向了田希鉴。这让田希鉴感到有些不寒而栗，因为他的命如今就攥在这位刚刚还和颜悦色并且大谈哥们弟兄情意的老友身上。

"田郎难辞其咎，不过看在我们兄弟一场的情分上，姑且给你留个全尸吧！"

李晟挥挥手，手下人硬生生地将田希鉴拖了出去，缢杀了他和他的儿子田萼。斩草除根一直是古代人世代相承的"传统"。

李晟气势汹汹地进入田希鉴的大营，告诉那些士兵两件事：你们是无辜的；你们的长官是有罪的。

李晟的威名使得那些士兵全都不敢轻举妄动，而主帅被杀又使得那些士兵此时再做什么都于事无补，当然也有人甚至吓得两腿发抖（"众股栗，无敢动者"）。

李晟带着巨大的成就感返回凤翔府①，随即斩杀了副将王斌等十余名参与杀害凤翔节度使张镒的将领。他原本还想将已经入朝的李楚琳一同正法，可是李适却认为京城刚刚收复，天下刚刚安定，一味地反攻倒算恐怕将会引发新的动荡，于是否决了李晟的建议。

李楚琳最终的人生结局如何，因史料阙载而不得而知，或许是在惶恐不安中得以善终，或许是被朝廷秘密处决。

———————————

① 治所位于今陕西省宝鸡市凤翔县。

李怀光的挣扎

李适命朔方老将浑瑊代替李怀光出任朔方节度使，韩游瑰代替李怀光出任邠宁节度使。李适虽然剥夺了李怀光的军职，可是念及他的功勋仍旧保留了他的太子太保的职务，仍旧对他能够回头保留最后一丝希望。

兴元元年（公元784年）七月十一日，德宗李适派遣给事中孔巢父带着任命李怀光为太子太保的敕书前往河中去见李怀光，悉数恢复朔方将士们原来的官爵。

七月十八日，风尘仆仆的孔巢父终于抵达了河中府，无论他走到哪里，总会经历一番血雨腥风，上一次死的是安抚的对象，而这一次死的却是他自己！

李怀光身着素服向孔巢父请罪，因为他不希望错过这最后一丝和解的机会。

所有人都认为孔巢父会对李怀光好言安慰一番，可是孔巢父却一脸漠然地看着他。

李怀光的亲信们唉声叹气地说："李太尉的官爵恐怕是保不住了！"

就在将领们窃窃私语的时候，孔巢父开始宣读圣旨，当念到李怀光新职务的时候，他突然有些不合时宜地问了一句："军中有谁可以代替太尉统领军队呢？"

李怀光的亲信大多是直来直往而且脾气暴躁的胡人。这些人一听朝廷的使臣是来收缴兵权的，顿时就炸锅了，因为他们觉得李怀光一走，自己的末日恐怕就要到了。

巨大的喧哗声顿时就掩盖了孔巢父宣读圣旨的声音，不仅没有丝毫停息的意思，反而变得越来越大，而孔巢父的声音却变得越来越微弱。

有人不甘心只是动动嘴，而是摩拳擦掌，跃跃欲试。终于有人按捺不住心中的怒火，举起手中的兵刃恶狠狠地向孔巢父砍去。宣读圣旨的声音戛然而止，孔巢父扑通一声倒在地上，殷红的鲜血随即浸红了他身下的那片土地。

虽然这些久经沙场的将士们对于死亡和鲜血早就司空见惯了，可是眼前这个人的死仍旧给他们带来了巨大的心灵震撼，因为他们知道与朝廷和解的最后那道门被他们亲手关上了。

这是一起纯属偶然的突发事件，还是蓄谋已久的政治阴谋，已经不得而知了，但此时的李怀光是已经彻底无法再回头了，只得整治兵马，为即将到来的恶战准备着。

浑瑊与骆元光驻扎在同州，准备讨伐李怀光。李怀光派遣将领赵贵在同州修筑壁垒，企图趁机夺取同州。同州刺史李纾因恐惧万分而逃往奉天，李纾的幕僚裴向暂时主持同州事务。裴向堪称是一位能言善辩的孤胆英雄，对赵贵晓以忠诚与背叛的利害。赵贵深受触动，幡然醒悟，居然主动请求归降，同州这才得以保全。

李怀光手下大将徐庭光率领六千精锐士卒驻扎在长春宫顽强抵抗，屡屡挫败浑瑊的进攻。

见战局僵持不下，马燧不得不出面了，因为他不仅擅长军事指挥，更为擅长政治策反。马燧的确有不战而屈人之兵的神奇本领，居然兵不血刃地收复了三个州。防守隰州[①]的毛朝扬投降了，防守慈州[②]的郑抗投降了，防守晋州[③]的要廷珍也投降了。要廷珍可是李怀光的妹夫，所以他的投降也说明李怀光已经陷入众叛亲离的不利境地。

可是这个突如其来的军事胜利却让李适很为难。当初为了笼络投诚的王武俊，李适将深州、赵州划归王武俊管辖，而他同时也必须妥善安置康日知。如今康日知为同州刺史、奉诚军节度使，虽为一镇，却仅仅管辖同州[④]一州之地。其实李适让他去同州实属无奈。

同州距离都城长安仅仅两百八十里，一直是拱卫京师的重要门户，为地缘政治地位极为重要的"四辅州"之一。李适让康日知这个归顺朝廷时间并

---

① 治所位于今山西省临汾市吉县。
② 治所位于今山西省运城市新绛县。
③ 治所位于今山西省临汾市尧都区。
④ 治所位于今陕西省渭南市大荔县。

不长的昔日叛将来镇守具有举足轻重地位的同州不过是权宜之计，一直想着让他换个地方，但一时间又无处安置。

李适原本准备想将晋州、慈州、隰州三州让康日知来统辖，可这三州如今却被马燧攻占了，如果强行将其划归康日知，担心会引起马燧的不悦。此前他就是硬要将朱滔攻占的深州划给康日知才使得原本已经日趋稳定的河北地区波澜再起，风云突变。

正当李适为了康日知的新去处而愁眉不展之际，马燧却主动上表将三州上交朝廷，而且特地说，如将三州的职责授予他，恐怕以后立功的人也会这样去要挟朝廷。很多事一旦成为人们暗中遵守的潜规则，便很难再去改变！

马燧是第一位上奏朝廷请求将深州和赵州转隶王武俊的人，所以他不仅协助李适兑现了当初自己对王武俊的承诺，同时还安置好了康日知。当然驱使他这么做的最根本的原因是渗透到他血液之中的忠义思想。

当年，他孤身前往范阳郡劝说贾循归降朝廷就是因为忠义。

当年，他冒着生命危险威慑那些杀人不眨眼的回纥人，使他们不敢祸害当地百姓也是因为忠义。

如今，同样因为忠义，他不希望自己开启一个不良的开端：谁打下来的地盘就归谁。

如今风雨飘摇的大唐最迫不及待需要去做的事情就是维护残存的尊严，但孱弱的朝廷光靠自己的力量还暂时无法做到，这就需要那些强悍的节度使们"克己复礼"。

马燧登记好库存簿册交给了奉诚军节度使康日知。如今奉诚军节度使的辖区猛然间从一州迅速扩充为四州，但这却只是一种政治过渡而已。李适很快就废奉诚军节度使，同州改为朝廷直辖，康日知也成为首任晋、慈、隰节度使。康日知于贞元初年病逝，他的儿子康志睦、孙子康承训、重孙康传业也都官至节度使高位，而且全都善始善终，成为塞上名门望族。

交割完毕后，马燧又踏上了新的征程。既然选择了远方，就不会在意留给历史的只是一个苍凉的背影。

朔方节度使浑瑊、河东节度使马燧、镇国军节度使骆元光、鄜坊节度使唐朝臣四路大军完成了对李怀光的战略合围。日益严峻的形势迫使李怀光的军中再次发生了分裂，有人企图投降，有人企图逃亡，虽然李怀光用杀戮来维系自己的权威，却犹如强弩之末！

贞元元年（公元785年）四月十八，马燧与浑瑊在长春宫①会师。那里是进攻河中府的最后一道障碍，却是最难攻克的障碍。

尽管每天都有人跑过来投降，可是龟缩在长春宫里面的叛军却仍在负隅顽抗，而且官军一时还拿困兽犹斗的叛军没有什么办法！

旷日持久的战争使得大唐背负着沉重的财政负担。朝中主和派的声音变得越来越大，以至于李适也产生了动摇。

李晟却坚决反对，因为他知道放虎归山必伤人。

正是因为有李晟等人的支持，李适才变得如此坚定。其实他曾经给过李怀光很多次机会，但孔巢父的鲜血却使得他不再对李怀光抱任何幻想，再也不会给李怀光任何机会。

八月，炎炎的烈日无情地炙烤着河东大地。马燧决定走一招险棋，因为这或许是破解目前战争僵局的唯一办法。从他踏出军营的那一刻起，李怀光的生命历程便进入了倒计时。

马燧太了解李怀光了。这么一个孤傲的人绝对不会向现实低头，可是却必须要让他彻底地低头伏法，因为羸弱的大唐再也拖不起了。这显然是一个难以完成的任务，因为长春宫仿佛是横亘在官军面前的一道无法逾越的屏障，攻克防守严密的长春宫绝对不是一朝一夕之功！

马燧径直来到城下，完全暴露在敌军弩箭的射程之内。他没有一丝恐惧，大声呼喊着守城将领徐庭光的名字。徐庭光终于在城上现身了，而他绝对想不到竟然会以这种方式与敌军统帅会面，不过马燧的胆识却不得不令他折服。

战争中令人震惊的一幕出现了，徐庭光率领将士在城上列队向马燧下拜。马燧刹那间便看到了胜利的曙光，因为徐庭光感动了，屈服了。

马燧决定进一步激发起徐庭光心中蛰伏已久的忠诚，于是慷慨激昂地说："我是朝廷派来的使臣，如果你们要拜，应该向着西面接受朝命。"

———————————

① 治所位于今陕西省渭南市大荔县朝邑镇西北。

徐庭光等人便又向西面下拜。

马燧继续说："自安史之乱以来，你们献身国家，立下功勋，已经四十余年了，可是你们却为什么突然做出这种诛灭家族的事情呢？按我说的做，你们不仅可以免去灾祸，还可以保全富贵！"

城下慷慨激昂，城上鸦雀无声，没有人回应马燧。马燧情急之下敞开衣襟说："既然你们不相信我的话，为什么不用箭射我！"

见到此情此景，城上的将士全都伏在地上哭泣。

"这些罪过都是李怀光一个人犯下的。你们是没有罪的，只管坚守这座城不出来就是了！"

八月初十，马燧带领大部队向前行进，骆元光则奉命留了下来。

骆元光原以为走投无路的徐庭光会顺理成章地投降，可是他却错了。骆元光劝降徐庭光收获的却是无尽的屈辱，徐庭光不仅让手下士兵对他破口大骂，居然还扮成胡人羞辱他。

"我们只向汉族将领投降！"徐庭光抛下这句冷冷的话语后便从城墙上消失了。

万般无奈之下，骆元光只得禀告马燧。马燧不得不再次来到城下，徐庭光这才打开城门归降。马燧骑马入城，慰问安抚众人。徐庭光的部众大声呼喊着说："我们终于又成了圣上的子民啦！"

浑瑊对手下人说："始吾谓马公用兵不吾远也，今乃知吾不逮多矣！"[1]浑瑊此时才意识到自己与马燧的巨大差距。其实少年成名的浑瑊是一名优秀的将领，可是却不是一名卓越的统帅。短兵相接他绰绰有余，可是运筹帷幄却相差甚远。这也是他在奉天保卫战中表现格外抢眼，可是在随后的一系列战役中战绩平平的根本原因，因为作为统帅需要的更多的是智谋的比拼、心理的对抗以及政治的博弈。

归降的徐庭光依旧延续着高官厚禄，试殿中监兼御史大夫（从三品）。"试"与"检校"都是唐朝的任官形式。由于官员职数受到编制限制，试官与检校官都不属于正员官，后来彻底沦为代表品级的官阶，并不实际履行职

---

① （北宋）司马光主编：《资治通鉴·卷二百三十二》，改革出版社1995年版，第4926页。

责。低级别的官一般用"试"，而高级别的官一般用"检校"。

徐庭光担任的两个官职都是三品高官，可是却没有一个是拥有权力的实职，但对于一个归降不久的叛将来说已经很不错了。

马燧与浑瑊率领大部队抵达与河中府近在咫尺的焦篱堡①，守卫那里的将领也是望风而降。

这天傍晚，李怀光举火报警，可是却没有一个将领前来响应。这还不是最令李怀光心碎的，戍守河中府的部下居然自己先乱了起来。

蜿蜒的黄河将河中府分为东、西两城，而两城的士兵们互相观望着，因为他们知道继续抵抗下去已经没有任何意义了。

东城的官兵纷纷说："西城将士已经穿上铠甲准备投降了啦！"

西城的官兵纷纷说："东城将士已经排好队准备投降了啦！"

东、西两城的将士纷纷竖起一面大旗，上面写着"太平"二字。

深知大势已去的李怀光最终自缢而死，草草了结了残生。

李适之所以一直都会给李怀光改过自新的机会，很大程度上是因为李怀光的儿子李璀的忠贞。父亲死后，李璀完全可以逃过这一劫，可是他却并没有那么做。他杀了自己的两个弟弟后自杀了，为自己的父亲陪葬，而他那铿锵的话语不禁再次在李适的耳畔响起。

"臣之进言，非苟求生；臣父败，则臣与之俱死矣，复有何策哉！使臣卖父求生，陛下亦安用之！"

朔方将领牛名俊割下李怀光的头颅出城投降，此时跟随他投降的还有一万六千余名将士。

马燧将李怀光的亲信将领阎晏等七人斩杀，对剩下的人都不予追究。马燧平定河中仅仅用了二十七天。

骆元光一直对敢于公然羞辱自己的徐庭光耿耿于怀。他对韩游瑰愤愤不平地说："徐庭光侮辱我的祖先。我一定要杀了他，不过马公肯定会处罚我。您能救我一命吗？"

对于战友的哀求，韩游瑰没有理由拒绝。

---

① 治所位于今山西省永济市北。

骆元光在军营大门外遇到了徐庭光。两人礼节性地拱拱手，可是骆元光的脸上却一时间杀气腾腾。骆元光历数徐庭光犯下的种种罪过，随即命手下人将其千刀万剐。

骆元光随后来到马燧面前，伏地叩头，请求治罪。

马燧得知此事后自然勃然大怒，因为一向治军严正的他绝对不允许部下干出如此出格的事情，厉声说道："你擅自诛杀归降的大将，真是目无统帅！来人，拖出去斩了！"

这时韩游瑰却站了出来，而他的话无疑像冷却剂一样迅速冷却了马燧心中的怒火。

"骆元光杀了一个将领，您尚且愤怒成这个样子。如果您杀了节度使，圣上将会怎样对待您呢？"

马燧顿时就沉默了。

浑瑊也站出来为骆元光求情。马燧可以不给韩游瑰的面子，但他却不能不给比自己资历更老的浑瑊面子。

马燧最终妥协了，骆元光毕竟不同于他手下的河东镇将领。人家骆元光贵为镇国军节度使，只是因为战争需要才临时受马燧节制。此事最终只能不了了之！

李适曾经深有感触地说："朔方军累代忠义，今为（李）怀光所制耳，将士何罪！"[1]

李适是这么说的，可是却不是这么做的。仆固怀恩与李怀光的两次叛乱使得朝廷已经对这支能征善战的朔方军彻底失去了信任。李适认为朔方军是一把危险的双刃剑，既可以刺杀敌人，更会伤及自己。

安史之乱爆发时，天下精兵多分布于边疆。朝廷在帝国边陲设置了九位节度使和一位经略使。悍然发动叛乱的安禄山身兼河东、范阳、平卢，占边防军总兵力的37%。河西兼陇右节度使哥舒翰在潼关惨败，两镇主力丧失殆尽。朔方、北庭、安西、剑南、岭南成为力量保存较为完整的五镇，岭南五府经略使仅管兵一万余人，而且还需要防守地域广阔的岭南地区。剑南节度

---

[1]（北宋）司马光主编：《资治通鉴·卷二百三十一》，改革出版社1995年版，第4915页。

使虽然管兵三万余人，却需要防备日益咄咄逼人的吐蕃，还要拱卫流亡到那里的李隆基。安西和北庭两镇各管辖两万余人，却需要戍守地域辽阔、民族情况复杂以及军事较量激烈的西域地区，可以征调到内地的兵力有限，安西只派出了五千精兵，而北庭则派出了三千精兵。在大唐生死存亡之际，拥兵六万之众的朔方军用铁肩担起了将大唐从死亡边缘挣脱出来的重任，两位再造河山的中兴名将郭子仪和李光弼皆出自朔方，正是这支强大的军队挽救了帝国，也改写了历史。

朔方军巨大的影响力并未随着安史之乱的结束而消亡，仍旧是一支可以决定帝国治乱，甚至是兴亡的重要军事力量，李怀光、浑瑊、韩游瑰、戴休颜、唐朝臣、杜希全等大唐高级将领均来自朔方，只是有的成了帝国的毁灭者，而有的成了帝国的拯救者。

李适不希望朔方一军独大的历史继续上演，将那支曾经强悍一时、纵横沙场的朔方军分别隶属朔方、振武、夏绥、邠宁、河中、晋慈隰六镇节度使和天德军都团练防御使[①]。

鉴于朔方军主力部队长期屯驻在河中地区，朝廷将原河中节度使的辖区一分为二。河中府、绛州与同州、陕州、虢州组成新的河中镇，在朔方军中具有崇高威望的浑瑊出任新设的河中节度使，不过属州同州、陕州、虢州相继从其管辖范围内划出。原属于河中节度使的慈州、隰州、晋州三州另设为一镇，直到元和二年（公元807年），李适的孙子李纯执政时，慈州、隰州、晋州才重新归属河中节度使管辖。

朝廷还将朔方节度使管辖的夏州与振武节度使管辖的绥州和银州另立夏绥节度使。朝廷又将朔方节度使管辖的丰州、天德军和西受降城以及振武节度使管辖的东、中受降城另行设立天德军都团练防御使，东受降城最迟于元和八年（公元813年）重新划归振武节度使管辖。

那个曾经管辖范围幅员辽阔的朔方节度使此时仅仅管辖灵州、盐州和定

---

① 关于天德军都团练防御使的辖区记载不一，会州应当只是遥领，其已陷入吐蕃之手，并未实际管辖，东受降城后来又划归振武节度使管辖。

远军城，相当于今宁夏大部和陕西一小部。朔方节度使原本还管辖丰安军①，可自从安史之乱后，丰安军便从史书中离奇消失了，丰安军城很可能早已陷入吐蕃人之手。

那个曾经立过大功、又犯过大错的彪悍的朔方军彻底淡出了历史舞台，而那个曾经风光无限，甚至可以左右帝国命运的朔方镇也彻底沦为一个地域狭小的小藩镇，一个微不足道的小藩镇，渐渐消失在历史的深处。

李希烈的末日

兴元元年（公元784年）八月初三，李希烈派遣中使来到蔡州。颜真卿知道上天留给自己的时间恐怕已经不多了。

望着手拿敕书的中使，颜真卿急忙拜了两拜。

中使冷冰冰地说："赐死！"

颜真卿没有一丝恐惧，因为他从离开长安的那一刻起便没有想活着回去，而他唯一的遗憾就是没有说服李希烈放下屠刀，尽管他也知道这是一个几乎不可能完成的任务。

"老臣一无所获，有负圣恩，罪该万死。不知贵使几时从长安出发的？"

"我是从汴州来的，不是从长安来的。"

闻听此言，颜真卿脸上的恭敬顿时就消失了，取而代之的是愤怒和不屑。他恶狠狠地说："你们这帮叛贼也敢自称敕旨！"

颜真卿最终被残忍地缢杀，跟他堂兄一样用满腔的热血践行了对大唐的无限忠诚。他的死无疑也敲响了李希烈的丧钟，因为对手的丧心病狂往往是末日来临的前兆。

---

① 治所位于今宁夏回族自治区中卫市中宁县。

贞元元年（公元785年）正月，李适发布大赦令，想要用改元来迎接新气象，大唐政局的确渐趋稳定，而"贞元"这个年号一直用到他驾崩，居然用了二十一年之久。

曾经在政坛呼风唤雨的卢杞如今却在新州司马任上黯然度日，他也在这次大赦中调任吉州①长史。喜上眉梢的卢杞对身边的人说："看来圣上始终都未曾忘记我，或许很快就会将我召入京城，再度为相。"

李适的确未曾忘记卢杞，他身边会办事的人不少，但既会办事又会来事的人却不多。

那夜，李适又想起了远在他乡的卢杞，想要任用卢杞为饶州刺史。给事中袁高正巧在宫中值班，虽然他按照圣上的旨意草拟了诏书，却拿着诏书紧急谒见宰相卢翰和刘从一。他慷慨激昂地说："卢杞臭名昭著，罪行累累，当初有幸免于诛杀，仅仅将其贬黜，很快又将其迁往近地，如今又要改授大郡长官，此举恐怕会令天下人失望，恳求二位相公秉公直谏，或许还有挽回的余地。"卢翰、刘从一闻听此言大为不悦，担心如此一来会触怒皇帝，相位恐怕将会不保，于是命另外一名中书舍人起草诏书。

次日诏书颁下，袁高却仍旧据理力争。他所担任的给事中之职享有封驳之权，即对上行文书的驳正权和对下行文书的封还权。《唐六典·卷八》中记载："凡百司奏抄，侍中审定，则先读而署之，以驳正违失；凡制敕宣行，大事则称扬德泽；褒美功业，复奏而请施行，小事则署而颁之。"中晚唐时，很多给事中因敢于大胆地封还诏书而赢得了很高的政治声誉，比如穆宗朝宰相崔植。

由于争论不休，李适不得不改授卢杞为澧州别驾。谏官赵需、裴佶、宇文炫、卢景亮、张荐等人也纷纷上疏，此时任用卢杞这个奸邪之徒会令忠臣们心寒。

延英殿奏对时，李适对宰相李勉说："难道朕要授卢杞一个小州刺史都不可以吗？"

年近七旬的李勉回答说："别说小州，陛下授任卢杞大州刺史都没有什么不可，可是却会令天下百姓失望。"

---

① 治所位于今江西省吉安市吉州区。

李适面带不悦地说："众人皆言卢杞奸邪，朕却为何不知？"

李勉机智地答道："卢杞的奸邪，恰恰就在于天下人皆知，唯独陛下不知！"

李适闻听此言顿时沉默不语。

散骑常侍李泌说："连日来朝廷上下对卢杞之事议论得沸沸扬扬，甚至有人将陛下比作汉朝的桓帝和灵帝。如今臣亲承圣旨，才知道即使是尧、舜也比不上陛下啊！"

李适的脸上终于浮现出一丝笑容。

卢杞的梦破灭了，从此变得郁郁寡欢，很快就死于澧州①。

贞元二年（公元786年），年事已高的李勉被罢相，改任太子太师（一说太子太保）。两年后，李勉病逝，终年七十二岁。

虽然李希烈犯下了不可饶恕的罪行，可是李适却并没有放弃最后一丝挽救他的努力，在这个如此敏感的时刻，唯有宽容才能消除那些具有历史污点的将领们心中的不安。

李皋于贞元元年（公元785年）四月接替张伯仪出任荆南节度使。张伯仪离职入朝，在右龙武统军这个有职无权的位置上终老一生。鄂岳观察使李兼接替李皋掌管江西，但他却并不是节度使，而只是观察使。

此时的李希烈已经陷入四面楚歌的绝境之中，北面有永平节度使李澄，东面有宣武节度使刘玄佐和邠宁陇右行营节度使曲环，东南有濠寿庐都团练使张建封，南面有江西观察使李兼，西南有荆南节度使嗣曹王李皋。

李适下令与淮西接壤的各道藩镇不得贸然进攻，而且承诺给李希烈留一条活路，可是李希烈却从登上皇位的那一刻起便没有想过要回头。

困兽犹斗的李希烈却仍旧死不悔改，进犯襄州以失败告终，进犯郑州也以失败而告终。处处碰壁的李希烈急火攻心，突然病倒了，而且这次倒下便再也没有起来。

其实李希烈并没有得什么不治之症，可是他却病得很不是时候，因为此时无数双眼睛正在密切关注着他病情的发展。

---

① 治所位于今湖南省常德市澧县。

当初李希烈攻入汴州时听说户曹参军窦良之女颇为美貌，便强娶为妾。与父母临别之际，窦氏对其耳语道："你们不要悲伤，且看女儿如何为国杀敌！"虽然李希烈对其颇为宠爱，却依旧无法得到窦氏的心。窦氏想的依然是如何为国杀贼。

恰巧李希烈手下大将陈仙奇的妻子也姓窦，窦氏便对李希烈说："陈仙奇忠勇可用，其妻与奴家同姓，愿与其结为姐妹，也好借此笼络陈仙奇。"对其百依百顺的李希烈自然欣然应允。窦氏与陈仙奇的妻子越走越近，甚至到了无话不说的地步。一日，窦氏屏退左右对其说："叛贼如今虽强，却终究会败，不如早作打算！"陈仙奇的妻子惊奇地望着窦氏，似乎悟到了什么。

贞元二年（公元786年）四月初七，孱弱的李希烈毫无防备地喝下医师为他"精心"配置的草药，这碗草药不仅不能治病，反而要了他的命，而下毒之人正是陈仙奇！

李希烈死后，他的儿子秘不发丧，想要诛杀各位将领后自立为淮西留后。

得知内情的窦氏急得如同热锅上的蚂蚁。此时有人献来樱桃，窦氏请求分一些送给仙奇的妻子，由于两人之间走动一向颇为频繁，李希烈的儿子自然也就没有起疑心。窦氏就用蜡封上帛条夹在樱桃之中送了出去。

陈仙奇得知后不禁大惊失色，迟一步就会人头落地。他随即带兵鼓噪而入，李希烈之子听到声响后走出来对各位将领说："诸位且听我说，我甘愿去掉皇帝称号，就如同淄青的李纳一样，带领大家过上好日子。"可话音未落，李希烈之子便被陈仙奇等人斩杀。

李希烈的兄弟、妻子和儿女全部死在血腥的屠刀之下，就连窦氏都未曾幸免，省得李希烈独自走上黄泉路会感到寂寞和孤独。

陈仙奇还将李希烈及其妻子、儿子共七人的首级放入匣子之中封好后献给大唐皇帝李适。李希烈的死标志着那场席卷半个大唐的叛乱风潮彻底宣告结束，可是这得来不易的和平却是那么脆弱，需要细心的呵护。

李适因感念陈仙奇诛杀首恶，随即任命他为淮西节度使，为当地百姓减免赋税两年。而仅仅四个月后，大将吴少诚又以复仇之名将陈仙奇送上了黄泉路。

对于淮西内部的争斗残杀，李适已经没有精力和能力去管。陈仙奇也好，吴少诚也好，对于李适而言并没有本质性区别。这些人不会真心诚意地归附朝廷，只要他们不做特别出格的事情，李适也懒得管他们。

虽然李适奉行怀柔政策，可是却并不意味着他不作为，为了遏制淮西，他还是进行了一系列卓有成效的政治安排。

嗣曹王李皋从荆南节度使任上调任濒临淮西的山南东道节度使。李皋囤积粮食，操练将士，购置军械，特别是用重金购买回鹘马来装备骑兵，使得部队战斗力得到极大的提升。吴少诚慑于李皋的威名不得不收敛了许多。

那个曾经幅员辽阔并且一度横跨河南道、山南东道、淮南道三大地理区域的淮西镇也一去不复返。李希烈武力抢占的郑州、汴州、滑州和邓州陆续丧失，曾经的属州安州、蕲州、黄州又被朝廷攻取，李希烈力主成立的溵州也被撤销。唐州和隋州划归山南东道节度使管辖。许州与原属永平镇的陈州另行设置陈许节度使。

此时的淮西镇仅仅管辖申州、光州、蔡州三州之地。尽管如此，淮西仍旧是实力不容小觑的强藩，以至于二十八年后，大唐讨伐淮西之战竟然会持续三年之久，还曾几度陷入进退维谷的困境之中。

贞元元年（公元785年），永平节度使更名为义成节度使，这也成为这个曾经显赫一时的藩镇的分水岭，从此渐渐沦为一个日趋被边缘化的小藩镇，曾经管辖七州之地，如今却只管辖郑州、滑州两州。或许从失去水陆要冲汴州那一刻起，它就注定了沉沦的命运。

陇右行营节度使曲环成为首任陈许节度使。这位久经沙场的老将终于可以远离雄浑的大漠和边陲的狼烟，可是他却面临着新的严峻挑战，因为刚刚结束的那场战争使得这片原本繁华富庶的中原大地变得满目疮痍，经济凋敝，百姓逃亡，土地荒芜。

为了让这片土地再现生机和活力，曲环掀起了轰轰烈烈的大生产运动，"勤俭率下，政令宽简，赋役平均，数年之间，流亡复业，兵食皆足"[①]。陈许节度使后来被赐予"忠武"军号，可见朝廷对这个新藩镇的诸多期待，

---

① （北宋）司马光主编：《资治通鉴·卷二百三十二》，改革出版社1995年版，第4932页。

既要忠诚坚贞，又要威武雄壮，成为朝廷震慑和遏制藩镇割据势力的一把利剑。

正是在曲环的不懈努力之下，战争留下的创伤才得以迅速痊愈，可是却始终无法摆脱战争的阴影。高度戒备的曲环不时地向东面的淄青和南面的淮西投去警觉的目光，可是最让他感到忧虑的却是宣武节度使刘玄佐的蜕变。

自从将节度使衙门搬进繁华的汴州城，那个曾经忠诚谨慎的刘玄佐就逐渐变得愈加骄横跋扈，好在一个关键人物在这个关键的时刻出现了。这个人就是镇海军节度使韩滉。刘玄佐颇为器重和赏识韩滉的才能与声望，一直想找个机会拉近彼此间的关系，可是却一直都找不到合适的机会。

恰恰在此时，韩滉突然在汴州现身了。大运河是大唐沟通南北的交通命脉，而四通八达的汴州堪称大运河的枢纽，所以汴州既是货物集散地，又是人员中转地。

刘玄佐终于见到了倾慕已久的韩滉。他以下属的礼节谒见韩滉，就像一个暴发户见到了一个血统纯正的贵族。韩滉并没因此而变得飘飘然，反而是平易近人，谦逊和蔼。

两人的关系一下子就在无形中拉近了许多，相互约定结成兄弟。韩滉主动请求拜望刘玄佐的母亲。这可是对刘玄佐莫大的尊崇，所以刘玄佐乐呵呵地领着韩滉去拜见自己的母亲。韩滉早就对他的母亲有所耳闻，虽说如今刘玄佐已经飞黄腾达了，但他的母亲每月仍旧会亲自织两丈粗绸，以示不忘贫困时的劳动本色，还多次告诫刘玄佐要恪守为臣之道。

听说韩滉求见，刘玄佐年事已高的母亲备办酒席，盛情款待远道而来的韩滉。酒至半酣之际，腮边泛起红晕的韩滉突然毫无征兆地问："兄弟什么时候入京朝见天子呀？"

刘玄佐一时间语塞了，只得敷衍道："我早就打算入京朝见了，不过朝见天子所需的物品还没有置备齐。"

韩滉挥挥手说："这自然不用兄弟忧虑。您需要什么，我都可以为你置办！兄弟还是早日启程吧！如今伯母年事已高，不能再让她老人家为你劳心费神了！多少割据一方的节度使最终都难逃覆亡的命运，他们家中的女眷们都罚没入后宫做苦役，真到了那时，后悔可就迟了！"

　　韩滉略显尖锐的话语使得刘玄佐的母亲禁不住失声痛哭起来。在接下来的三天时间里，韩滉送给刘玄佐二十万缗钱，用于置办入朝所需的行装和物品。他不光对刘玄佐大方，对他手下的将士们也很慷慨。当诱人的钱帛摆在宣武将士们面前时，这些行伍之人顷刻间就被这个从天而降的财神爷所打动了。

　　沦为看客的刘玄佐既惊叹，又佩服，后来才知道韩滉看似随心所欲，实际上却是一个颇为精明的人，哪怕一文钱都会花在刀刃上，而刘玄佐自然猜得透，韩滉大把大把扔钱的真实意图，他是想用钱来买和平。

　　宣武节度使刘玄佐思虑再三，与陈许节度使曲环一同入京朝见天子。正是韩滉的及时出现，刘玄佐才没有走上另外一条道路。

第七章

守成与隐退间的挣扎

折戟沉沙铁未销

虽然那场席卷帝国近三分之一版图的叛乱风潮终于平息了，可是大唐与吐蕃的关系却骤然间变得异常紧张。

曾经的原州城如今已经沦为一片废墟。原州以西原本属于大唐的大片富饶的土地如今却已被吐蕃人占领，可是吐蕃人却仍旧不满足。

吐蕃大相尚结赞竟然背弃清水会盟的盟约悍然攻占盐州①和夏州②。李晟、马燧、浑瑊与韩游瑰这些老将们不得不再次披挂上阵，可是他们却没有想到，这次是赢了战争，却输了人生。

寒冷的冬季来临了，这是吐蕃人一年之中最为难熬的日子。他们不得不眼睁睁地看着自己的牛羊大批地死去，以致粮食供给都成为一个巨大的难题。

困守鸣沙的吐蕃人面临着前所未有的生存危机，而马燧正率领着气势如虹的唐军杀来。

尚结赞三番五次地派遣使者向大唐皇帝请求和好，但都被无情地拒绝了，因为吐蕃人出尔反尔的丑恶嘴脸让李适感到很是厌恶。

尚结赞派遣一批批的使者带着丰厚的礼物去见马燧，以至于"使者相继于路"，可见尚结赞为了摆脱当前的困境下了血本，不过估计这些金银财宝也大多是抢来的。

一向高傲的吐蕃人突然间变得格外谦卑，那颗高昂着的头无奈地低了下来，因为此时此刻马燧的抉择决定着他们未来的命运。

而马燧做出了一生之中最令自己后悔，也是最不明智的决定：接受吐蕃人的求和。马燧居然命令军队停下了前进的步伐，一个重创吐蕃人的机会就

---

① 治所位于今陕西省榆林市定边县。
② 治所位于今陕西省榆林市靖边县。

这样悄悄溜走了。对敌人的心软实际上就是对自己的残酷。

位于黄河对岸的吐蕃人彻底安全了，可是他们不仅不会感恩，反而变得更加冷酷无情。

马燧是一个足以影响李适的关键人物。正当李适内心的天平刚刚在和与战之间稍稍有所倾斜的时候，李晟却打破了沉默，铿锵有力地说："戎狄无信，不如击之。"

李晟早就看透了吐蕃人言而无信的本质，当然对吐蕃人有着清醒认识的绝不仅仅只有李晟一人。

韩游瑰说得更加透彻，这帮吐蕃人衰败的时候便求和，强盛的时候就入侵，如今深入我大唐内地求和，其中肯定有诈！

镇海军节度使、同中书门下平章事、江淮转运使韩滉趁机献上收复河西、陇右失地的策略。

"这些年来，朝廷一直忙于安内而无暇顾及攘外，如今内乱已平，正是收复河山的大好时机。在原州、鄯州、洮州、渭州故地筑城，然后再命李晟和微臣带领十万人马戍守在那里，收复失地指日可待！所需的粮食军费都由微臣来筹集。"

韩滉还举荐宣武节度使刘玄佐前去收复河湟故地，刘玄佐因韩滉的个人魅力也表示赞成。

李适心中蛰伏已久的激情瞬间就被点燃了，因为他骨子里就是一个愤青，于是严令马燧加快进军步伐。

主和的马燧也不是一个轻言放弃的人。他请求与吐蕃使者论颊热一同入朝辩论应该战还是应该和，可是这场辩论会还没开，政治风向便突然间发生根本性逆转。

贞元三年（公元787年）二月二十三日，在决定大唐未来走向的历史十字路口，紧握着大唐钱袋子的韩滉却突然离开了这个纷纷扰扰的世界。他走得很突然，走得很无奈，走得也很不舍。

韩滉的死彻底扭转了主和派和主战派之间的力量对比。

韩滉死后，朝廷决定撤销镇海军节度使，将其辖区一分为三，浙江西道、浙江东道和宣歙池三道，三道只设观察使，不设节度使。三道分别以润州①、越州②、宣州③为治所，也就是如今江苏、浙江和安徽的雏形。

韩滉的死使得李晟顿时就陷入孤立无援的境地。李晟也感受到从未有过的孤独和无助，其实早在年初的时候，他就领略了那帮满嘴仁义道德的文官们的可怕。

春节刚刚过去，张延赏便在喜庆气氛之中登上了相位。为了主动示好，李晟为他的儿子向张延赏的女儿求婚，可是却被张延赏拒绝了。

李晟叹息道："武夫性快，释怨于杯酒间，则不复贮胸中矣；非如文士难犯，外虽和解，内蓄憾如故，吾得无惧哉！"④习武之人讲究不打不相识，往往可以一笑泯恩仇，杯酒释愤懑。李晟这个大老粗第一次真切地感受到那些心胸狭小的文人们可怕的一面。

三年前，李适就想让张延赏出任宰相，既是因宰相刘从一患病，又是因张延赏在西川节度使任上政绩斐然，可是却遭到李晟的阻挠，最终张延赏只是被授予尚书左仆射，张延赏始终对此耿耿于怀。

李适却也未曾忘记张延赏，于是让韩滉居中调解。韩滉受命宴请二人，两人把酒言欢，冰释前嫌。李晟随即表荐张延赏为相，李适也顺水推舟地任用张延赏为相，可张延赏一登上相位却换了另外一副嘴脸。

在张延赏的竭力支持之下，马燧求和的主张再次被李适采纳。李适之所以左右摇摆是因为他正处于两难的境地。他既想收复被吐蕃人侵占的土地，又想联合吐蕃制衡越来越强大的回纥。

李晟是一个容易意气用事的粗线条的人，他的诸多言行，尤其是擅自杀害禁军大将刘德信，加重了李适对他的猜忌。李适并没有让神策军出身的李晟继续执掌禁军，反而将他调到凤翔，足以说明李适对他猜忌之深。

张延赏对此心知肚明，因势利导地放大了李适对李晟的猜忌，使得李适

①　治所位于今江苏省镇江市。
②　治所位于今浙江省绍兴市越城区 。
③　治所位于今安徽省宣城市宣州区。
④　（北宋）司马光主编：《资治通鉴·卷二百三十二》，改革出版社1995年版，第4936页。

心中对李晟的不满迅速堆积着。李晟在李适心中的地位也随之摇摇欲坠，而这次战与和的大争论更是将李晟推到了无路可退的风口浪尖。

"李晟不适合再领兵了，请让郑云逵代替他。"张延赏终于在这个关键时刻说出了埋藏在他心底深处的话。

李适没有理由拒绝，因为在主和的政策基调之下，再让李晟这个坚定的主战派继续掌兵可能会带来不必要的麻烦，甚至会激起不必要的动乱，可是他却需要给李晟一个华丽的台阶。

最终摊牌的时刻到了。

李适带着关切又有无奈的语调说："为了天下苍生，朕已经决定与吐蕃和亲了。既然你素来与吐蕃结下仇怨，就不便再回凤翔了。爱卿最好留在朝廷，也好时时辅佐朕。你自己选择一个可以替代你镇守凤翔的人选吧。"

李晟知道这是想要夺去自己的兵权。他知道自己迟早会有这么一天，不过却没有想到会来得如此之快，以至于自己对此毫无心理准备，却不得不黯然接受。

李适提升李晟为太尉、中书令，但同时免去其担任的所有军职。太尉和中书令品级虽高，却是安排功臣的闲职。中书省由中书侍郎实际主持工作，而他这个名义上的一把手却不过是个摆设。太尉虽贵为正一品，却只是个有职无权的高级皇家顾问。

李晟在繁华的长安城度过了一生中最后时刻，也是他此生最波澜不惊的岁月。虽然被削去兵权，但李晟却没有因此而彻底消沉，也没有因此而牢骚满腹。每当皇帝向他征询意见时，他都知无不言，言无不尽，因为他最欣赏的人就是因直言进谏而流芳后世的魏徵，而且十分注意组织纪律，从不外泄谈话内容。

寒风悲切危烽火

虽然边疆形势正日趋缓和，但是李适心中收复失地的梦想却从未泯灭，可是他却已经找不到肯为他卖力的人。

当他询问收复失地之事时，刘玄佐竟然上奏说："如今吐蕃日益昌盛，我们无力与他们争锋。"

李适派遣中使慰劳刘玄佐，实际上是想探探他的虚实，可是刘玄佐却以身染重病为由躺在床上接受诏旨。

自从得知韩滉去世后，刘玄佐便对收复河湟故地不再那么积极了，等到张延赏上奏皇帝免除了李晟的兵权，刘玄佐也彻底心灰意懒了，再也不愿为朝廷效力，只是浑浑噩噩度日。

刘玄佐极为宠信义子乐士朝，乐士朝凭借手中的权力成为富甲一方的大财主，但他却仍旧不满足。俗话说饱暖思淫欲，喜欢追求刺激的乐士朝居然与义父刘玄佐的宠妾私通。阵阵激情过后，他的心头掠过阵阵恐慌，害怕丑事败露，于是动了杀心。贞元八年（公元792年），五十八岁的刘玄佐开怀畅饮，却不知酒中会有毒，稀里糊涂地踏上了黄泉路。

既然刘玄佐不肯出力，宰相张延赏只得推荐李抱真，可是李抱真也坚决推辞。

这其实是那些曾经为了帝国存亡而出生入死的将领们在宣泄心中的不满，因为朝廷如此对待李晟让他们感到不解，感到愤懑，也感到心寒。

虽然旁观者愤愤不平，可是当事人却淡然处之，而且将用另外一种方式诠释着对帝国的忠诚。

贞元三年（公元787年）三月二十七日，马燧急匆匆入京朝见。自从他离开军营后，他手下的将领们就关闭营门，不再出战，而这正是吐蕃人所希望的。

尚结赞率领吐蕃大军开始从鸣沙撤军。他的军队因缺少马匹，有许多人只好徒步而行。

当年闰五月，长安城中弥漫着和平而又喜悦的气氛，因为大唐使臣已经与吐蕃约定在平凉川会盟。所有人都期盼着这次会盟将会开启一个更为祥和安宁的新时代，可李晟的心头却总是笼罩着一层深深的忧虑。

李晟找到即将前去与吐蕃会盟的浑瑊，告诫他在会盟时一定要防备周密，什么突发状况都有可能发生。

其实李晟完全可以保持沉默，可是他却不忍心，也不甘心这样做，但这却给张延赏继续诋毁他留下了口实。

"这是破坏两国关系的不当言论。如果吐蕃人感受不到我们的真诚，他们怎么会真心对待我们呢？"

李适对狗拿耗子多管闲事的李晟极为不满，当即传召浑瑊一定要妥善处理并高度重视这次会盟，增进了解，扩大共识，增强互信。

张延赏召集百官，将浑瑊的表章拿给大家看，他说："李太尉始终认为与吐蕃议和必定不能成功。这是浑侍中的表章，如今会盟的日期都已经确定了。"

见到此情此景，李晟这个很少流泪的硬汉不禁潸然泪下，哭得如此悲伤，也哭得如此委屈，因为他的苦衷没有人理解，他的忠诚也没有人理解，可是历史却会还给他一个公道。

按照李适的命令，骆元光部驻扎在潘原，韩游瑰部驻扎在洛口，可是骆元光却对此提出了异议："潘原距离会盟地点将近七十里，倘若发生突发状况，我们得到消息时恐怕为时已晚了，恳请您让我与您一同前往吧！"

"不行！这是皇帝的旨意！"谨小慎微的浑瑊早已没有了当年那股天不怕、地不怕的劲头，因为地位越高，功劳越大，出言必须越谨慎，行事必须越谨慎，因为他们始终有一种如临深渊的感觉，稍有不慎便有可能会粉身碎骨。

骆元光却根本不管这一套，根本就没有在遥远的潘原驻军，而是紧挨着浑瑊的营地驻扎，而且壕堑挖得很深，栅栏扎得很牢固。这里距离会盟地点有三十多里，一旦会盟中发生什么意外，他便可以见机行事。正是骆元光的擅作主张才没有使得局势恶化到不可收拾的地步。

闰五月十九日，庄严的会盟仪式即将举行，大唐和吐蕃派出身穿铠甲的三千将士整齐地排列在坛场的东西两侧。双方又派出身着常服的四百将士严整地立在坛场下面。

其实数万吐蕃精锐骑兵正在暗处静静地等待着，就像静候猎物出现的狼群，随时准备着冲上去撕咬猎物，可悲的是猎物此时居然对于身边的危险还全然不知。

吐蕃大相尚结赞建议双方各自派出数十名流动巡逻兵随时掌握对方的行动，从而消除彼此的疑心。吐蕃巡逻兵在唐军军营之中进进出出，穿来穿去，以至于将唐军的军力部署和武器配备都摸得一清二楚，可是唐军派出的巡逻兵进入吐蕃军阵后却全都被擒获了。

此时的浑瑊对于吐蕃人的阴谋居然还没有丝毫的察觉。他若无其事地走入大帐，准备换上举行仪式时所穿的华丽礼服。

恰在此时，吐蕃人拿起沉重的鼓槌重重地敲击着战鼓。听到鼓声，吐蕃人呼喊着突然冲杀出来，宋奉朝等唐朝高级官员惨死在吐蕃人的屠刀下。

战争经验丰富的浑瑊具有出众的应变能力，迅速跑出营帐，随即拉过一匹马，飞身上马，策马狂奔。

一阵乱箭呼啸着从他的身边掠过。他紧紧地伏在马背之上，居然奇迹般地没有受伤，其他人可就没那么幸运了。吐蕃人纵情地杀戮着，宣泄着对大唐无限的仇恨。数百人被杀，上千人被俘，其中就有数度出使吐蕃且屡屡化险为夷的崔汉衡。

浑瑊一口气跑了三十多里，可当他来到自己的营地时，居然是一座空空如也的营盘，自己手下那帮将士们早就逃之夭夭了。幸亏骆元光的军队就在附近，如果按照当初的计划驻扎在潘原，他估计就真的走投无路了。

骆元光亲自率领本部人马严阵以待。起初韩游瑰派遣五百骑兵，埋伏在骆元光军营周围，特地吩咐说："如果发生变故，你们便向西直奔柏泉，以分散吐蕃的军力。"

追赶而来的吐蕃人见唐军军容如此严正，而且周遭又有伏兵迹象，只得打道回府了。

骆元光卖力地援助着如今形单影只的浑瑊，与他一起召集逃散的士兵。

在这场变乱发生的同时，身在长安的李适在朝堂之上喜笑颜开地说："今天与吐蕃讲和，真是国家的福气啊！"

洋溢着喜悦之情的马燧急忙附和。巨大的成就感笼罩着他，因为他觉得正是在他的不懈努力之下，才将大唐从命运的十字路口拉回到正常的轨道之上。

可是朝堂之上居然出现了不和谐的音符，柳浑说："吐蕃豺狼成性，岂是一纸盟约就可以约束的？微臣一直为今日会盟之事而担忧！"

李晟也附和道："微臣也有同感。"

李适这回彻底地愤怒了，事到如今了还在唱反调，居心何在啊！他当着满朝文武的面毫不留情地斥责道："柳浑是一介书生，不晓得边疆大计，你怎么也会说出这样的话？"

眼见着火药味越来越浓，群臣急忙叩头谢罪，然后匆匆结束了这次不愉快的朝会。

李晟的心情失落到了极点，虽然自己的所作所为不被人所理解，但他却依然觉得自己所做的这一切都是有价值的，只是需要时间来证明。

不过他等待的时间却不会很长。当天傍晚，韩游瑰的表章便被送到了李适的手中。

李适顿时就慌了。这次会盟原来是一个彻头彻尾的谎言，是一个蓄谋已久的阴谋，就是想打我们一个措手不及。

李适特意命人将韩游瑰的表章拿给柳浑看，他的预言果真应验了。不过却不曾拿给李晟看，他与李晟之间的隔阂始终都没能消除，彼此之间的关系也变得愈加微妙。

李晟的大安园内有一片浓密翠绿的竹林，于是有人制造流言说："李晟在大安亭设下伏兵，想趁着国家发生大变故时发动变乱。"李晟一怒之下将园子里的竹子全都砍掉，可竹子容易被砍掉，心结却很难彻底消除。

第二天清晨，李适召集百官商议对策，甚至流露出要逃走的念头。在群臣的劝说之下，他才渐渐打消了这个念头，因为局势还有挽回的余地。

骆元光在这次会盟中立下首功，李适特地赐给他一个新名字"李元谅"。浑瑊身着素服返回京城等待皇帝治罪，李适却并没有为难他，因为这个错误是他自己犯下的，怎么能再为难死里逃生的浑瑊呢？

吐蕃大相尚结赞对五花大绑的崔汉衡高傲地说："我本来已经备好了金质枷锁，可是如今却让浑瑊给跑掉了，只是捉住了你们这些无用之人。"

尚结赞对被俘的马燧的侄子马弇说："去年春天，我们的马因为缺乏草料而饿得抬不起脚来。那时如果马侍中渡过黄河来袭击我们，我们肯定会全军覆没的！我们哪里还会有今天呢？我们怎么能够扣留他的亲戚呢？"

马弇与宦官俱文珍、浑瑊的将领马宁一起被释放，而这却不过是尚结赞使出的一招反间计。尚结赞对马弇说的那些话自然很快就传到了李适的耳中。李适随即任命马燧为司徒兼侍中，罢免其担任的副元帅和节度使的职务。

尚结赞得意地笑了，因为他一直坚信："去三人，则唐可图也。"虽然捉拿浑瑊的计划最终落空了，可是李适却已不再信任李晟和马燧了。这无疑也是一个巨大的成功！

张延赏又惭愧，又恐惧，又悔恨，推托自己有病便不再处理政事。

天气逐渐变冷了，吐蕃人也识趣地撤军了，因为他们脆弱的后勤补给线经不住严寒的考验。

随着硝烟渐渐远去，浑瑊从西北前线返回河中府①，骆元光返回华州②，其余防御吐蕃的各路兵马也陆续撤离。

无可奈何花落去

贞元三年（公元787年）十二月，邠宁节度使韩游瑰入京汇报工作，此前关于他即将调离邠宁的传言一度传得沸沸扬扬。

---

① 治所位于今山西省永济市。
② 治所位于今陕西省渭南市华州区。

　　韩游瑰的儿子韩钦绪在朝中担任射生将，可他这个儿子却不想着如何保护皇帝，如何保卫朝廷，反而受到妖人李广弘的蛊惑，居然想着要谋反。

　　李广弘的确堪称一位神人，特会包装，特能忽悠。他自称是皇室后裔，还说自己曾经见过神。"神通广大"的李广弘身边渐渐聚集了一批追随者，其中就有禁军将领韩钦绪、魏循、李俟等人。这些人多次在李广弘的住处秘密集会，甚至还暗中分派官职。

　　李广弘见时机成熟，说："神告诫我要在十月初十举事。"他随即进行了详细的人员部署，让韩钦绪利用职务之便在那天夜里大肆击鼓，焚烧飞龙厩，扰乱凌霄门，故意制造混乱。魏循等人趁乱率领神策军迎立李广弘称帝。

　　就在千钧一发的关键时刻，魏循、李俟却突然变卦了。或许是觉得胜算太小，或许是觉得风险太大，总之在最后一刻，他们改变了主意。经过一番内心的挣扎，他们将此事上报朝廷，希望借此给自己留条活路。朝廷大肆搜捕李广弘及其党羽，缉捕之后一经核实便立即处死。李广弘果然是条汉子，行刑时居然面不改色，神情坦然。他的确是个大能人，只可惜心思用错了地方！

　　由于阴谋泄露了，无处容身的韩钦绪只得仓皇逃到父亲的防区邠州。为了强化对藩镇的控制，几乎每个藩镇都有皇帝派来的宦官担任监军。惊慌失措的韩钦绪还没来得及见到自己的父亲，就被驻扎在邠州的宦官逮捕后就地正法了。

　　谋反可是株连家人的大罪。韩游瑰请求进京谢罪，不过却被李适制止了，因为他不想将事态扩大，可韩游瑰却总是为此而惶恐不安，索性将韩钦绪的两个儿子也押往长安治罪，颇有几分断子绝孙的气魄。李适自然也不会为难这两个无辜的孩子，可韩游瑰却还是感觉不踏实，于是决定着素服入朝，等待朝廷治罪。

　　很多将士都认为他此去便再也不会回来了，为他饯行的时候，酒席办得很寒酸，甚至有些人的言辞之中还充斥着不逊。

　　其实李适的确有撤换韩游瑰的意思，不过他却突然改主意了，因为韩游瑰入朝时陈述通过修筑丰义城来遏制吐蕃的宏伟战略打动了他。

韩游瑰居然出人意料地回来了。这让很多将士惶恐不安，担心会被他反攻倒算。将士们的担心并不是没有道理的，韩游瑰也的确不是什么宽宏大量的人。

都虞候范希朝就因其在军中享有崇高的威望而遭到韩游瑰的嫉妒，准备借机找碴儿杀了他，自感性命难保的范希朝仓皇逃到凤翔才幸免于难。李适觉得他是个人才，于是将他召回京城，安排他到左神策军去领兵。

韩游瑰率领部众修筑丰义城，只修筑了四尺高，城墙便莫名其妙地塌落下来了。估计是那些担心被他穿小鞋的将士们没有心思干活，将这项重要的国防工程弄成了豆腐渣工程，可他却将此看作不祥之兆，成为他心中久久难以抹去的阴影。

恰逢吐蕃侵犯边塞，戍守宁州的韩游瑰承受着巨大的精神压力。心力交瘁的韩游瑰突然病倒了，随即向皇帝李适递交了辞呈。

贞元四年（公元788年）七月初五，李适任命老将浑瑊为邠宁副元帅，任命左金吾将军张献甫为新任邠宁节度使。

七月初七的那天夜里，新任节度使张献甫还没有到任，韩游瑰便轻装简从，向着长安疾驰而去，从此之后再也没有回来。

正是因为出现了权力的真空，一场突如其来的变乱突然上演了。

戍卒裴满等人因忌惮张献甫治军严整，鼓动大伙说："张公本不出于我军，我们一定要设法阻拦他的到来。"

抗拒长官最有效的方式就是犯上作乱。这伙乱军随即打破了城中的宁静，包围了监军杨明义的住所，让他上奏朝廷更换节度使，恳请让被迫出走的范希朝接任节度使。

此时都虞候杨朝晟成了稳定局势的关键。其实他原本也是怕得要死，可当他听说那伙人的诉求是让范希朝回来掌权，忽然觉得事态似乎并没有他想象得那么严峻！

杨朝晟对那些乱兵说："你们所要求的，正是我心里所想的！"

等局势渐渐稳定之后，杨朝晟决定开始动手，不过他却没有用血腥来对抗血腥，用暴力来对抗暴力。

杨朝晟对参加叛乱的将士说："你们希望的事情恐怕难以实现了，如今张公已经来到邠州，你们制造变乱理应被处死，但首恶必办，胁从不问。"

杨朝晟一口气杀了两百多个领头的，然后率领大家迎接新领导张献甫的到来。

其实李适原本还真想过要顺从乱军的要求，让范希朝来接任节度使，不过却被范希朝给拒绝了。他想得无疑更为长远，兵变的将士希望谁上台谁就上台，朝廷的尊严何在，颜面何在！

李适很欣赏他说的这番话，随即提升他为宁州刺史，担任张献甫的副手。

韩游瑰来到京城后被任命为右龙武统军，在这个有名无实的职位上干了近十年。

当一切都回归宁静之际，浑瑊担任的邠宁副元帅也被免去，以检校司徒兼中书令的荣誉职衔返回河中府①继续担任节度使，而他的老战友李晟和马燧却不得不在繁华的京城继续过着平静如水的生活。

接替李晟执掌军权的凤翔都虞侯邢君牙所担任的职务是凤翔尹、凤翔团练使，不仅级别降低了，而且管辖范围也缩小了，陇州也从其辖区内划出另立节度使。这不仅可以打压李晟的势力，而且也强化了对咄咄逼人的吐蕃的防御。

贞元四年（公元788年）正月，骆元光在凛冽的寒风之中上任了。他此行的目的地是帝国的西北边陲。熟悉的华州城，熟悉的潼关被他远远地抛在了身后，而且他这一去便再也没有回来。

自从安史之乱后，陇右节度使这个曾经举足轻重的封疆大吏却沦为一个有名无实、有官无地的尴尬职务。由于陇右的大片土地此时都被吐蕃人侵占了，陇右节度使在很长一段时间内一直由凤翔节度使兼任着。

为了强化西北边防，陇右节度使不再是个不伦不类的兼职，骆元光成为独一无二的人选。陇右节度使的治所并不在条件相对较好的陇州城，而是设于曾经两度沦陷于吐蕃之手的良原县②。这是一片刚刚收复不久的土地，需要

---

① 治所位于今山西省永济市。
② 治所位于今甘肃省平凉市崇信县。

细心的呵护和精心的守护。

饱受战火侵袭的良原县城早已坍塌，护城河也早已淤塞，呈现在骆元光眼中的是一片狼藉，可是他既没有叹息，也没有气馁，更没有抱怨。

这座荒弃已久的残垣断壁外是一片茂密的森林和草原，吐蕃人一直将这里当成战马休养生息的天堂，不过骆元光的到来却打破了吐蕃人的美梦。

骆元光与手下那帮弟兄们随即投入轰轰烈烈的劳动热潮之中。他们同甘共苦，披荆斩棘，整修城池，开辟良田，疏浚护城河，在帝国最艰苦的地方、最需要的地方实现了自己的人生价值。

骆元光设置了烽燧、连弩台、军垒等一系列军事防御工程。吐蕃人再也不敢像以前那样纵横驰骋和自由徜徉了，因为他们对骆元光和他手下那帮弟兄心存畏惧。

短短几年时间，边疆稳定了，粮食充足了，将士安定了。

虽然李纳与朝廷冰释前嫌，可朝廷却并未真正信任过他。

贞元四年（公元788年），寿州、庐州、濠州三州都团练使张建封风尘仆仆地前往徐州赴任，此时他的新职务是徐州、泗州、濠州节度使。

虽然徐州重新回到了朝廷的怀抱，可淄青节度使李纳却时刻觊觎着无奈失去的水路要冲徐州，其境内的甬桥更是江淮地区漕运的枢纽。徐州刺史高明应年纪尚轻，应对复杂局面的能力不强，如若李纳图谋不轨，高明应恐怕将会难以应对。一旦徐州有失，江淮地区的税赋将会难以运抵长安，国家用度必然吃紧！

李适思来想去，张建封是镇守徐州的不二人选。濠州、寿州、庐州三州都团练使随即撤销，庐州、寿州两州重新划归淮南节度使管辖，濠州和泗州划归徐州、泗州、濠州节度使张建封管辖。

张建封到任后宽容仁厚，而又深明法度，部下们既畏惧他，又悦服他。

正是惧怕张建封的威名，李纳收敛了许多，再也没有掀起什么大的波澜。

贞元九年（公元793年）八月初四，太尉、中书令、西平郡王李晟走完了他跌宕起伏的一生。悲伤的李适因为他的猝然离去而废朝五日。

十月，李适在延英殿召见侍中马燧。适逢马燧足疾未愈，李适特意准许他不用下拜。曾经纵横沙场的马燧如今却连走路都十分艰难，还因行走不慎突然跌倒在地，李适急忙让宦者搀扶着他。李适一脸悲伤地说："前些日子，爱卿与李太尉一同前来觐见，可是如今却唯独剩下爱卿一人独自前来了！"

这次会面在悲伤中开始，也在悲伤中结束。李适破例将马燧送到台阶之下，注视着这个日益苍老的身影渐渐消失在巍峨的宫殿间，不禁感叹谁也阻挡不了岁月催人老！

次月，另一个噩耗向李适袭来。骆元光带着无限的荣耀在曾经荒凉破败，如今却欣欣向荣的良原城走完了自己六十二岁的人生。

贞元十五年（公元799年），又有三颗将星相继陨落。

五月，六十六岁的张建封在徐州、濠州、泗州节度使任上病逝。张建封镇守徐州近十二年，始终为大唐守护着大运河这一财政生命线。

张建封死后，徐州通判郑通成为节度留后。他担心桀骜不驯的将士会趁机作乱，准备调动其他军队入城增援，以备不测。不料消息很快就泄露了，五六千名怒不可遏的士兵包围了衙署，杀死了郑通，要求朝廷准许张建封之子张愔成为新任节度留后。李适却并未应允，一旦自己妥协了，徐州很可能就会像河北三镇那样沦为父死子继的独立王国，于是派兵前去镇压，但武力讨伐最终却以惨败而告终。李适在万般无奈之下授任张愔为徐州刺史、徐濠泗节度使。张愔在徐州任职七年，声誉很好，最终因为百病缠身而上表恳请解职。朝廷随即拜其为兵部尚书，可他却在上任途中病逝。朝廷后来赐予徐州、濠州、泗州三州"武宁"军号，可是却事与愿违，兵变似乎成为徐州难以摆脱的梦魇。

八月，忠武节度使曲环在平静中离去了。淮西节度使吴少诚趁权力真空之际企图抢占地盘，可最终却碰了一鼻子灰。

十二月，中书令、朔方等道副元帅、河中节度使、咸宁王浑瑊在河中府安详地离去。在德宗朝威名赫赫的名将中，他或许是唯一一个始终未被剥夺兵权的人，在战略要地河中府领兵达十六年之久。

他为何能够始终得到李适的信任呢？《资治通鉴》曾经对他有过这样的评论："（浑瑊）性谦谨，虽位穷将相，无自矜大之色；每贡物必躬自阅视，受赐如在上前，由是为上所亲爱。上还自兴元，虽一州一镇有兵者，皆务姑息。每奏事，不过，辄私喜曰：'上不疑我。'故能以功名终。"①

浑瑊一直未受猜忌源自他的谦虚谨慎和平易近人。身居高位的他对上不懈怠，凡事事必躬亲；对下不骄横，凡事宽容忍让。

宦官亦可掌兵权

那段颠沛流离的日子在李适的心头留下了挥之不去的阴影。他知道如果要想过上稳定的生活，必须要建设一支强大的禁军。

自从府兵制崩溃之后，曾经煊赫一时的南衙卫兵早已名存实亡，而缺乏战争经验的北衙禁军的战斗力又实在有限，当安史之乱突然袭来的时候，北衙禁军根本无法承担起拱卫皇帝安全的重任。

鉴于此，李适的曾祖父李隆基、祖父李亨一直都没有停止过重构建军的思索和努力，无论是扩充原有的北衙六军即左右羽林、左右龙武、左右神武，还是创建新式禁军如神威军、长兴军、威武军等，都没能达到预期的效果，所以他的父亲李豫才在吐蕃大举入侵时再度仓皇出逃。

痛定思痛的李豫开始思索用另一种方式来打造禁军，那就是将一支建制完整并且具有一定战斗力的地方部队升格为中央禁军。经过深思熟虑，他选定了神策军。

神策军原本是陇右镇麾下一支普普通通的军队。安史之乱爆发后，陇右镇主力驻守潼关阻挡住叛军进攻的步伐，可急于求成的李隆基却强令哥舒翰率军出关，陇右与河西两镇的主力部队也因此而丧失殆尽。神策军一度成为一个可有可无的弃儿，后来奉命调往中原平叛。

神策军使卫伯玉率部成功地阻止了史朝义东进的步伐。卫伯玉因功升任

---

① （北宋）司马光主编：《资治通鉴·卷二百三十五》，改革出版社1995年版，第5015页。

神策军节度使，神策军实现了从"军"级建制到"镇"级建制的跨越。凭借观军容使鱼朝恩的支持，神策军无论是规模还是质量都有了质的提升。

当然这支部队最终从名目繁多的地方部队中脱颖而出，升格为禁军，进而取代老牌禁军北衙六军，也有着历史的偶然性。

广德元年（公元763年）十月，在吐蕃的大举进攻下，代宗皇帝李豫仓皇逃走。就在他最为失魂落魄的时候，宦官鱼朝恩率领的神策军成为他最坚强的依靠。身处险境的李豫开始重新思索禁军的建设模式。

正是这次机缘巧合般的避难揭开了神策军发展的新篇章。很快，神策军开始了第二次大规模扩军。《新唐书》记载："在陕兵与神策军迎扈，悉号'神策军'。"神策军与原陕州节度使所属部队合并组建新的神策军，军事实力进一步扩充。

神策军的派系色彩原本就不太明显，加之原来的统帅卫伯玉等人陆续被调离，这支部队渐渐被宦官鱼朝恩牢牢地掌控着，而宦官对于皇帝具有天然的寄生性，因此李豫对于鱼朝恩操控的这支军队有着天然的信任。

经受过战火考验的神策军最终取代老牌禁军北衙六军成为禁军主力部队，在中晚唐历史上留下浓墨重彩的一笔，谁掌控了这支部队谁就可以掌控大唐的政局。

安史之乱的突然爆发使得玄宗皇帝李隆基对武将的信任降到了冰点，而匆匆登基的肃宗李亨对于那些原本就颇为陌生的武将更是缺乏信任，因此他破天荒地让亲信宦官李辅国执掌禁军。此后，大宦官程元振、鱼朝恩相继掌管禁军，可让他始料未及的却是，每一个执掌禁军的宦官最终都变得飞扬跋扈，李辅国甚至将病重的李亨活活吓死。

李豫继位后决意彻底摒弃宦官职掌禁军的习惯，又回归到武将统领禁军的老路上。

这次尝试同样带来诸多问题。禁军将领刘希暹因飞扬跋扈很快便被处死，行事一向低调的王驾鹤由于长期掌管禁军也变得日益狂妄和放肆。

李适登基后想要撤换桀骜不驯的王驾鹤还需要依靠宰相崔祐甫的计谋。老练的崔祐甫亲自出面解决这个棘手的问题，这不是一项简单的人事任命，而是关乎朝廷安危的重大政治问题。

那天，崔祐甫特地召王驾鹤来宰相官署谈话。王驾鹤若无其事地来了，但让他没有想到的却是他再也回不去了。

两人的谈话持续了很长时间。就在两人相谈甚欢的时候，李适新任命的神策军使白志贞已经马不停蹄地前往军营去接管部队了。李适给王驾鹤安排了一个新职务东都园苑使，到东都洛阳去管理园林宫苑去了。

失落的王驾鹤没有想到禁军指挥权在顷刻间便易手了。王驾鹤知道，事到如今已经回天乏术了！

由于武将不可靠，李适才特意选择文官白志贞来掌管禁军。白志贞虽然对他俯首帖耳，可是却辜负了他的殷切期望，以至于他在泾原兵变时落得无家可归的悲惨境地。虽然这并不是白志贞一个人的错，他也有着许多不为外人所知的无奈和委屈，但落荒而逃的李适却从那一刻起重新考虑，谁出任禁军统帅才是更为合适的，既可以使他安心，又可以让他放心。

李适的父亲李豫费尽心机地铲除了大宦官李辅国、程元振、鱼朝恩，使得宦官势力一度一蹶不振，可是宦官势力却在李适执政时再度死灰复燃，因为在李适最孤独无助的时候，亲信宦官寸步不离地守候在他的身旁，而他的这个决定也深深地改变了大唐日后的轨迹。

兴元元年（公元784年）十月三十日，李适命宦官窦文场监神策军左厢兵马使，命宦官王希迁监神策军右厢兵马使。这无疑成为宦官再度染指禁军兵权的开始，虽然此时神策军的最高统帅仍旧是由武将出任的神策大将军，但神策军却由一元领导变为二元领导，宦官在军中的影响力日渐增强。

左神策大将军柏良器招募勇士代替禁军中原本是小商小贩的劣质兵员。这引起了窦文场的强烈不满，因为他觉得这是柏良器在故意排斥异己，借机扩大自身的影响力。李适听信谗言很快就将柏良器免职，任命其担任有名无实的右领军大将军，"自是军政皆中官专之"①。

但是我们也应该看到窦文场事先阻止不了柏良器，这说明左神策大将军仍旧拥有独立处理军务事务的能力。左神策大将军这个职位基本上还是和那

---

① （北宋）宋祁、欧阳修等纂：《新唐书·柏良器传》，汉语大词典出版社2004年全译本，第3211页。

些宦官监军平起平坐的，可是这种并不对称的平衡很快将被打破。

十年后，李适又创制了两个新职务，左、右神策军护军中尉，由宦官窦文场和霍仙鸣分任。

中尉在古代是负责京城治安的高级军官，相当于今天的北京卫戍区司令员。汉代时，"中尉"更名为"执金吾"，而且一直沿用下来。唐代的左、右金吾卫仅仅负责京城治安，而保卫皇帝的重任则由北衙禁军负责。

神策军护军中尉在唐代并不是体制内的官职，史书中自然也就没有记载它的级别，但是我们却依旧可以从一些史料中找到端倪。

《册府元龟·卷五百七》记载："（元和）十四年三月，屯田奏左、右神策中尉准令式二品官，令受田一十顷，请取京兆府折冲府院戎场埌圬公廨等地七十七顷二十六亩八分数内取二十顷充前件官职田，依奏。"职田是根据其担任的职事官品级而确定的"福利分地"制度，通过这项制度可以看出中尉实际上享受着二品官的待遇。左、右神策军大将军只是正三品，中尉的级别在大将军之上。这也就导致了武官出任的大将军和将军彻底沦为宦官担任的护军中尉的属官。

"（马）存亮遣左神策大将军康艺全，将军何文哲、宋叔夜、孟文亮，右神策大将军康志睦，将军李泳、尚国忠，率骑兵讨贼。"[1]这个"遣"字将两者的上下级关系暴露无遗。

神策军护军中尉成为左、右神策军的最高统领，而且一直延续了一百零七年，直到唐朝末年宣武节度使朱温将宦官屠杀殆尽，这项制度才彻底走到了历史的尽头，不过这也敲响了大唐灭亡的丧钟。

这似乎是一个历史的轮回，可是李适却绝对不是穿新鞋走老路，因为他绝对不会忘记李辅国、程元振和鱼朝恩干政的血淋淋的教训。

李适不再让一个人统领禁军，而是让两个心腹宦官各自统领一军，从而互相牵制，互相制约。此外，枢密使制是与中尉制同时确立的一项重要制度，这么做的初衷就是军政分离，避免像李辅国、程元振和鱼朝恩那样借助

---

① （北宋）宋祁、欧阳修等纂：《新唐书·卷二百七·马存亮传》，汉语大词典出版社2004年全译本，第4437页。

军事权力来谋求政治影响，进而要挟皇帝。

窦文场和霍仙鸣虽然权势煊赫，但却都恭敬顺从，可让李适始料未及的却是那些原本卑躬屈膝的宦官们一旦操控了神策军往往会蜕变成皇帝身边最危险的敌人。他们甚至可以左右皇帝的册立，决定皇帝的生死。

在李适之后，大唐共迎来了十一位皇帝，只有唐顺宗和唐敬宗依靠太子身份顺利继位，几乎没有受到宦官们的干扰，最后一位皇帝唐哀帝由篡唐的朱温拥立，剩下的八位皇帝均由宦官拥立。俱文珍拥立唐宪宗李纯；陈弘志拥立穆宗李恒；王守澄拥立文宗李昂；仇士良拥立武宗李炎；马元贽拥立宣宗李忱；王宗实拥立懿宗李漼；刘行深拥立僖宗李儇；杨复恭拥立唐昭宗李晔。宪宗李纯和敬宗李湛更是直接死于宦官手中，这在中国历史上是绝无仅有的！

李适定然不会想到日后宦官势力竟会猖獗到如此程度。宦官专权在其他朝代也曾经出现过，可是如中晚唐那样，宦官敢于公然要挟皇帝和废立皇帝却是前无古人，后无来者。

尾 声

活着如同死去

德宗李适一生用过三个年号，分别是建中、兴元和贞元。这三个年号也代表着他的三种心境。

建中年间，他意气风发，雄心勃勃，决意建功立业，谁知却导致天下大乱，自己流离失所，帝国烽烟四起，百姓生灵涂炭。

兴元年间，他久经磨难，不停反思，不断地改变，不断地妥协，虽然那场震惊天下的变乱平定了，可朝廷的尊严也被践踏了。

贞元年间，他心有余悸，得过且过，对于藩镇割据势力一味地妥协，一味地退让。

刚刚从那场"两帝四王"的大动荡中挣脱出来的李适才刚刚过了不惑之年，他虽然算不上老，却已经显得有些老气横秋，虽然他之后又活了二十年，却如同死去。他心中的中兴之梦早已破灭了，他此时就像一只被阉割了的雄鸡，再也不像之前那样英姿勃发，意气风发了。

虽然在此后的二十年里，大唐表面上风平浪静，可是暗地里却暗潮汹涌，为新一轮的博弈和对抗积蓄着力量。

贞元二年（公元786年），河北地区发生数十年不遇的蝗灾，由于之前河北地区战事不断，老百姓都没有什么储备粮，一时间粮价飞涨，一斗米居然卖到一千五百钱，数不胜数的灾民在饥饿中死去。

张孝忠看在眼里，急在心里，寝食难安。张孝忠一日三餐都只吃些粗茶淡饭，他手下的那帮将领见主帅尚且如此节俭，也纷纷效仿。体恤民众的张孝忠因此被称为"贤将"。

灾年终于过去了，张孝忠很快就迎来了两件喜事：第一件是朝廷命他为检校司空（正一品）；第二件是义章公主下嫁他的儿子张茂宗，可算是否极泰来。

在手下将领们的怂恿之下，张孝忠悍然进攻原属幽州节度使管辖的蔚州，不仅没能得到蔚州，反而被朝廷削去了检校司空的职位，可谓偷鸡不成反蚀一把米。

贞元七年（公元791年），六十二岁的张孝忠走了，虽然朝廷也为他停朝三日，可他走得却远没有王武俊那么风光，因为一向谨慎恭顺的张孝忠晚年时擅自进攻蔚州的不理智行动为他大大地减了分。

张孝忠的儿子张茂昭顺利地接掌义武镇的军政大权，但他却在数年后出人意料地主动放弃了手中的权力，打破了河北地区那些拥兵自重的节度使们"父死子继"的陋习。

贞元八年（公元792年），年仅三十四岁的李纳病逝在平卢节度使任上。李纳的儿子李师古如愿以偿地成为下一任节度使。但他又是幸运的，再也不用像自己的父亲那样必须经过一番血雨腥风才能获得继承父辈职位的机会。

李师古在节度使任上一干就是十四年，除了与成德节度使王武俊为了争夺盐池险些兵戎相见之外，绝大部分时光都是在平淡中度过的。

元和元年（公元806年），淄青平卢节度使李师古已病入膏肓，而谁来接任节度使成为各方关注的焦点。

李师道是李师古同父异母的兄弟，但他对这个弟弟却极其苛刻，极其严厉，极其冷落。长期在外地任职的李师道艰难得生活着，不知道自己的哥哥为什么会如此对待自己。

李师古身边的幕僚替他问了这个让他始终不解的问题，李师古道出了自己这么做的苦衷。"想当年，我十五岁便担任节度使，可是那时的我却根本不懂耕种的艰辛与收获的不易。我不想让他走我的老路，我想让他遍尝百姓的艰辛，感知世间的冷暖，增强危机意识，增强责任意识，自我净化，自我完善，自我革新，自我提高。"

但李师古所有的努力最终却都是徒劳的，因为弟弟离他的期望越来越远。

病榻之上的李师古用尽全身的力气才睁开眼睛，望着自己的判官高沐和李公度，有气无力地说："趁我的神志还算清醒，我想问问，一旦我死后，你们会拥立何人为帅呢？"

高沐与李公度一时间面面相觑，都想从对方的眼神中找到自己想要的答案，可是两人却都失望了，因为谁的目光中都闪烁不定。

李师古反问道："难道李师道真的堪当大任吗？你们还是慎重考虑一下吧！"

高沐与李公度依旧沉默不语，因为此刻任何不当的表态都会给自己招来杀身之祸。

李师古发出一声苍凉的叹息声，因为预感到了他们会怎么做，预感到了自己家族的命运将会怎样。

闰六月初一，李师古带着无奈和忧虑永远地离开了。仅仅十三年之后，李师古的预言就真的成为了现实！

眼见天下日趋稳定，征战了大半辈子的李抱真也开始纵情享受生活，大肆修建楼台，挖掘池塘，营造园林，可随着他的年龄越来越大，他对于死亡的恐惧也越来越大，因此他晚年极度迷信道士，期望能够借助他们的力量长生不死。

道士孙季长最能忽悠，也最得李抱真的信任。他欺骗李抱真说："您服用了贫道炼制的丹药就可以成仙。"李抱真听后自然是欣喜若狂，对部将们得意扬扬地说："这金丹秦始皇、汉武帝都未能得到，如今我却有幸得见，过不了多久，我就可以前往上清宫去朝见仙人了！我恐怕再也不能与诸位在一起了。"

日有所思，夜有所梦，李抱真梦见自己骑鹤飞升，醒来后就命人雕刻了一只木鹤，自己还穿上道士服练习骑坐木鹤，为日后的升仙做准备。

急于成仙的李抱真居然服了两万粒金丹。他的肚子变得硬邦邦的，吃不下任何东西，连续好几天都不省人事。好在另一名道士牛洞玄急忙为他服下猪油谷漆，他又拉又吐，好一阵子才将肚子里的金丹排泄干净，病情才略有好转，可直到此时执迷不悟的李抱真居然还相信那个害人不浅的孙季长。

道士孙季长痛心疾首地说："您差点就要成仙了，为何要中途放弃呢？"李抱真终究抵御不了成仙的诱惑，于是又服用了三千粒金丹。抵抗不了仙丹诱惑的又何止李抱真一人，李宝臣抵抗不了，就连英明一世的太宗皇帝李世民也抵抗不了。

贞元十年（公元794年）六月初一，一代名将李抱真升仙不成，反而升天了，享年六十二岁。德宗皇帝李适为其辍朝三日，赠官太保。

贞元十七年（公元801年），六十七岁高龄的王武俊走完了自己跌宕起伏的一生。他大半辈子都在叛乱的泥潭中挣扎，但离开时却带着巨大的荣耀。在他的后半生，他这个出身卑微的胡人却担任了一个又一个显赫的职务，从左金吾上将军（从二品）到开府仪同三司（从一品），再到检校太尉（正一品）兼中书令（正二品）。

王武俊死后，李适居然还为他停朝五日，并且赐给了他一个响当当的谥号：忠烈。或许在李适看来，只要不带头闹事就是忠诚，只要不同流合污就是刚烈！

王武俊的长子王士真也像李师古那样波澜不惊地继承父位，虽然职位来得很容易，可他却依旧格外珍惜。他继承了父亲晚年的行事风格，讲政治，顾大局，识大体，不与朝廷对抗，不让皇帝为难，可像他这样识时务的人毕竟不多。王士真的儿子王承宗就是个不识时务的人。

李适几乎默认了节度使"父死子继"的现状，那些藩镇似乎成了脱离朝廷有效控制的独立王国。李适之所以一次又一次地妥协是因为他再也不是当年那个意气风发、挥斥方遒的李适了。

对于藩镇内部的明争暗斗和藩镇之间的此消彼长，李适并没有多大的兴趣，他所关注的是自己能否安安稳稳地当皇帝，平平安安地过日子。

贞元二十一年（公元805年）正月初一，在春节的喜庆气氛中，诸王与皇亲们特地前来向刚刚迈向六十四岁的李适祝贺，可是祝贺的人群中却唯独没有太子李诵的身影，因为年仅四十五岁的李诵在上一年九月突发中风而卧床不起。

李诵的身体之所以如此不堪或许跟他沉溺女色脱不了关系。他的儿子竟然多达二十七个，仅次于风流皇帝李隆基，可李隆基却活到了七十八岁高龄，要不是赶上安史之乱提前退位兴许活得更长。后来登基的文宗清心寡欲，不近女色，可是最终却只活了三十三岁。

在这个欢乐祥和的时刻，日渐迟暮的李适想到患病的太子居然留下辛酸的泪水。他为太子感到悲哀，也为自己感到悲哀，更为帝国感到悲哀。

李适的病越来越重了，已经进入临终关怀的人生最后时刻。

在冰冷的大殿里，他在病榻之上呻吟着、昏迷着、挣扎着，虽然一大帮宦官和宫女们仍旧伺候在他身边，但所有的举动都充满了机械性和程式化，因为他们的心思早已从眼前这个垂死之人的身上，转移到了谁将成为帝国新的继承人，这个敏感而又重大的问题上。

可就在这个关键时刻，宫中与外界的联系突然中断了，以至于朝臣们一时间不知道皇帝和太子到底是活着还是死了。京城的政治氛围紧张得让人有些喘不过气。

正月二十三，李适带着遗憾走了，因为他对于帝国的未来感到无限的迷惘和彷徨，可是他又无能为力，无可奈何。

虽然炭火的火苗蹿动着，可是大殿内的空气却仍旧冷得彻骨。翰林学士郑絪和卫次公脚步匆匆地走进这座空旷的大殿。大殿内安静得可以清晰地听到人的心跳，没有人说话，却一直都在暗中角力，没有人表态却一直都在暗中博弈。他们知道此刻他们一个微小的举动都会左右帝国未来的命运……

李适的帝国中兴之梦最终将由谁去完成，又将会经历怎样一番惊心动魄的历程呢？

大事年表

朝廷部分

公元763年，唐代宗李豫对叛军进行分化瓦解，李怀仙、田承嗣、李宝臣等叛军将领纷纷投靠朝廷，史朝义走投无路之际自杀。

公元779年，唐代宗李豫去世，其子李适继位，史称"唐德宗"。

公元781年，唐德宗李适不允许成德、淄青两镇父死子继，发动削藩战争。

公元782年，唐德宗因处置失当，王武俊、朱滔相继反叛朝廷，与田悦、李纳结成叛乱同盟，四人一同称王，共同推举朱滔为盟主，随后李希烈也擅自称王。

公元783年，李希烈将禁军主力包围在襄城，唐德宗征调泾原镇兵马前去解围，途经长安时发动叛乱，唐德宗仓皇逃往奉天。叛军拥立朱泚为皇帝，朱泚率军猛攻奉天。朔方节度使李怀光率军勤王，朱泚逃回长安。

公元784年，李怀光叛变，唐德宗逃往梁州，之后赦免李纳、王武俊、朱涛、田悦等人。李晟、浑瑊率领官军收复长安，朱泚兵败被杀，唐德宗得以重返长安。

藩镇部分

泾原镇
公元777年，段秀实出任节度使。

公元780年，段秀实入朝任职，朱泚兼任节度使。

公元781年，姚令言接任节度使。

公元783年，留后冯河清升任节度使。

公元784年，田希鉴杀害冯河清自任节度使。

凤翔镇
公元765年，李抱玉出任节度使。

公元777年，李抱玉病逝，朱泚接任节度使。

公元782年，宰相张镒出任节度使，但随后被部将李楚琳杀害。

公元784年，李楚琳被征召入朝，李晟接任节度使。

公元787年，邢君牙升任节度使，李晟被征召回朝。

幽州（卢龙）镇
公元763年，叛将李怀仙归顺朝廷被任命为节度使。

公元768年，朱泚和朱滔兄弟谋害李怀仙，拥立朱希彩为节度使。

公元772年，朱希彩被杀，朱泚成功上位。

公元774年，朱泚在弟弟朱滔鼓动下入朝，朱滔趁机篡夺大权。

公元782年，朱滔公然叛变朝廷，自称冀王。

公元784年，朱滔被刚刚归顺朝廷的王武俊击败，灰头土脸地逃回幽州。

公元785年，朱滔郁郁而终，他的表弟刘怦继任，但不久病逝，其子刘济接任节度使。

成德镇

公元762年，叛将李宝臣归顺朝廷被任命为节度使。

公元781年，李宝臣病逝，其子李惟岳擅自出任节度使。

公元782年，李惟岳被大将王武俊杀害，地盘一分为三，张孝忠任义武节度使，王武俊任恒冀观察使，康日知任深赵观察使，王武俊因不满朝廷决定随即反叛，自称赵王。

公元784年，王武俊归顺朝廷，朝廷调走康日知，任命他为成德节度使，管辖恒州、冀州、深州、赵州四州。

公元801年，王武俊病逝，其子王士真继任。

魏博镇

公元763年，叛将田承嗣归顺朝廷被任命为节度使。

公元779年，田承嗣病逝，侄子田悦继任。

公元781年，田悦勾结李惟岳、李纳反叛朝廷，朝廷发兵平叛。

公元782年，田悦节节败退，不过随着朱滔、王武俊加入叛变，形势发生了逆转。田悦自称魏王。

公元784年，田悦与朱滔之间的矛盾日益加深，决意归顺朝廷，却被田承嗣之子田绪所杀。夺取军权的田绪归顺朝廷，后娶尚嘉公主。

公元796年，田绪病逝，其子田季安继任。

淄青（平卢）镇

公元762年，侯希逸率领平卢镇残部南迁到山东，随后被任命为节度使。

公元765年，李正己驱逐表哥侯希逸自任节度使。

公元781年，李正己病逝，其子李纳自称节度使，联合田悦、李惟岳对抗朝廷。

公元782年，李纳自称齐王。

公元784年，李纳归顺朝廷，配合官军一同围剿李希烈。

公元792年，李纳病逝，其子李师古继任节度使。

淮西镇

公元763年，李忠臣因功出任淮西节度使。

公元779年，李希烈驱逐养父李忠臣自任节度使。

公元781年，李希烈讨伐阴谋叛乱的山南东道节度使，将其一举歼灭。

公元782年，李希烈公开反叛朝廷，自称建兴王，与河北叛军遥相呼应。

公元783年，李希烈公然称帝，国号为楚。

公元786年，李希烈被部将陈仙奇毒杀，淮西重新回归朝廷。